健康調理学
第5版

東京農業大学名誉教授
食学研究所主宰
農学博士・管理栄養士
川端晶子

名古屋女子大学名誉教授
農学博士
大羽和子

株式会社 **学建書院**

はじめに

《新しい皮袋へ新しい酒を》

「新しい時代が求める管理栄養士像の形成」に向けて，21世紀の管理栄養士等のあり方についての検討が行われ，平成12年4月に新しい栄養士法が改正された．管理栄養士は登録資格から免許資格となり，主として傷病者の栄養指導を行う専門家に位置づけられ，「教育カリキュラム」と「国家試験ガイドライン」が改正された．改革の柱は，「人を対象として保健・医療・福祉領域において高度な専門知識・技能を修得した人材を養成することである．食習慣などの日常の生活に起因する生活習慣病をはじめ，疾病の予防と治療に役立つ知識を修得し，臨床の現場で活躍できること」が望まれてきた．これらを踏まえて，新しい教育カリキュラムが作成された．新しい教育カリキュラムでは，「専門基礎分野」と「専門分野」に大別して，「教育内容」と「教育目標」が提示された．

さて，「調理学」も長年，管理栄養士の養成のために，独自の立場から貢献してきたが，新しい教育カリキュラムでは，調理学は「専門基礎分野」のなかの「食べ物と健康」を教育内容とする一翼を担うことになった．従来の調理学を『基礎調理学』と捉えるならば，管理栄養士のための調理学は，提示された教育内容から『健康調理学』と位置づけることができる．すなわち，具体的に「食べ物と健康」に提示された8つの大項目をみると（仮に，講義または演習の8単位を4教科で担当すれば，調理学は2単位担当），調理学の担当は，「人間と食べ物」，「食事設計と栄養」の2大項目となる．食事設計は，これまでの調理学に相当する内容になっているが，新しいカリキュラムでは，主として食事摂取対象者に求められる個人の栄養所要量の設定に関する知識や，調理操作による食材の組織・物性ならびに食感，栄養価，生体利用性，生理機能性の変化に関する知識が求められることになった．

本書『健康調理学』では，新しい教育内容に準拠して次のような構成を試みた．

第1章では，「人間と食べ物」のかかわりについて，食品の歴史的変遷と食物連鎖の両面から捉え，食品，栄養，調理，食べ物への配慮，食生活と健康，食嗜好の形成，食料と環境問題などについて理解を深める．

第2章では，「食事設計の基本知識」について学ぶ．現代の日本人の食生活は畜産物や油脂などの割合が増えて栄養のバランスがくずれ，その結果生活習慣病が増加している．また，食生活のあり方は，わが国の食料自給率や地域環境にも大きな影響を与えている．身体と心の健康のために"どのような食生活が望ましいか"を食事設計の基本知識から学ぶ．

第3章では「調理操作と調理器具」について，エネルギー源，非加熱調理操作と器具，加熱調理操作と器具について学ぶ．また，コールドチェーンシステムが定着して，温度別食品流通も浸透し，多様な大型冷蔵庫も普及してきたので，冷蔵庫についてその機能と使い方を理解するとともに，新調理システムについても学ぶ．

第4章では「調理操作と栄養」について，食事づくりの流れのなかで，食材の選択・購入，洗浄・下ごしらえなどの非加熱操作および適応した加熱調理を行って喫食者に提供する調

理過程を科学的に理解する．さらに，調理操作によって食材の栄養・嗜好成分および組織・物性がどのように変化するのか，食材の栄養，調理による栄養学的・機能的利点についても学ぶ．

　第5章では「食品成分表の理解」について，日本食品標準成分表の構成と内容，食品成分表の各項目の基本的考え方，食品成分表の活用に当たっての留意点などを学ぶ．

　第6章では「献立作成と栄養」について，食品構成作成の理解とその手順，献立作成条件と献立作成の展開例，献立作成のシステム化，供食，食卓構成，食事環境の基礎について学ぶ．

　本書の執筆に当たり，多くの文献や資料を引用あるいは参考にさせていただいた．諸先生に深く感謝申しあげるとともに，学問の進歩や社会の変化にも対応していかなければならないと痛感している．

　筆者らは，微力をも省みず，慎重に意見交換をし，協議してまとめさせていただいた．本書が新しい管理栄養士養成にお役に立てば幸いである．

　終わりに，出版に当たり献身的なご尽力，ご配慮をいただいた学建書院木村勝子社長，編集部長大崎真弓氏に厚く御礼申し上げます．

2004年3月

川　端　晶　子
大　羽　和　子

改訂第5版まえがき

　第4版で大きな改訂を試みたが，今回の第5版では，新しい知見をもとに若干の改訂をおこなった．

　肥満に基づくメタボリックシンドロームの増加が各方面から指摘され，肥満の解消の重要性が強調されてきている．近年，その基礎となる食欲(摂食)の調節機構の概念が大きく変化してきたため，今回この点を補筆した．

　このたび，「日本人の食事摂取基準」が改定され，2015年版が策定された．また，厚生労働省より毎年公表されている，国民健康・栄養調査結果などのデータに基づき，第1章，第3章および第7章の数値を最新のものに改めた．

　改訂にあたり，学建書院の馬島めぐみ氏に多大のご助力をいただき，感謝申し上げます．

2014年12月

著者　記す

もくじ

第1章　人間と食べ物

- A　食品の歴史的変遷 …………………………………………………………… 2
- B　食物連鎖 ………………………………………………………………………… 5
  - 1　食物連鎖とは ………………………………………………………………… 5
  - 2　食物連鎖と栄養 ……………………………………………………………… 7
  - 3　食物連鎖と生物濃縮 ………………………………………………………… 8
- C　食品，食べ物，栄養 …………………………………………………………… 9
- D　食生活と健康 …………………………………………………………………… 11
- E　食嗜好の形成 …………………………………………………………………… 16
- F　食料と環境問題 ………………………………………………………………… 20

第2章　食べ物のおいしさと生体における役割

- A　食べ物のおいしさを構成する要因 …………………………………………… 24
  - 1　化学的要因 …………………………………………………………………… 25
  - 2　物理的要因 …………………………………………………………………… 30
- B　味覚の発達とおいしさを感じる仕組み ……………………………………… 33
  - 1　味覚の発達と嗜好性の形成 ………………………………………………… 33
  - 2　味覚の栄養生理的役割 ……………………………………………………… 33
  - 3　おいしさを感じるしくみ …………………………………………………… 34
  - 4　おいしさの評価 ……………………………………………………………… 36
- C　おいしさにかかわる酵素 ……………………………………………………… 39
  - 1　色・香り・味の変化にかかわる酵素 ……………………………………… 39
  - 2　テクスチャーの変化に関与する酵素 ……………………………………… 41

第3章　食事設計の基本知識

- A　食事設計の内容 ………………………………………………………………… 46
  - 1　食事設計の背景 ……………………………………………………………… 46
  - 2　食事設計の実際　―食生活指針からのメッセージ― ………………… 49
- B　料理の形態的特徴と栄養 ……………………………………………………… 58
  - 1　料理の形態的分類 …………………………………………………………… 58
  - 2　料理の形態による栄養成分の変化 ………………………………………… 61
- C　日本人の食事摂取基準（2015年版）の概要 ………………………………… 64
  - 1　策定の目的 …………………………………………………………………… 64

2　使用期間 ··· 64
　　3　策定方針 ··· 64
　　4　策定の基本的事項 ····································· 64
　　5　活用に関する基本的事項 ··························· 67
D　対象に適した対応 ··· 67
　　1　乳幼児期 ··· 67
　　2　学童期・思春期 ······································· 68
　　3　青　年　期 ·· 68
　　4　成　人　期 ·· 70
　　5　高　齢　期 ·· 70
E　食育の推進 ··· 70
　　1　食育の語源 ·· 70
　　2　食育の必要性 ·· 71
　　3　食育基本法 ·· 71

第4章　調理操作と調理器具

A　食事づくりシステムと調理操作 ···················· 74
　　1　調理の目的 ·· 74
　　2　食事づくりシステム ································ 74
B　エネルギー源 ··· 75
　　1　気体燃料 ··· 75
　　2　液体燃料 ··· 76
　　3　固体燃料 ··· 76
　　4　電　　　気 ·· 77
C　非加熱調理操作と非加熱用器具 ···················· 78
　　1　非加熱調理操作 ······································· 78
　　2　非加熱用器具 ·· 87
D　加熱調理操作と加熱用器具 ·························· 90
　　1　加熱の科学 ·· 90
　　2　湿式加熱 ··· 92
　　3　乾式加熱 ··· 97
　　4　加熱用器具 ·· 100
E　冷蔵庫 ·· 107
　　1　冷蔵庫の構造と機能 ································ 107
　　2　冷蔵庫内の温度 ······································· 108

	F　新調理システム	110
	1　クックチルシステム	110
	2　真空調理法	113

第5章　調理操作と栄養

A	植物性食品の栄養と調理性	116
	1　穀類・いも類の栄養と調理性	116
	2　豆類・種実類の栄養と調理性	125
	3　野菜類・果実類の栄養と調理性	128
	4　きのこ類・藻類の栄養と調理性	138
B	動物性食品の栄養と調理性	140
	1　肉類の栄養と調理性	140
	2　魚介類の栄養と調理性	144
	3　卵類の栄養と調理性	148
	4　乳類の栄養と調理性	151
C	成分抽出素材の栄養と調理性	156
	1　でん粉の栄養機能成分と調理性	156
	2　油脂の栄養機能成分と調理性	157
	3　ゲル化素材の栄養と調理性	159
D	調理操作による栄養学的・機能的利点	164
	1　非加熱調理による栄養学的・機能的利点	164
	2　加熱調理による栄養学的・機能的利点	166
	3　調味操作の栄養学的・機能的利点	170

第6章　食品成分表の理解

A	日本食品標準成分表2010の構成と内容	176
	1　食品成分表の目的	176
	2　食品成分表の特徴	176
	3　日本食品標準成分表2010の概要	176
	4　収載成分項目と配列	179
	5　数値の表示方法	179
	6　備考欄の記載事項	180
B	食品成分表各項目の基本的な考え方	180
	1　エネルギー	180

2　一般成分 ·· 181
　　3　無 機 質 ·· 183
　　4　ビタミン ·· 186
　　5　脂肪酸，コレステロール ························· 189
　　6　食物繊維，食塩相当量，硝酸イオン ········ 190
　C　食品成分表の活用に当たっての留意事項 ········ 192

第7章　食事バランスガイドと献立作成

　A　食品構成 ·· 198
　　1　食品構成とは ·· 198
　　2　食品群別摂取目標量の算定 ······················ 200
　B　食事バランスガイドの解説 ··························· 201
　　1　食事バランスガイドのコマの説明 ············ 201
　　2　食事バランスガイドの内容 ······················ 201
　　3　食事バランスガイドの活用 ······················ 201
　C　献立作成の条件と手順 ·································· 205
　　1　食事の種類 ··· 205
　　2　献立作成の基本理念 ································ 205
　　3　献立作成上のポイントと手順 ··················· 206
　　4　献立作成の展開例 ··································· 215
　D　献立作成のシステム化 ·································· 222
　　1　システムとは ·· 222
　　2　献立システムのフローチャート ··············· 222
　E　供食，食卓構成，食事環境 ··························· 222
　　1　供　　食 ·· 222
　　2　食卓構成 ·· 224
　　3　食事環境 ·· 227

管理栄養士国家試験練習問題 ································ 231
付図・付表 ··· 245
索　　引 ··· 255

第 1 章
人間と食べ物

　人間は生命を維持するために食べることを必要とする．身近にある動植物を食べることを試みながら，適したものを選択し，経験を重ねながら，気候，風土に合わせてより望ましい食品の採集，狩猟，生産，増殖，飼育，貯蔵，加工，調理などの技術を開発し，歴史と文化を培いながら「食べ方」に1つの傾向をつくってきた．そして，それらを伝承し，変容を加えながら今日に至っている．

　本章では，人間と食べ物のかかわりについて食品の歴史的変遷と食物連鎖の両面から捉え，食品，栄養，調理，食べ物への配慮，食生活と健康，食嗜好の形成，食料と環境問題などについて理解を深める．

A　食品の歴史的変遷

1）岩宿時代(旧石器時代：食料採取第1の時代)

　　日本列島の人間の歴史で最も古いのは岩宿時代(旧石器時代)である．石器を用いた狩猟や，木の実の採取を基礎とする時代である．この時代は，まだ煮炊きを知らず，石焼き料理を食べていた．近年，残存脂質分析法により，熱した石の上に肉をのせて焼き肉として食べていたことが明らかになった．

2）縄文時代(食料採取第2の時代)

　　縄文土器の出土により，煮炊きが始まったことがわかる．採取，狩猟，漁労および焼き畑などによる小規模農業が行われ，稲作が始まった．

　　貝塚から出土するものから当時の食生活の特色を知ることができる．あかがい，たいらぎ，かき，はまぐり，あさり，さくらがい，ばかがい，あわび，まきがいなどの貝殻をはじめとして，川沼に棲むからすがい，しじみ，たにしなど350種以上に及ぶ．魚では，くろだいなどの磯魚を中心に，まいわし，にしん，ぼら，たら，すずき，めばる，まだい，あじ，ぶり，まぐろ，かつお，ひらめ，とらふぐ，かじき，きすなど40種を超え，こい，うぐい，うなぎなどの淡水魚もみられる．また，いのしし，しかなどの獣骨が出土していることから，狩猟が行われていたことがわかる．くるみやくりをはじめとして，くぬぎ，なら，とちの実などの出土も時代とともに増加している．生食，焼き石や焚き火による焼き物，土器による煮炊きが行われていた．また，木の実や雑穀をすりつぶして焼き，パンやクッキー状にして食べていた．

3）弥生・古墳・飛鳥時代

　　水稲が普及し，水田耕作が始まった．普通の米，すなわち，うるち米だけでなく，もち米が多く，赤米がかなりの割合を占めていた．むぎ，あわ，ひえ，きび，だいず，えごま，りょくとう，さらに，やまのいも，さといも，そばなどの栽培も始まった．遺跡からは雑穀類や野菜の種子とともに，いのしし，しかの骨，もも，くり，くるみ，しいの実などが発掘されている．縄文土器よりもはるかに精巧な弥生式土器が工夫され普及した．甕(かめ)による煮炊き法，甑(こしき)による蒸し物が始まった．とくに，米を蒸して強飯(こわ)がつくられるようになった．稲作の発達とともに米飯が普及すると，米以外の雑穀や野菜，狩猟や漁労の獲物を副食とする形が出来上がり，やがて主食という概念が生まれた．

4）奈良時代

　　奈良時代の食べ物を知る資料に，『古事記』(712)，『日本書記』(720)，『万葉集』(成立年不詳)，『養老律令』(757年施行)などがある．近年の発掘調査では，とくに，平安京からの出土木簡などがあり，地方でどんな食品が生産され，都に運ばれたかがわかるようになった．

白米，玄米，麦，くり，ひえ，だいず，あずきなどのほか，海産物，野菜類，山菜の種類も多く，鳥では，にわとり，きじ，やまどり，かも，うずらなど，獣では，いのしし，しか，うさぎ，馬，牛なども食用としていた．馬と牛は農耕使役に欠かせない家畜のため，675年に殺生禁止令が出て，表向きには食用とされなくなった．果実類では，もも，なし，かき，みかん，びわ，くるみ，くり，しいの実なども食べていた．また，中国，朝鮮など大陸の食文化の影響を受け，唐菓子なども現れた．

強飯，固かゆ，汁かゆ，干し飯がつくられた．調味料として塩，酢，酒が利用され，魚醤もつくられた．

5) 平安時代

平安時代の食べ物を知る資料として，『和名類聚鈔』(930～938)がある．この時代，大陸から輸入されたものを含めても，食品の種類は奈良時代とあまり変わりがないが，京の公家たちは宇治川や琵琶湖の淡水魚に新鮮さを求めたほか，酒糟に漬けたものや，魚や肉を干したものも食材として用いた．

食生活の形式化した時代で，年中行事の基本ができ，包丁式も始まった．『延喜式』(905)には宮廷中心の年中行事や儀式，各種行事の供応食の献立が規定されている．野獣肉料理はあるが，獣肉料理は正式にはない．平安の公家たちの饗宴の料理は大饗料理とよばれ，内容はぜいたくなもので，儀礼の象徴として極度に形式化していた．

6) 鎌倉時代

鎌倉時代には，公家や僧侶と並んで武士が政治の実権をにぎり，質素を旨とする武家社会が確立した．前時代の貴族のような形式的な食事にとらわれず，狩りが武士のたしなみでもあったので，獲物に舌鼓を打った．また，武士の生活感情のなかには貴族生活への憧憬もあり，唐風模倣のものも同化して，公家によって平安時代にできあがった魚や鳥の料理も武士たちに伝えられ，のちの近世食文化の基をつくった．奢侈を排し実質的な生活を誇りにしていた武家生活では，「武士は食わねど高楊枝」という考え方が尊重され，たとえ貧しくても清貧に安んじ，気位をたもたなければならないと考えていた．

植物性の食品だけを材料とする精進料理は，もともと仏教の殺生戒に基づく獣や鳥，魚に対するタブー観から生まれた．すでに平安時代に寺院から始まり，次第に公家から一般の人々にも広まっていった．

厳しい規制を掲げて簡素な生活を強調する禅宗が，栄西や道元によって大陸から伝えられた．その精神生活は，やがて鎌倉を中心に武家社会に受け入れられていった．禅宗とともに，茶，ごまが用いられるようになり，大豆製品が発達した．また，雑穀も多く栽培された．だいず，なたね，かや，つばきなどから各種の油を採り，食品を油で揚げることが盛んに行われるようになった．栄西の『喫茶養生記』(1211年成立，1214年改修)には，製茶法，茶の入れ方，茶の効能についても記されている．道元の『典座教訓』(1237)，『赴粥飯法』(1244)はつくる心，食べる心の教えとして，今日でも広く食生活の規範として親しまれている．

7) 室町時代

　室町時代の食事文化の発達は，今日の日本料理の基本をつくりあげた．その料理様式を本膳料理とよんでいる．本膳料理の発展は，料理のつくり方，食べ方などにも厳しい約束ごとを生んだ．鎌倉時代から始まった精進料理の発達は，室町時代になるとさらに味つけがこまやかになったことと，料理が豊富になったことにより日本料理の特色ある一分野をつくり上げることになった．

　室町時代の台所を戯画化したなかに，山どり，かり，えび，魚がみられる．精進料理の食材も多種多様で，大豆・大豆製品，わらび，わかめ，こんぶ，うり，かんぴょう，しいたけ，麩，やまいも，くり，くるみなどがある．野菜として，なす，だいこん，かぶ，ごぼう，にんじん，根いも，ずいき，こんにゃくなどが庶民の食卓に上っていた．

8) 安土・桃山時代

　室町時代に武家儀礼とともに発達した本膳料理は，贅を尽くして極致に達したが，本膳料理の形式化に現実主義者の戦国武将たちは満足せず，合理的な料理への要求をみたしたのが懐石(茶の湯の料理)である．

　南蛮貿易によって新種の野菜，砂糖，香辛料などの新しい食材が南蛮料理とともに伝えられ，油を使って炒めたり，揚げたりする調理法も導入された．カステラ，ボーロ，コンペイトウ，ビスケット，パンもつくられた．

9) 江戸時代

　江戸時代の『料理物語』(1643)には魚90種，鳥18種，獣7種，野菜77種などの食材と料理があげられていて，その料理の豊富さに驚かされる．料理材料の獣之部には「しか，たぬき，いのしし，うさぎ，かわうそ，くま，いぬ」の7種があげられている．また，百珍物として，豆腐，だいこん，ゆず，たい，さつまいも，こんにゃくなど，1種類の素材を基本にした料理書も出ている．また，俳諧の書『毛吹草』(1645)には諸国名物のなかにたくさんの食品があげられている．おもな食品を列記すると，大和では，くず粉，かや，御所かき，まつたけ，いわたけ，せん茶，そらまめなどがある．慶応3年(1867)，駒込の青物市場で江戸城に納めた野菜類の品目に，ごぼう，きゅうり，なす，さといも，だいこん，しそ，たで，ふき，とうがん，しょうが，みょうが，にんじん，かぶ，かぼちゃなど65種類の名があがっている．また，東京湾の三浦半島沿岸は魚介類の宝庫であり，『新編武蔵野風土記』(1828〜1834)には，海の魚とともに川の魚も記されている．

10) 明治・大正時代，昭和前期時代

　明治維新を契機として，日本人の食事習慣のなかにしこりとなっていた食品のタブーも，もはや通用しなくなった．明治5年(1872)，天皇の肉食宣言により1200年にわたる肉食禁忌の思想は打破された．牛乳とパンの利用が始まり，食生活への肉食の導入が始まった．嗜好品として，キャンディ，チョコレート，ビスケットなどの洋菓子が普及し始めた．米食を主食とし，一汁一菜の日常食の基本が定着した．天ぷら，刺し身，鍋物などが家庭料

理になり，カレーライス，コロッケ，カツレツなどが一般化した．新聞紙上にも料理・献立記事が掲載された．銘々膳からちゃぶ台への変化がみられた．

11）昭和後期・平成時代

戦争直後は食料の生産力が低下し，極度の米不足であった．しかしその後，生産技術，養殖技術の発達に伴い量産が可能になった．また，食品の輸入量も増加した．外食産業や食品加工業の発展に伴い，食について見なおすなど健康志向の高まりへと移行した．和風，中華風，洋風，エスニック風などさまざまな調理法が用いられ，折衷料理や融合料理が生まれ，食生活は多様な展開となってきた．食品の技術改良がすすみ，バイオテクノロジーによる生産が行われるなど，食品素材は多様化している．加工食品の発展は，食生活の合理化を助けているが，安全性の問題が生じるなど，新たな課題となっている．

B 食物連鎖

1 食物連鎖とは

1）生態系と食物連鎖

生物群集において，A種がB種に食われ，B種がC種に，C種がD種に食われるという「食う―食われる」の関係があるとき，A，B，C，Dは食物連鎖をなすという．
――イギリスの動物生態学者C.S.エルトンが提唱――

すなわち，生態系のなかには，植物があり，植物を食べる動物があり，さらに，その動物を食べる肉食動物があるというように，食べ物のうえでの生物どうしのつながりができているが，これを「食物連鎖」という．もし生態系のなかで，ある生物がいなくなると，それを食べ物にしている動物が影響を受け，食物連鎖のピラミッドが壊れる．人間もこの生態系のなかに生きているので，環境破壊によって生態系がくずれると人間にも影響が及んでくる．

図1-1に生態系の要素を，図1-2に食物連鎖の過程を示した．陸上の生態系ピラミッドでは，草を食べる虫がいて，その虫をトカゲやカエルが食べ，それを鳥やキツネなどの動物が食べている．水中では植物プランクトン →動物プランクトン →小魚 →大魚などの生食連鎖が行われている．

生産者 植物は根から吸い上げた水と空気中の二酸化炭素を結合して炭水化物を合成する．このとき植物は自身の葉緑素を触媒として太陽エネルギーを固定すると同時に酸素を排出する．これを光合成といい，動物に食物を供給するという意味で，植物は生産者とよばれる．

消費者 動物は，植物によって生産された炭水化物を食物としているので消費者とよばれる．炭水化物が分解されるときエネルギーを放出するが，このとき酸素を取り入れると同時に水と二酸化炭素が排出される．草食動物を餌にする肉食動物も間接的な

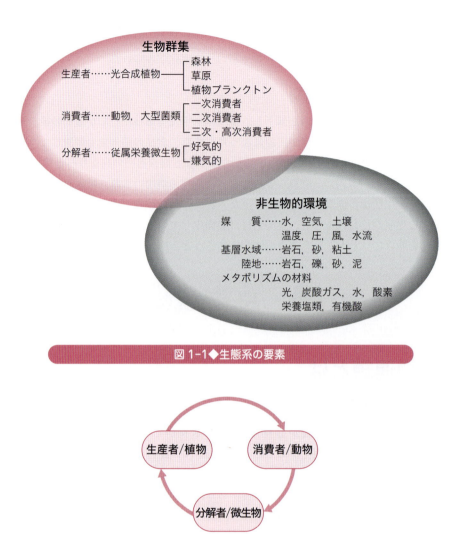

図 1-1◆生態系の要素

図 1-2◆食物連鎖過程

消費者である.

分解者 微生物は,枯死した植物ならびに動物の排泄物や死骸を餌にすることによって有機物を分解して,再び水と二酸化炭素の無機物に還元する.こうして植物に養分を供給する役割をはたしている.分解者としての微生物は,物質循環への寄与が多大である.

　植物(生態系においては生産者とよばれる)が食物連鎖の出発点である.つまり,太陽エネルギーと無機物から自らの体を合成して生活する緑色植物である.そして,植物を食べる草食動物(一次消費者),草食動物を食べる肉食動物(二次消費者),その肉食動物を食べる大型肉食動物(三次・高次消費者)に区別される.
　食物連鎖において,その出発点が生きた植物体の場合を生食連鎖という.

2）生食連鎖と腐食連鎖

生食連鎖 出発点となる植物は，陸上では樹木や草木であり，海洋では海藻，植物プランクトンや海洋細菌，川や水湖では水草，付着藻類，植物プランクトンなどである．生食連鎖では，物質は植物から植物を食べるもの（草食動物）へ，さらに，肉食動物へと受けわたされる．

生食連鎖の流れ　緑色植物 →草食動物 →小型肉食動物 →大型肉食動物

腐食連鎖（微生物食物連鎖ともいう）　デトリタス（残骸）を摂食することから始まる食物連鎖を腐食連鎖という．デトリタスとは，動植物の死骸や，その破片，あるいは動物からの排泄物ならびに分解物などである．たとえば，地表部に堆積している落葉，落枝，腐植（植物体が菌類や細菌などにより分解された残渣）や，海洋や陸水域に陸上から流れ込んだ残渣，それらに依存して生活している動物も腐食連鎖に重要な役割をはたしている．

腐食連鎖の流れ　植物遺骸 →溶存有機物 →バクテリア →（原生動物）
　　　　　　　　　　　→ゴカイ等のベントス（底生生物）→魚・鳥

3）食 物 網

食物連鎖は「食う―食われる」，「生食連鎖・腐食連鎖」という単純な関係だけではなく，これらが相互にかかわりあって成立している．たとえば，腐食連鎖のなかで物質を分解する菌類はきのこを増やし，それが生食連鎖のなかでモグラやネズミに食べられる．雑食動物は植物と動物の両方を食べるため，生食連鎖と腐食連鎖の両方に参加する．ミミズは鳥類に食べられるが，腐った葉を食べる腐食動物である．こうして食物連鎖は網の目のようにつながって食物網をつくり出している．

2 食物連鎖と栄養

食物連鎖は栄養の連鎖としてとらえることができる．図 1-3 に栄養レベルの食物連鎖ピラミッドを示した．第 1 栄養レベルに属している植物は食物の生産者である．第 2 栄養レベルに属する動物は草食動物であり，第 3 栄養レベルに属するのは肉食動物である．肉食

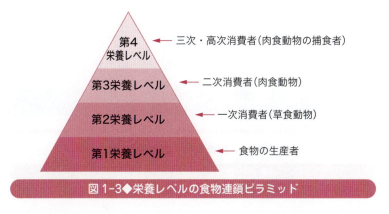

図 1-3◆栄養レベルの食物連鎖ピラミッド

動物の捕食者は第4栄養レベルに属する．しかし，すべての動物が各栄養レベルに分属されるわけではなく，第2と第3レベルに属する雑食動物もある．栄養レベルの上昇に伴い，ピラミッドを構成する捕食者の数は減り，固体は大型化していく．これら被食—捕食の過程をとおして，エネルギーが栄養レベルのピラミッドの上部に向かって流れていく．

植物は，光合成により太陽エネルギーと二酸化炭素から炭水化物をつくるが，このエネルギーの多くは，呼吸反応で熱として放散され，残りのエネルギーを木や草の組織として，バイオマス(生物資源)に変える．これらの物質は，草食動物や菌類，微生物などの分解者からなる第2栄養レベルに移される．第2栄養レベルに移ったエネルギーの大部分は，呼吸反応の熱として失われ，わずかな量が新しいバイオマスとなる．栄養レベルが上がるたびに，バイオマスとして伝えられるエネルギー量は少なくなっていく．

人間は地球のあらゆる環境のなかで生活している．多種類のさまざまな動植物を食べる雑食性の高次消費者であり，食物連鎖ピラミッドでは最高の位置にある．人間は食物を大量に得るために農耕，養殖，牧畜などを行って，特定の動植物のみを増加させて，自然の生態系を改変している．そのため，環境破壊によって地球の生態系がくずれないよう，大自然の摂理をわきまえ，大自然の恩恵に感謝しなければならない．

3 食物連鎖と生物濃縮

生物濃縮とは，生物体内に特定の物質が蓄積し，その濃度が外部環境に比べて高くなることをいい，食物連鎖の結果として起こる．

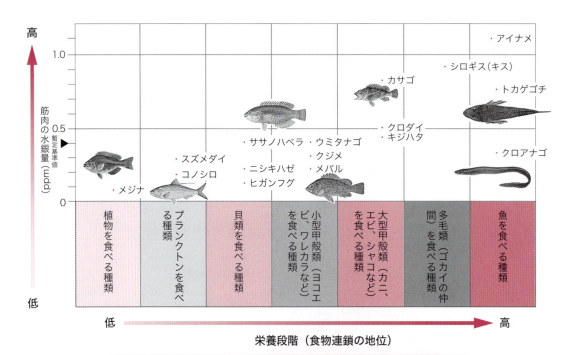

図 1-4 ◆ 食物連鎖による水銀の生物濃縮の例

(水産等汚染水域調査研究成果報告書(1991)および水産庁西海区水産研究所報(1991)より作成)

サメやイルカの大量死や奇形が増加しているという．これらは海に棲む生物の生態系の頂点にいる海洋動物であることから，さまざまな化学物質に汚染された海の中での食物連鎖による生物濃縮が原因と考えられる．たとえば，イルカの主食は，いわしやいかであるが，それらはさらに小さな魚やプランクトンを食べている．そのプランクトンは海水中の化学物質も摂取して成長している．プランクトンから始まった食物連鎖がイルカに達したとき，化学物質の備蓄濃度は海水の 1,000 万倍の濃度になるという．

　水中では食物連鎖が複雑で多段階にわたっており，そのあいだに水銀や鉛などの重金属が濃縮されていくことがある．図 1-4 に食物連鎖による水銀の生物濃縮の例を示した．食物連鎖網のなかに占める地位（栄養段階）が高いほど水銀の濃度が高くなる傾向がある．

　これは陸上に住む人間にも当てはまる．農薬が環境を汚染すると，そこに棲む生物の体内に農薬を取り込み，小さいものから大きなものへと食物連鎖が繰り返されるごとに高濃度になっていく．人間は，農薬が残留した水や飼料を食べて育った家畜の肉を食べている．地球の食物連鎖の頂点にいる人間は海からも陸からも食べ物を摂取しているため，身体には化学物質が何倍にもなって蓄積される可能性がある．

C　食品，食べ物，栄養

1）食　　品

　「食品」とは，栄養素を 1 種類以上含み，有毒・有害なものを含まない安全なものであり，摂取するのに好ましい嗜好性をもち，人の恒常性に寄与する生理的な成分を含む天然物質および，その加工品の総称をいう．食品の基本的特性には，栄養性，安全性，嗜好性，生理機能性などがある．

栄養性　外界から取り入れなければならないたんぱく質，脂質，炭水化物，ミネラル，ビタミンなどの栄養素を含んでいるという特性である．

安全性　ふぐ毒，きのこ毒などの天然の有害物，農薬，重金属，不法添加物，環境ホルモンなどの有害物を含まず，腐敗・変敗していない安全なものであるという特性である．最近の WHO（国連の世界保健機関）の食品の定義には，食品の安全性とともに食品の健全性を確保する必要性が述べられている．

健全性　毒物学的安全性，微生物学的安全性および栄養学的的確性の 3 項目を総合した幅広い概念である．

嗜好性　五感をとおして食べ物に対する食欲を促すことである．食材を調理・加工して色，形などの外観，香り，味，口当たりなどの特性を整える．食品に期待することができる特性である．

生理機能性　人体の恒常性（ホメオスターシス）を維持し，体調などのリズム，生体防御などに寄与する生体機能にかかわる特性である．

　食品の二次的特性には，流通性と付加特性がある．図 1-5 に食品の基本的特性および二次的特性を示した．

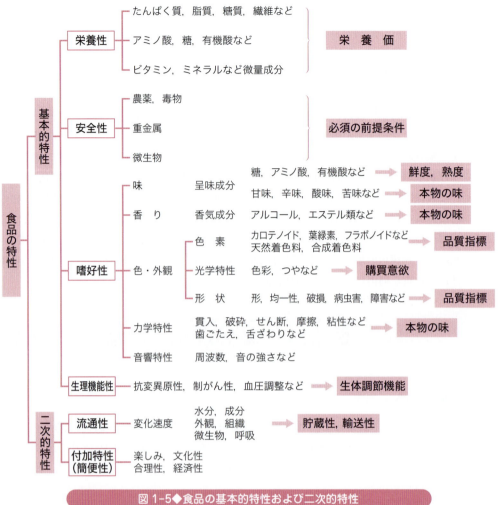

図 1-5◆食品の基本的特性および二次的特性

(青柳康夫：N ブックス 食品機能学, p.2, 建帛社, 2003 より)

2) 食 べ 物

　一般に「食べ物」とは，食品(食素材)に調理・加工の操作を加えてすぐ食べられる状態に調製されているものをいう。『世界大百科事典』によると，「食べ物とは，食欲を満たし，生命を維持するために口から摂取するもので，食品，食料，食糧，食事などの類似語があり，それらの概念の相違ははっきりしない．それぞれ多少ニュアンスの違う使い方がなされている．食べ物という言葉はかなり抽象的ないしは象徴的な意味をもつのに対し，食品は，明確に人間の摂食行為の対象となる素材の個々，あるいはその群や種類を表現する場合に用いられる」と記されている．

3) 栄　　養

　生体は，必要とする物質を体外から取り入れて利用し，体の構成物質をつくり，また，

体内で物質が分解するときに生じる化学的エネルギーを利用して健全な生活活動を行っている．この営みを「栄養」という．生体が生命現象を営むために体外から取り込む物質を一般に栄養素という．栄養素には，糖質(炭水化物)，脂質，たんぱく質，無機質(ミネラル)，ビタミンがあり，これを五大栄養素という．

食べ物はこのほか，嗜好成分(味，香り，色など)や食物繊維を含み，食欲にかかわったり，生体の消化・吸収に影響を与えたり，有効な機能をもっている．この機能は次のように3つに分けて考えられる．

① 食べ物の一次機能(栄養機能)
② 食べ物の二次機能(感覚機能)
③ 食べ物の三次機能(生体調節機能，保健機能[注1])

D　食生活と健康

日本人の食生活は第2次世界大戦後約60年のあいだに著しく変化し，健康状態も改善されて，昭和59年(1984)には世界一の長寿国となった．一方で，栄養バランスのくずれに起因する疾病，生活習慣病が注目されるようになった．また，疾病構造にも大きな変化がみられる．健康状態は日々の食生活に起因するところが大きい．

1) 食生活の変遷

戦後約60年の短い期間に，わが国は農業社会から産業社会，そして情報社会へと一挙に移行した．経済力の向上，情報化などの社会基盤の急激な変化は，社会の最小単位である家族形態を変え，食生活にも変化をもたらした．主食のごはんに野菜と魚がおもな副食という伝統型食事から，副食多食型，多様な食材利用，調味や調理法などの洋風化が進んだ．家庭の食事が家庭外への依存度を高め，外食や中食が増加し，食品産業の活動が活発になっている．家庭で家族がそろって食べる頻度が減少し，特別な日に食べていた料理が日常食として利用され，ハレ(特別な日)とケ(日常)のけじめがなくなり，平準化が進行した．

2) 食事状況の変遷

食事状況を概観するためには，いくつかの統計資料が役に立つ．図1-6にエネルギーの食品群別摂取構成比を示した．穀類からのエネルギー摂取は，平成13年度以降42％前後で推移し，そのうち米類の摂取は30％前後である．エネルギー摂取量の平均値は，男女ともに漸減傾向にある．

図1-7にたんぱく質の食品群別摂取構成比を示した．平成24年度のたんぱく質摂取量は68.0 g，そのうち動物性たんぱく質は36.4 gで，肉類の摂取は増加傾向を示している．摂取量(総量)の平均値は漸減傾向にある．

調理・加工食品などの消費の形態も変化し，とくに，調理済み食品，加工食品の購入が

注1) 保健機能：人間の生体はつねに恒常性を維持している．この恒常性を維持したり，回復したりすること．

図1-6◆エネルギーの食品群別摂取構成比（年次推移）
（厚生労働省国民健康・栄養調査より作成）

図1-7◆たんぱく質の食品群別摂取構成比（年次推移）
（厚生労働省国民健康・栄養調査報告より作成）

増加を続けている．

　日本人の大好きな「すし」を例にみると，家庭での手づくりすし，寿司屋で食べるすし，出前のすし，持ち帰りずし，コンビニのすしなど，調理形態はさまざまである．消費者は，食事のための調理時間がない，すしが食べたくなったなど，とっさの思いつきから売り場での形態や，価格によって購入する．こうした消費者のニーズが調理済み食品や加工食品の増加に拍車をかけている．

　図 1-8 に調理済み食品も含めた 1 日の外食率の年次推移を示した．

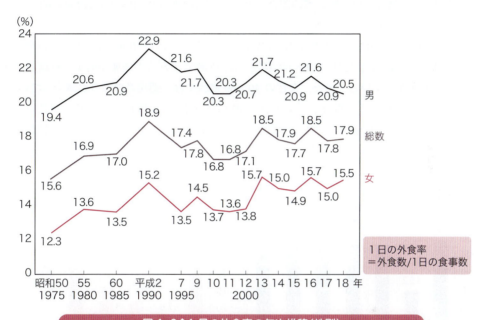

図 1-8◆1 日の外食率の年次推移（性別）

平成 13 年から外食率に調理済み食が含まれている
（厚生労働省国民健康・栄養調査報告より作成）

3）食生活と肥満・やせ

　肥満とやせは身体計測によって判断しているが，よく使われているのが BMI（body mass index）である．図 1-9 に栄養指数 BMI による肥満・やせの判定を示した．

$$BMI = 体重(kg) \div \{身長(m)\}^2$$

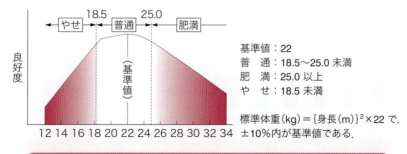

基準値：22
普　通：18.5〜25.0 未満
肥　満：25.0 以上
や　せ：18.5 未満

標準体重(kg) ＝ {身長(m)}² × 22 で，
±10％内が基準値である．

図 1-9◆栄養指数 BMI による肥満・やせの判定

このほかの栄養指数として，ブローカ指数，乳幼児にはカウプ(Kaup)指数，学童にはローレル(Rohrer)指数がある．

　　ブローカ指数＝{身長(cm)－100}×0.9
　　カウプ指数＝体重(kg)÷{身長(cm)}^{2}×10^4
　　ローレル指数＝体重(kg)÷{身長(cm)}^{3}×10^7

「肥満」は高血圧や脂質異常症*，糖尿病の危険因子であり，さらに，脳卒中や心筋梗塞などの生活習慣病の誘因とされている．**図 1-10** に 20 歳以上の男女の肥満者の割合を，**図 1-11** には低体重（やせ）の者の割合を示した．*2007 年のガイドライン（日本動脈硬化学会）において，高脂血症を脂質異常症と改められた．

肥満者の割合は，男性では 40 歳代が最も多く，次いで 50 歳代，60 歳代の順である．平成 12 年以降は，男性の 20～60 歳代では，肥満者の割合の増加傾向がそれ以前の 5 年間に比べ鈍化している．また，女性の 40～60 歳代では，肥満者の割合が減少している．

一方，やせの者の割合は，女性では 20 歳代および 30 歳代でその割合が高いが，ここ 10 年程度は，20 歳代の女性では横ばいの状況にある．女性の極度の「やせ」は貧血や月経

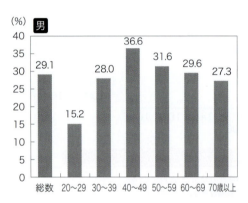

図 1-10◆肥満者（BMI≧25）の割合（20 歳以上）
（平成 24 年厚生労働省国民健康・栄養調査報告より）

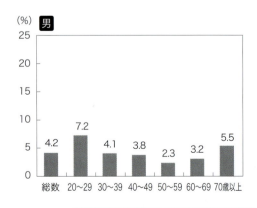
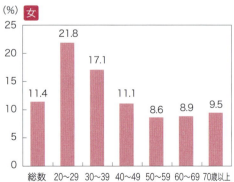

図 1-11◆低体重（やせ）の者（BMI＜18.5）の割合（20 歳以上）
（平成 24 年厚生労働省国民健康・栄養調査報告より）

異常，骨粗しょう症などにつながる．

4）メタボリックシンドローム（内臓脂肪症候群）

　メタボリックシンドロームとは，内臓の周囲に脂肪が蓄積する内臓脂肪蓄積型の肥満をもつ人が，高血圧，高血糖，脂質異常症などの動脈硬化因子を2つ以上合わせもった新しい疾病概念をいう．メタボリックシンドロームの診断基準として，その必須項目となる内臓脂肪蓄積（内臓脂肪面積 100 cm^2 以上）のマーカーは，ウエスト周囲径が男性では 85 cm，女性では 90 cm 以上を要注意とし，その中で，次の3項目のうち2つ以上を有する場合をメタボリックシンドロームと診断されている（図 1-12）．

① 血清脂質異常（トリグリセライド値 150 mg/dL 以上，または HDL コレステロール値 40 mg/dL 未満）
② 血圧高値（最高血圧 130 mmHg 以上，または最低血圧 85 mmHg 以上）
③ 高血糖値（空腹時血糖値 110 mg/dL 以上）

図 1-12◆メタボリックシンドロームの診断基準

5）食事形態と脂肪摂取

　生活習慣病のリスク軽減のためには，脂肪の過剰摂取のチェックに基づいた食生活のあり方が大切である．脂肪エネルギー比率が 36% 以上の人は，PFC 比率（エネルギー摂取量に占める脂肪エネルギー比率）の適正比率（25%）の人と比較して食事形態（料理の数や種類から食事状況を評価する指標）をみると，油料理，主菜料理，昼食料理の数が多い状況にあり，食品群別摂取量では油脂類，肉類，乳類，野菜類，魚介類が多い一方，穀類，豆類などが少ない．生活習慣では睡眠が十分ではなく，食品のバランスに対する意識が低く，不規則な食事をしていることが認められる．

　図 1-13 に脂肪エネルギー比率と関連する要因の模式図を示した．

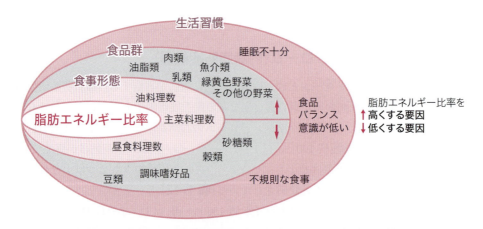

図 1-13◆脂肪エネルギー比率と関連する要因の模式図

（多田羅浩三 編：健康 21 推進ガイドライン，p.108，ぎょうせい，2001 より）

E 食嗜好の形成

1) 食欲とは

　食欲は，食べ物に対する基本的欲求である．食欲は空腹感などの生理的な条件だけではなく，健康状態や精神状態，体質，性別や年齢，知識や経験，文化，宗教など，各個人がもっている多くの条件によって影響を受け，食欲の起こり方は人によって異なる．

　図 1-14 に食欲に影響を与える要素とその因子を示した．

　摂食機能には脳の視床下部が重要な役割をはたしている．視床下部で食欲に関係しているのは摂食中枢（視床下部外側野）と満腹中枢（視床下部腹内側核）である．腹内側核は満腹

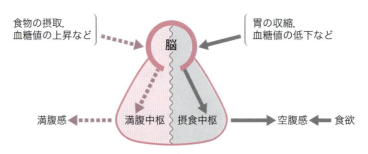

食欲を減退させる因子の例	食欲を増進させる因子の例
緊張感，心配ごと，嫌いな食べ物，青系統の光や色，嫌いなにおい，いやな連想，気温の極端な上昇や低下，嫌いな人との同席など	心の安定，楽しい雰囲気，好きな食べ物，黄色やオレンジ色の光や色，おいしそうな香り，盛りつけ，適当な室温，好きな人との同席など

図 1-14◆食欲に影響を与える要素とその因子

感の形成に関係し，食べるのをやめさせる中枢核であり，外側野は空腹の動機に駆り立てられ，食行動を引き起こす部位であると考えられていた．しかし，1994年，分子量 16,000 (16kDa)のペプチドホルモン「レプチン」(ギリシャ語 leptos："やせる"の意味に由来)がマウスで発見され，視床下部での摂食調節機構の概念が大きく発展した．レプチンは脂肪細胞から分泌され，食欲と代謝を調節するために，体脂肪量を中枢神経系へと伝えている．レプチン受容体は摂食中枢(視床下部外側野)だけでなく，視床下部弓状核，室傍核(第Ⅲ脳室近傍に存在する神経核)，背内側核など，視床下部に広く豊富に分布していることがわかってきた．

図 1-15 に，肥満マウス(ob/ob マウス：脂肪細胞でのレプチン合成能の欠如したマウス)と正常マウス(＋/＋マウス)，および糖尿病マウス(db/db マウス：レプチン受容体の欠如したマウス)と正常マウスの併体結合実験とその結果を示した．肥満マウス(ob/ob)と正常マウスの併体実験(A)では，肥満マウスの摂食量の低下を認めた(やせ)．正常マウスでつくられたレプチンが，血流を通して肥満マウスに流入したことにより，摂食の抑制を惹起したことを示している．一方，糖尿病マウス(db/db)と正常マウスとの併体実験(B)では，糖尿病マウスで大量につくられたレプチンが正常マウスの体内に流入し，正常マウスの摂食を抑制し餓死したと考えられた．以上の結果はレプチンが摂食量調節，とくに摂食の抑制に重要な役割をはたしていることを示している．

レプチンのはたらきには，つぎのようなものがあると考えられている．
① 摂食を促進する作用をもつ神経ペプチド Y(NPY)とアグーチ関連ペプチド (AgRP[注1])を発現するニューロンのはたらきを抑制する．
② 摂食を抑制する作用をもつメラノコルチンの一つである，α-メラノサイト刺激ホルモン(α-MSH)にはたらき，その活性を増大させる．
③ 弓状核に存在する α-MSH ニューロンを活性化し，情報が室傍核に投射される．

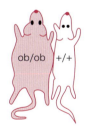
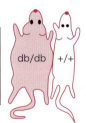

A	ob/ob マウス（レプチン合成能欠如）	＋/＋マウス（正　常）
	摂食量減少によるやせ	体重変化なし

B	db/db マウス（レプチン受容体欠如）	＋/＋マウス（正　常）
	体重変化なし	餓　死

図 1-15◆遺伝性肥満マウスの併体結合実験
(河田光博，樋口隆：シンプル解剖生理学，p.171，2004，南江堂より許諾を得て改変し転載)

注1) 最近のラジャット・シングの研究によれば，ヒトは食事を摂らないでいると，脳で空腹感を引き起こす神経細胞が自分自身を食べること(自食作用)により「空腹である」というシグナルを送り，摂食を催促するらしい．ヒトが飢餓状態に陥ると，AgRP ニューロンが自食し，遊離脂肪酸が生産される．この遊離脂肪酸が空腹のシグナルでもある AgRP の濃度を上昇させる．AgRP ニューロンの自食が阻害されると，飢餓状態でも AgRP の濃度が上がらず，α-MSH が高濃度に保たれる．このバランスの変化により，マウスの実験では摂食量が減ったうえに，より多くのエネルギーを燃焼し，体脂肪が落ちたのであろう．食事と食事の間に蓄積された脂肪が分解されるなかで脂肪酸は血液中に放出され，視床下部に取り込まれる．このことが AgRP ニューロンの自食作用を引き起こすのかもしれない．

④ 腹内側核の作用を介し，摂食抑制に重要な役割をはたしている．
　　⑤ 体内でのエネルギー消費を増加し，体脂肪の減少（やせ）を引き起こす．
　ヒトにおいても，22対の常染色体のうち，第7染色体に肥満遺伝子(ob/ob)が存在している．この受容体は種々の視床下部細胞に発現し，効果を発揮している．レプチン遺伝子の変異により，学童期からの体重の異常な増加を示す知見が報告されている．動物に限らず，ヒトの摂食抑制にもレプチンが重要な役割をはたしていると考えられる．

2）嗜好性の形成

　人間の食嗜好には，生物としての基本的な特性が大きな影響を与えている．
　　① 人間は雑食性であり，それに適合した生理機能をもっている．
　　② 食嗜好は味に対する生まれつきの心理的偏向であるともいえる．たとえば，生まれてすぐから甘味を喜び，苦味をさける嗜好である．しかし，どれが栄養になり，どれが毒性をもっているかを完全に区別する感覚的な能力は持ち合わせていない．
　　③ 食嗜好には新しい食べ物に対する二面性がある．つねに新しい食べ物を試みようとする「新しがり屋」的性質と，もう1つは，新しいもの，初めてのものをさけようとする保守的な性質である．
　　④ 食嗜好は，体によくない食べ物は嫌いになるように，嗜好自体を変化させる能力をもっている．その結果，有害な食べ物をさけるとともに，有益な食べ物に対する嗜好性を高める．
　すなわち，食欲は食べ物に対する基本的な欲求であるのに対し，嗜好性は食べ物に対する好き・嫌いであり，それぞれの人間の食べ物に対する生理的・心理的反応である．その内容は伝統的・社会的環境と個人的環境に大別できる．前者は人類が，その周辺にある食べ物を生存の糧としてきた民族的な生活経験がベースになっている．たとえば，東洋の稲作農耕文化と醸酵調味料嗜好に対して，西洋の牧畜文化と肉・乳製品嗜好などをあげることができる．
　個人を取り巻く要因は，個人の成長過程における生活環境や食体験の学習的因子から形成される嗜好である．

3）ライフステージと嗜好

　胎児期　胎児は，ほとんどの栄養素を胎盤を経由して臍帯から得ているが，口からも羊水を摂取している．羊水にはナトリウムなどの電解質，グルコース，さまざまなアミノ酸が含まれており，体液と同じ浸透圧である．母親の食事に由来する血液（体液）性状の変動は羊水にも反映し，胎児はこれを味の変化としてとらえていると考えられている．人間の胎児も味蕾が形成される胎齢3か月以降，羊水に含まれるさまざまなアミノ酸やグルコース組成の変化を味の変化として認知し，嗜好形成の最初の一歩が始まると考えられている．
　乳児期　乳児期は，授乳によって子どもに栄養素が与えられるが，授乳は子どもと親を結ぶ絆としての食事である．子どもは授乳をとおして，母親の乳房を吸って空腹をみたし，母親の顔を覚え，その体温や体臭に安らぎを覚える．人工乳の場合も子ども

の働きかけに応えることを忘れてはならない．新生児でも，甘味，苦味，酸味，塩味，うま味に敏感に応答し，各味質に対応して顔の表情が変化する．

離乳期 乳児期に理想的であった母乳も，離乳期に入ると乳糖分解酵素活性が低下し，母乳由来の乳が小腸から消化吸収されにくくなり，母乳を嫌い，ほかの食べ物を求めるようになる．これが離乳期である．離乳期をとおして，親が好む離乳食の味が「すり込み」されて嗜好性の原型が形成され，その後の食体験が積み重ねられ，その人の生涯の嗜好に影響を及ぼしていく．

幼児期 幼児期とは，離乳期完了から学童期までをいう．精神機能や運動機能の発達が著しい時期である．また，食生活の基礎ができる時期で，規則正しい食事の習慣を身につけること，食べ物の好き・嫌いをなくすことが大切である．たいていの食べ物は機能的に摂取可能となり，さまざまな食べ物の摂食体験と受容体験の積み重ねによって嗜好の幅は広がっていく．

学童期 小学生を中心とした学童期は食習慣が完成する時期である．学校では給食が始まり，食生活も学校給食の影響を大きく受けるようになる．家庭でも学校給食について十分な関心をもつことが必要である．味覚を学習したり，磨かないかぎり繊細な食の感性は育たない．

思春期・青年期 中学生から高校生にかけての思春期は，受験を控えて食生活が不規則になりがちである．できるだけ家族や仲間と楽しく，おいしい食事をするように心がけることが大切である．この時期に続く青年期では，家庭内を中心にした生活よりも友人と過ごす時間が増え，食事も生活もリズムが乱れがちである．朝食の欠食，外食，ダイエットの問題などがクローズアップされてくる．嗜好の幅もいっそう拡大していく．一方，拒食症や過食症がこの時期に現れやすく，拒食だけ，過食だけという人もいれば，拒食と過食を繰り返す人もいる．拒食，過食は過激なダイエットが原因で発症することもあるが，心の問題として本人の性格，成育歴，家族，社会とのかかわりなどがあげられ，原因は単純ではない．

成人期 食べ物や料理に対する嗜好の幅が広がり，飲酒や喫煙に対する嗜好も顕著になってくる．食体験が広がり，同時に「おいしさ」に対する個人的嗜好にも特徴がみられるようになる．ブリア＝サヴァラン[注1)]の格言に「どんなものを食べているかを言ってみたまえ．君がどんな人であるかを言い当ててみせよう」というのがあるように，一般に，食行動が人となりに影響を与えると考えられている．

高齢期 高齢になると，生理的・身体的・精神的機能が衰えるが，食欲もまた減退する．食欲の減退については，「かむ力の衰え」，「身体のどこかに不健康なところがある」，「抑うつ傾向」などが原因としてあげられている．一般に，食べ慣れた食材，味つけ，調理方法でつくられた料理をおいしいと感じる．

注1) ブリア＝サヴァラン著，関根秀雄・戸部松実 訳：美味礼讃(上)，p.23, 岩波書店，1967

F　食料と環境問題

　わが国の農林水産物の輸入額は世界一であり，水産物にいたっては，輸入先国は130か国を数えている．その結果，日本人の総合カロリー自給率は約40％に下がり，穀物自給率は28％前後と，先進国のなかでは最も低い．日本料理の代表である「天ぷらそば」に例をとると，えびはインドネシア，そば粉は中国，小麦はアメリカ，油の原料であるなたねはカナダというように，わが国のものは水だけで，原材料のほとんどが輸入されていることになる．原料産地表示を徹底すると，「外国産の材料でつくった和食」ということになりかねない[注1]．世界の人口増・食料危機も懸念されることから，食料の安定供給は国民的課題である．

1) フード・マイレージ

　フード・マイレージ(food mileage)とは，イギリスの消費者運動家ティム・ラングが1994年(平成6)に提唱したもので，生産地から食卓までの距離が短い食料を食べた方が，輸送に伴う環境への負荷が少ないであろうという仮説を前提とした概念である．具体的には，輸入相手国からの輸入量と距離(国内輸送を含まない)を乗じたもので，この値が大きいほど地球環境への負荷が大きいという考え方である．

　　フード・マイレージ(t・km)
　　　＝輸出国から日本までの輸送距離×輸入相手国別食料輸入量

　地域で生産された産物をその地域で消費する(地産地消)という考え方は，①輸送距離・時間が短く鮮度のよいものが食べられる，②同じ地域で生産し消費するため，いわゆる"生産者の顔"がみえ，安心感がある，③産業を活性化し，環境にもやさしく，地域に好影響を及ぼす，などのメリットがあげられる．

　図1-16に各国のフード・マイレージの比較を示した．2001年におけるわが国の食料輸入総量は約5,800万トンで，これで国ごとの輸送距離を乗じ累積したフード・マイレージの総量は約9,000億t・kmとなった．これは，わが国の国内における1年間のすべての貨物輸送量の約1.6倍に相当する．諸外国の状況をみると，韓国およびアメリカはわが国の約3割，イギリス・ドイツは約2割，フランスは1割程度の水準であり，わが国のフード・マイレージの大きさは際立っている．

2) 食べ残し・食品廃棄の低減

　わが国は食料自給率は低いのに，食べ残しや食品廃棄量(フードロス)の多いことが社会問題となっている．図1-17に示すように，単身世帯の食品ロス量が最も多いことがわかる．フードロスはゴミ問題に直結するばかりではなく，食料資源のむだ使いでもある．

注1) 篠原　孝：食生活5月号, p.86, 2003

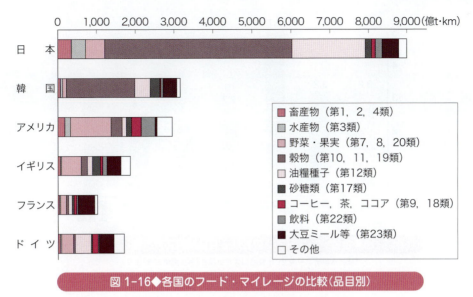

図1-16◆各国のフード・マイレージの比較（品目別）

（中田哲也：フード・マイレージ，日本評論社，2007より）

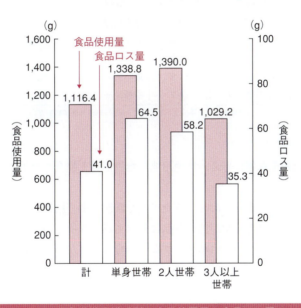

図1-17◆世帯員構成別の食品使用量・食品ロス量

（農林水産省：平成21年度食品ロス統計調査［世帯調査］より）

　食生活から出るゴミの重量としては日常家庭からの厨芥ごみが最も多い．さらに，台所排水や食品包装材のゴミも多く，その処理のためのコストも大きい．日常の家庭での食べ物の管理，大量給食施設，外食産業などとともにフードロスの低減化に最大の努力を払う社会的責任がある．ホテルやコンビニなどでは環境問題に配慮して客の食べ残しや廃棄処分した弁当などを肥料にする独自プラントを開発したところもあり，現在では廃棄物の約1/4が再生利用されている．

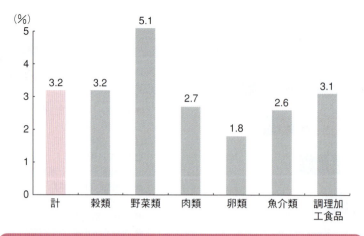

図 1-18◆食堂・レストランにおける食品類別の食べ残し量の割合
（農林水産省：平成21年食品ロス統計調査[外食産業調査]より）

表 1-1◆おもな調理品別の食べ残し量の割合

調理品	割合(%)	調理品	割合(%)
ごはん（白飯）	3.0	鶏肉料理	2.1
どんぶりもの	3.8	魚介の焼きもの	4.4
めん類	2.5	魚介の揚げもの	1.2
野菜の漬けもの	11.8	吸いもの	15.8
野菜のサラダ	4.7	中華スープ	6.1

（農林水産省：平成21年食品ロス統計調査[外食産業調査]より）

　環境への負荷を真剣に考え，持続可能な食物消費と健全な食生活を考えていかなければならない．

　また，食堂・レストランにおける食べ残し状況の調査結果をみると，**図 1-18** に示すように，食品類別では野菜類が他の食品に比べて高くなっている．おもな調理品別では，野菜の漬けもの，吸いもの，中華スープなどの食べ残しが多い（**表 1-1**）．

■参考文献

1) 川端晶子，佐原　真 ほか共著：改訂食生活論，建帛社，2000
2) 多田羅浩三 編集：健康日本21 推進ガイドライン，105～109，ぎょうせい，2001
3) ブリア=サヴァラン：美味礼賛(関根秀雄，戸部松実 訳)，p.23，岩波書店，1967
4) 大石正道：生態系と地球環境のしくみ，日本実業出版社，1999
5) 篠原　孝：農的循環社会への道，創森社，2000
6) フードスペシャリスト協会 編：新版フードコーディネート論，建帛社，2003
7) 山本　隆：美味の構造，講談社，2001
8) 中田哲也：フード・マイレージ，日本評論社，2007

第2章
食べ物のおいしさと生体における役割

　生命を維持するための食べ物をおいしく食べることは万人のよろこびである．食べ物はまずおいしいことが大切であり，人々は食べる楽しみとともに，おいしさを追求する努力を重ねてきた．おいしいと感じれば，消化酵素の分泌が促進されて，栄養的価値も高まる効果がある．
　本章では，食べ物のおいしさを構成する要因を，食べ物の状態と食べる側の状態とのかかわり方でとらえ，味覚の発達とおいしさを感じるしくみ，おいしさの評価，さらに食品中に存在するおいしさにかかわる酵素などの理解を深める．

A　食べ物のおいしさを構成する要因

　食べ物のおいしさに関与する構成要因として，五感（味覚，嗅覚，触覚，視覚，聴覚）でとらえる食べ物の状態や，食べる人の生理的，心理的，環境的要素などがあり，これらのかかわり方から，人間の大脳でおいしさの評価がなされる（図2-1）．すなわち，人間の五感すべてと，味わう人の生理的・心理的状態や環境，文化などが相互にかかわって，おいしさは評価される．おいしさにかかわる要因には，このように多くの要素が関与すると考えられるが，化学的に食べ物の味がよいことが最も大きな要因の一つになる．

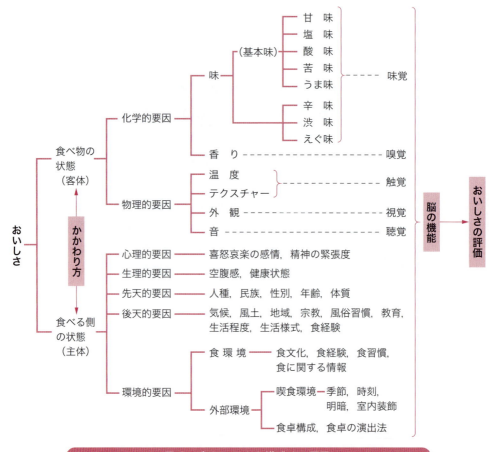

図2-1◆おいしさを構成する要因

（川端晶子，大羽和子 編：新しい調理学，p.55，学建書院，2004より一部改変）

1 化学的要因

1）味

（1）基本味

味は，甘味，塩味，酸味，苦味，うま味の5つの基本味に分類されている．

甘味 単糖類や二糖類は一般的に甘味を呈し，代表的な甘味物質には，しょ糖，ぶどう糖，果糖などがある．代表的甘味物質の種類とその特徴を**表2-1**に示した．

糖類の甘味強度は分子構造によって異なる．ぶどう糖や果糖にはα型，β型（異性体という）がある．ぶどう糖の場合，α型のほうがβ型より甘く，その強さは1.5倍といわれている．果糖の場合はβ型のほうがα型より甘く，その強さは約3倍といわれ，この異性体の比率は水溶液中でゆっくり変化し，それに応じて甘味も変化する．また，果糖は高温でα型が増えるので，低温のほうが甘味が強い．これに対し，しょ糖は異性体が存在せず，温度による甘味の変化もないため安定した甘味で，調理に広く利用されている．ただし，140℃以上で加熱すると転化糖が生成され，甘味が1.2～1.3倍強くなる．

しょ糖の過剰摂取は，生活習慣病やむし歯の誘発因子になりやすいため，最近では低エネルギーの甘味料の利用が増えている．

表2-1◆おもな甘味物質の種類と特徴

分類		甘味物質	甘味度*	甘味の特徴
糖類	単糖類	ぶどう糖（グルコース）	0.6～0.7	さわやかな清涼感のある甘味
		果糖（フルクトース）	1.2～1.7	甘味のあと切れがよく，清涼感のある甘味
	二糖類	しょ糖（スクロース）	1.0	優れた甘味
		麦芽糖（マルトース）	0.3	こくのある甘味
しょ糖誘導体		カップリングシュガー	0.5～0.6	あっさりした甘味
		フラクトオリゴ糖	0.6	しょ糖にきわめて近い甘味
糖アルコール		還元麦芽糖（マルチトール）	0.8	まろやかな甘味
		還元ぶどう糖（ソルビトール）	0.5～0.8	さわやかな甘味
配糖体		ステビオサイド	120～150	特有のあと味や苦味が残る
		グリチルリチン	170～250	特有のあと味が残る
アミノ酸系		アスパルテーム	180～200	しょ糖に似た自然な甘味であっさりしたあと味
化学合成品		サッカリン	200～500	低濃度では甘いが，高濃度では苦い

*甘味度はしょ糖を1としたとき． （川端晶子ほか：新栄養士課程講座―調理学，建帛社，1998より）

表 2-2 ◆ 調味料以外の食塩の作用と用途

作 用	内 容	用途例
微生物への作用	微生物の繁殖抑制	漬物，塩辛
たんぱく質への作用	熱凝固促進 肉たんぱく質の溶解（食塩3%以下） 小麦粉グルテン形成促進	卵，肉，魚料理一般， 練り製品，ハンバーグステーキ パン，めん類
組織への作用	野菜の水分除去 細胞膜を失活させる	きゅうりもみ 漬物
酵素への作用	酸化酵素抑制 ビタミンC酸化酵素抑制	野菜・果物の褐色防止 果物・野菜のビタミンC保持
その他	葉緑素を安定させる 粘質物の除去 寒剤 イースト発酵抑制 豆腐の硬化およびすだち防止	青菜のゆで物 さといもの洗浄 家庭用アイスクリームの冷却 パン 豆腐

（藤沢和恵・南 廣子 編著：現代調理学，医歯薬出版，2001 より）

表 2-3 ◆ 食品中のおもな有機酸の呈味特性

食品名	おもな有機酸	呈味の特性
食 酢	酢 酸	刺激臭のある酸味
レモン，梅干し	クエン酸	おだやかで爽快な酸味
りんご	リンゴ酸	爽快な酸味
ぶどう	酒石酸	やや収れん味と渋味のある酸味
貝 類	コハク酸	こくのある酸味
ヨーグルト	乳 酸	やや渋味のある温和な酸味

塩味 調味の基本は塩である．塩には，精製された純度の高い精製塩（塩化ナトリウム99.9%）と，にがりを加えて味にまろやかさを出した自然塩がある．塩化ナトリウムは，水中でナトリウムイオンと塩素イオンに解離する．塩味の主要因はナトリウムイオンであるが，陰イオンの相違によっても塩味の強さや味の質が変化する．汁物の食塩濃度は，0.7から1.2%の低濃度で，好みの範囲も狭い．最初はやや控えめに塩加減し，仕上げに味をみてから調整するとよい．食塩は，ほかの味との調和がよく，おいしさをつくる重要な役割をはたしている．また，食塩には調味料以外の用途がいくつかある（**表 2-2**）．

酸味 酸味は食物にさわやかな食味としまりを与え，塩味をやわらかくし，うま味を引き立て，食欲を刺激する．酸味は水素イオンによるものであるが，おもに有機酸が好まれる．食べ物の酸味を呈する代表的な酸味物質の種類とその特徴を**表 2-3**に示した．調味料として使用される食酢は，そのまま単独で味わうことは少なく，甘味や塩味と併用されることが多い．食酢の濃度は，すし飯では7〜10%，酢の物やサラダは材料の8〜15%である．食酢は，酸味をつけるための調味料であるが，疲労回復作用があり，健康食品としても注目される．

表 2-4 ◆ 天然食品中の呈味成分含有量

L-グルタミン酸 (mg/100 g)		5'-イノシン酸 (mg/100 g)		5'-グアニル酸 (mg/100 g)	
利尻昆布	2,240	煮干し	863	干ししいたけ	157
チーズ	1,200	土佐節(二級)	687	まつたけ	65
一番茶	668	しらす干し	439	えのきたけ	22
あさくさのり	640	かつお	285	生しいたけ	16〜45
いわし	280	あじ	265	鯨肉	6
生トマトジュース	260	さんま	242	豚肉	3
マッシュルーム	180	たい	215	牛肉	2
じゃがいも	102	さば	215	鶏肉	2
煮干し	50	いわし	193		

(高木和男ほか：調理学, p.42, 冬至書房, 1998 より)

苦味 苦味は好まれる味ではないが，ヒトにとって重要な必須アミノ酸の大部分は苦味を呈する．苦味物質には，グレープフルーツに含まれるナリンギンや，にがうりに含まれるモモルデシンのように食品自体を特徴づけるもの，コーヒーに含まれるカフェインや，ビールのホップに含まれるフムロン，チョコレートに含まれるテオブロミンのように嗜好食品にとって重要な役割をするものがある．

うま味 食品にはそれぞれ特有のうま味がある．うま味物質は表 2-4 に示すように肉や魚，野菜などの多くの食品に含まれており，これらはアミノ酸，有機酸，核酸の分解物などによる味である．代表的なうま味物質には，L-グルタミン酸ナトリウム(アミノ酸系うま味物質)と 5'-イノシン酸ナトリウム，5'-グアニル酸ナトリウム(核酸系うま味物質)がある．L-グルタミン酸ナトリウムはこんぶのうま味成分の本体であり，5'-イノシン酸ナトリウムはかつお節のうま味成分である．日本人は昔からこれらのうま味物質を"だし"として料理に利用してきた．また，5'-グアニル酸は，しいたけをはじめ，きのこ類のうま味であることがいずれも日本人によって見出された．

アミノ酸系うま味物質と核酸系うま味物質が共存すると非常に強いうま味を呈する．これをうま味の相乗効果という．日本料理，中国料理，西洋料理においても，だしをとるとき，動物性食品と植物性食品を併用するのはこの効果を利用するためである．

5 基本味の閾値 味を感じることができる最低の濃度を閾値という．物質の味を感じ得る最低の濃度を知覚閾値といい，呈味物質の濃度をだんだん濃くしていったとき，水と区別できる最低濃度を判別閾値という．5 つの基本味を呈する代表的物質の閾値を表 2-5 に示す．

(2) 基本味以外の味

基本味以外の辛味，渋味，えぐ味などは，痛覚や収れん感，そのほかの皮膚感覚との複合感覚と考えられている．おもなものを表 2-6 に示した．

表2-5◆5つの基本味の閾値（知覚閾値）

味の種類	物質名	濃度(M)
塩味	食塩	0.01
苦味	カフェイン	0.0007
酸味	酢酸	0.0018
甘味	しょ糖	0.028
うま味	L-グルタミン酸	0.23

（渋川祥子：調理科学, p.11, 同文書院, 1998 より）

表2-6◆基本味以外の味

味	食物または刺激物	物質名
渋味	渋柿, 茶など	タンニン酸 没食子酸 カテキン酸
辛味	カレー こしょう とうがらし さんしょう しょうが だいこん	ウコン ピペリン カプサイシン サンショオール ジンゲロン アリールカラシ油
えぐ味	たけのこ タロイモ	ホモゲンチジン酸 シュウ酸
金属味	重金属	重金属イオン
電気性味覚	陽極性直流通電	陽イオン

（山本 隆：脳と味覚, p.23, 共立出版, 1996 より）

（3）味の基本的な性質

濃度と味の強さ 5基本味の代表物質では，味の強さは濃度の対数に従って直線的に増大する（フェヒナーの法則）．ただし，勾配の大きさは物質によって異なる．そのなかでうま味物質はとくに勾配が小さい．これは希釈されても味が急激に減少しないことを意味する．

順応，慣れ 刺激を継続している場合に感覚の強さが減弱していくことを'順応'，経験を繰り返すうちに感覚の強さが弱まることを'慣れ'という．味覚においてもこれらの現象が発現する．

持続性，あと味 味の発現速度，持続性，あと味も物質によって異なる．酸味は持続性が小さく，うま味はあと味が持続する．図2-2に各味の刺激時間と味の強度の関係を示した．

ゲルにおける呈味 味物質の濃度が同じとき，ゲルのほうが水溶液より味は弱く感じられる．また，同種のゲルでは硬いほうが味は弱く感じられる．

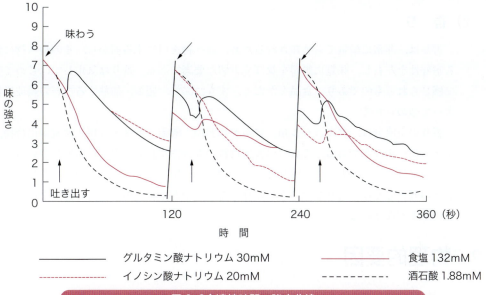

図 2-2◆連続時間—強度曲線

各溶液 10 mL を口に含み，20 秒後に吐き出し，さらに 100 秒後までの味の強さを 5 秒おきに記録することを引き続いて 3 回繰り返した（n＝30）．
（S. Yamaguchi & I. Kobori：Olfaction & Taste XI. Kurihara et al. eds., p.353-356, 1993）

表 2-7◆味の相互作用

分類	味の組合せ	効果	例
相乗効果	うま味（MSG＋IMP）＊ 甘味（しょ糖＋サッカリン）	うま味が強くなる 甘味が強くなる	昆布とかつお節の混合だし 砂糖に少量のサッカリンを加える
対比効果	甘味（主）＋塩味 うま味（主）＋塩味	甘味を強める うま味を強める	しるこに少量の食塩を加える だし汁に少量の食塩を加える
抑制効果	苦味（主）＋甘味 塩味（主）＋酸味 酸味（主）＋｛塩味／甘味｝ 塩味（主）＋うま味	苦味を弱める 塩味を弱める 酸味を弱める 塩味を弱める	コーヒーに砂糖を加える 漬物に少量の食酢を加える 酢の物に食塩，砂糖を加える しょうゆ，塩辛
変調効果	先に味わった呈味物質の影響で，後に味わう食べ物の味が異なって感じられる現象		濃厚な食塩水を味わった直後の水は甘く感じる
順応効果	ある強さの呈味物質を長時間味わっていると，閾値が上昇する現象		甘いケーキを続けて食べると，甘味の感度が鈍る

＊MSG：L-グルタミン酸ナトリウム，IMP：5'-イノシン酸ナトリウム
（渋川祥子，畑井朝子 編著：ネオエスカ調理学第 2 版，同文書院，2010 より）

（4）味の相互作用

　食べ物の味は単一の味ではなく，多くの味を複合した状態である．これらを味わうとき，その呈味性に変化が起こる．味の相互作用を**表 2-7** に示した．

2) 香 り

　香りは，非常に微量でも感知されるため，食べ物を口にする前から，その食べ物に対する嗜好性を左右し，味覚に影響を及ぼす大切な要素である．香りは気化してはじめて嗅覚で感じられるものであり，食品をたたく，すりつぶす，切る，加熱するなどの調理操作によって強められる．

　香りの主成分は，アルコール類，アルデヒド類，酸類，エステル類，含窒素化合物，含イオウ化合物などである．これらの香気物質の混合物が食品の香りを形成している．調理においては，食品のもつよい香りを生かす調理法を用いたり，魚介・肉類の生臭いにおいなどの好ましくない香りをマスクしたり，香辛料や香草を利用してよい香りを付加するなどの工夫がなされる．

2 物理的要因

　食べ物は味や香りとともに，口ざわりやかみごたえなどの食感も，おいしさの重要な要因となる．とくに，半固体や固体状食品においては重要であり，食感は食品の物理的特性によって決定される．

1) テクスチャー

　食品のテクスチャーとは，口ざわり，舌ざわり，かみごたえ，飲み込みやすさなどをいい，主として口腔内の触覚や圧覚によって感知される食品の物理的性質である．指で触ったり，スプーンなどでかきまわしたり，押したりしたときの感触や，視覚でとらえられる組織構造も含まれる．

　おいしさに占めるテクスチャーの割合は大きく，とくに米飯，パンやうどんなどの食品ではその割合が高い．テクスチャーは食品の品質を反映する．たとえば，食べごろに熟した果物，新鮮な魚や野菜などのテクスチャーは食べやすく，独特の好ましさを示す．

2) 温 度

　味覚の感度は呈味物質の温度によって影響を受ける(図 2-3)．食べ物の適温は個人差や環境条件によっても異なるが，体温から±25～30 ℃の温度帯でおいしく感じられるとされ，温かいものであれば 60～65 ℃，冷たいものであれば 5～10 ℃が好まれる．食べ物の適温とされる温度を表 2-8 に示した．調理したものは時間とともに変化するので，供するタイミングが重要となる．

3) 外 観

　外観は第一印象を決定する．食べ物を認識・鑑別し，食欲を刺激するために重要である．食品の熟度，鮮度，その他の品質などは外観によってある程度見分けられ，嗜好性を左右する．

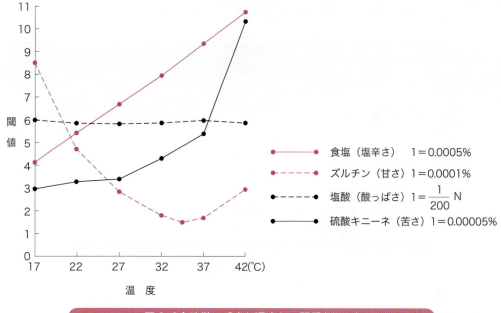

図2-3◆味覚の感度と温度との関係（Hahn）

食塩は温度が低くなるほど感じやすく，甘味は35℃付近で最も感じやすく，酸味は温度によって変わらない．

（佐藤昌康：調理と物理・生理, p.141, 朝倉書店, 1972より）

表2-8◆食べ物の嗜好温度

温かい食べ物	好まれる温度（℃）	冷たい食べ物	好まれる温度（℃）
ごはん	60〜70	冷やっこ	15〜16
汁　物	60〜70	水	10〜15
湯豆腐，茶碗蒸し	60〜65	水ようかん	10〜15
茶，コーヒー，紅茶	60〜65	冷やし麦茶	10
てんぷら	65	ババロア	10
清酒のかん	50〜60	アイスコーヒー，紅茶	6
		アイスクリーム	−6

（川端晶子，大羽和子 編：新しい調理学, p.72, 学建書院, 2004より）

(1) 色

　食品には種々の天然色素が含まれており，特有の色を呈している（**図2-4**）．食品の色は保存や調理の過程において酸化作用，pH，酵素作用，金属イオンなどによって変化する．また調理の過程では，しばしば褐変反応が生じる．

　食べ物の色に対する嗜好は，地域，風土，民族，習慣や季節などによる影響を強く受ける．一般に赤，黄，オレンジなどの暖色系は食欲を増進させ，寒色系は減退させる傾向があるといわれる．しかし，なすの紺やのりの黒などは，ほかの食品や器の色との配色によって独特の好ましさを与える．

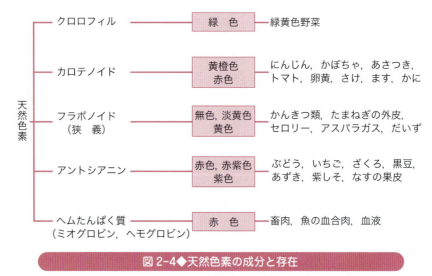

図 2-4 ◆ 天然色素の成分と存在

(川端晶子 編：調理学, p.73, 学建書院, 1997 より)

(2) 食べ物の形や盛り付け

　食品にはそれぞれの形があり，また，調理においては切り方や盛り付けによっていろいろな形がつくられる．とくに日本料理においては食品の姿を象徴した形につくることが多い．盛り付けでは，空間を大切にし，季節感を出し，自然を演出する伝統と文化が日本にはある．食べ物の形を賞美し，それを楽しみながら食べることは，食べ物を愛する心を養う意味からも大切である．

4) 音

　たくあんやせんべいなどを食べるときの咀嚼音はおいしさに影響を与える．食品の咀嚼音には耳から聞こえる空気振動波と，歯や顎骨の振動が骨をとおって直接内耳に達する骨振動波がある．これらの音は食感とともに食品のおいしさを決める要因にもなる．また，てんぷらを揚げる音，肉を焼くときの音など調理過程で生じる音や，食事中に流れる好ましい音楽なども食欲を増進し，嗜好性を高める．

B　味覚の発達とおいしさを感じるしくみ

1　味覚の発達と嗜好性の形成

　食べることは，生命を維持し健康な生活を営むうえで重要なものである．個々の栄養素の消費に見合った摂取をして，両者のバランスをとりながら生体恒常性を維持する役割をもっている．

　胎児においては，妊娠3か月ころに，味覚の受容器である味蕾が舌の上皮や口腔粘膜に形成され，母親の食事内容の変化に伴うアミノ酸やグルコースの量を味の変化として捉えていると考えられている．新生児の口腔内に各種の味溶液を少量与えて，顔面の表情の変化をみると，甘い溶液に対してはにこやかな表情を，酸っぱい溶液に対してはしかめ面を示す．これは生得的なものであると考えられている．母乳中にはうま味を呈するアミノ酸であるグルタミン酸が 18～21 mg/dL と，ほかの19種のアミノ酸よりも数倍から数十倍多く含まれ，新生児は十分なうま味刺激をうけることができる．やがて，母乳由来の乳糖が小腸から消化吸収されなくなり，母乳を嫌ってほかの食べ物を求めるようになり，離乳期に移行する．離乳期は親から子へ食べ物の選択方法が伝えられる時期であり，この時期以降の食体験，食経験の積み重ねによって嗜好が形成され，おのおのの国や家庭での特徴ある食生活が子どもたちに定着していく．大人では，男性に比べて女性のほうが適応性が高いという．多くの工夫や失敗の繰り返しの積み重ねによって，地域ごとに特徴のある伝統的な食習慣と食文化が形成されたものと考えられる．食材も料理もグローバル化した今日では，嗜好性も世界的に広がっている．

2　味覚の栄養生理的役割

　食べ物の味は，摂取した食べ物に含まれる栄養素の組成を知るうえで，重要な手がかりとなる．

甘味　甘味の代表的な物質にグルコースなどの糖類と糖原性アミノ酸がある．甘味の質は異なるが，体温維持と活動のエネルギーとして利用される．甘味に対する生理的欲求は，エネルギー源としての糖のシグナルである．

塩味　体液のバランスに必要な食塩，そのほかのミネラルのシグナルとして必要である．体液は体重の約21%を占め，体液量，ナトリウムなどの電解質濃度，pH（7.40～7.45）は厳密にコントロールされている．全身の細胞は体液に浸っており，体液の恒常性は生命活動の基本である．

酸味　代謝を円滑に促進するクエン酸をはじめとする有機酸のシグナルである．酸素を使って糖や脂肪を酸化し，大量のエネルギーを生産する代謝系（TCA回路）の中間体であるクエン酸を補給することは，エネルギー産出に好都合である．一方では，食

べ物の腐敗を察知するシグナルでもある．

苦味 苦味のある食べ物は有害，有毒なものが多いので，体内にそのような物質をとり入れないようにするシグナルである．精神的なストレスを負荷すると，苦味の感覚が低下するとともに，苦味を快く感じるようになり，苦いチョコレートがおいしく感じられるという．このとき，唾液成分を調べると，苦味抑制作用のあるリン脂質が増加していることがわかっている．

うま味 人体の筋肉や臓器を形成するうえで不可欠な成分であるたんぱく質のシグナルである．

3 おいしさを感じるしくみ

食べ物を摂取するときの感覚には視覚，聴覚，味覚，嗅覚，温度感覚，痛覚，触覚などが関与するが，おいしさ・まずさというのは独立した感覚ではなく，さまざまな感覚情報が脳内で統合されて生じる快感・不快感である．

1）味覚受容器

食べ物の味を識別する感覚を味覚という．味覚は，舌面上の味蕾とよばれる味細胞が呈味成分により受けた刺激を，味覚神経が大脳中枢に伝えてはじめて生じる感覚である．図2-5に舌と味蕾の構造を示した．味蕾には数十個の味細胞が集まっている．大人には約9,000個の味蕾があり，呈味物質が味細胞の先端にふれると電気信号が発生し，舌から出ている味覚神経を介して脳に伝えられる．辛味や渋味は味細胞には作用しないが，舌の表面の痛みを感じるセンサーに作用し，味の情報も痛みの情報も一緒に脳に伝えられる．

2）嗅覚受容器

鼻の奥の脳に近い部分に嗅感覚がある．ここににおいを感じる嗅細胞があり，ヒトの場

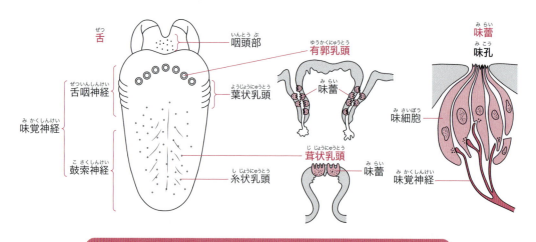

図2-5◆舌と味蕾の構造

（栗原堅三 編著：味のふしぎ百科①，p.27，樹立社，2003 より改変）

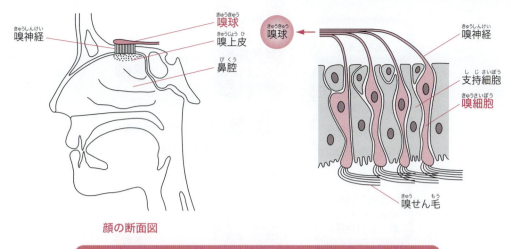

図2-6◆嗅細胞の構造

(栗原堅三 編著:香りのふしぎ百科①, p.30, 樹立社, 2003 より)

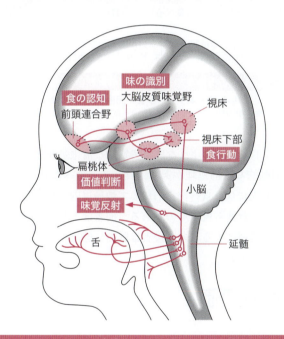

図2-7◆脳内の味覚情報の流れ

(山本 隆:美味の構造, p.135, 講談社, 2001 より)

合は約500万個が存在する．**図2-6**に嗅細胞の構造を示した．嗅細胞の先端に嗅せん毛があり，空気中に漂っているにおい分子が嗅せん毛にくっつくと電気信号が発生し，嗅神経を介して，脳の一部である嗅球に達する．さらに，信号は脳の中のいくつかの中継点を経て，大脳に伝えられ，ここでにおいが認識される．

3) おいしさの知覚

甘い，塩っぱいなどの味の感覚は，**図2-7**に示したような大脳皮質味覚野での味覚情報

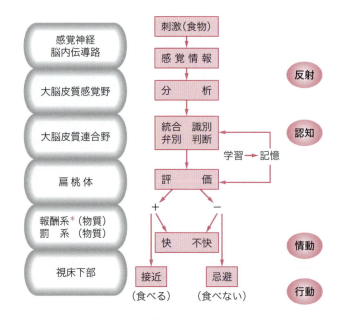

図 2-8 ◆ 食物摂取時の脳の働きの模式図
おいしさ・まずさ，学習・記憶，摂食行動など
（山本 隆：食べ物の好きと嫌いはどうしてできるか，*Kewpie News*, 334-7, 2001 より）

の処理の結果生まれる．このような味覚の質的な情報処理と並行して，おいしい・まずいというような情動的な脳内処理があり，食べる・食べないという食行動が生じる（図 2-8）．おいしさの発現には，食べ物を口にして数秒以内の短い時間で判断できるものと，満足感，至福感として食後も続くものがある．前者は主として脳内の特定の部位の神経細胞による味覚情報の処理によるもの，後者は脳内に遊離される生理活性物質の働きによるものであると考えられている．

4 おいしさの評価

どのように科学や技術が進歩しても味やおいしさの評価の決め手となるのは，それを食べる人の感覚・感性である．官能評価は人の五感をとおして食べ物の特性を調べたり，人の感覚や嗜好，感情を調べる方法である．官能評価を大別すると，分析型官能評価と嗜好型官能評価の2つがある．分析型は食べ物の性質を調べるもので，試料間の差の検出や特性の強弱，大小の測定，質の描写などを目的とする．嗜好型は食べ物に対する好みや受容性を調べるもので，目的によって実験や調査のやり方も異なる．

1）官能評価の特徴

人の感覚は鋭敏であり，先端技術を駆使した機器でも検出できない微量の香気成分をかぎ分けたり，微妙な色の違いを見分けることができる．また，一瞬にして総合判断ができ

たり，好みの判断もできる．感覚や感性は個人によって差があり，同じ人でも状況によって感じ方が異なることもあるが，これが人間の特質ともいえる．人の生理や心理状態によって感じ方は異なるが，個人差や変動のある人の感覚や感性をとおして法則性を見いだそうとするところに官能評価の意義がある．

2) 官能評価の目的とおもな手法

官能評価の目的とおもな手法を図 2-9 に示した．

3) 嗜好または特性の内容の分析

(1) 特性の大きさを量的に測定したい場合

採点法は，ある特性の大きさについて 10 点満点あるいは 100 点満点など適当な基準で点数を付けてもらう．評価尺度法は，ある特性の大きさの程度を表す言葉を何段階かの目盛りに対応させた図 2-10(A)のような尺度と，尺度の末端にだけ言葉を与え，任意の位置に印をつけてもらう図 2-10(B)のような尺度がある．

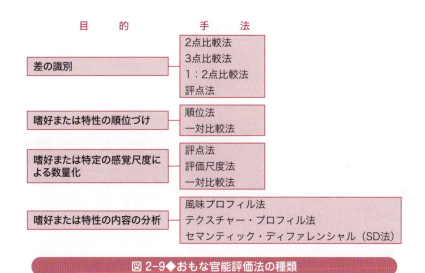

図 2-9◆おもな官能評価法の種類

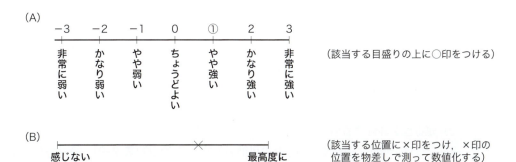

図 2-10◆評価尺度

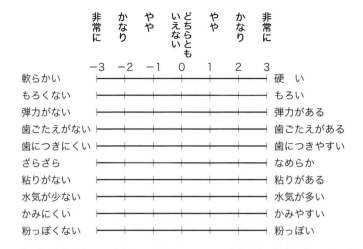

図 2-11◆SD 法のための評価尺度の例

表 2-9◆各段階別嗜好尺度の例

11 段階	9 段階	7 段階	5 段階	3 段階
11．最高に好き 10．非常に好き 9．かなり好き 8．好き 7．やや好き	9．非常に好き 8．かなり好き 7．好き 6．やや好き	7．非常に好き 6．好き 5．やや好き	5．好き 4．やや好き	3．好き
6．好きでも 　嫌いでもない	5．好きでも 　嫌いでもない	4．好きでも 　嫌いでもない	3．好きでも 　嫌いでもない	2．好きでも 　嫌いでもない
5．やや嫌い 4．嫌い 3．かなり嫌い 2．非常に嫌い 1．最も嫌い	4．やや嫌い 3．嫌い 2．かなり嫌い 1．非常に嫌い	3．やや嫌い 2．嫌い 1．非常に嫌い	2．やや嫌い 1．嫌い	1．嫌い

(2) 試料の質的な特性を描写したい場合

　セマンティック・ディファレンシャル法(SD 法)は，試料の質的な特性を描写するため，反対の意味をもつ 2 つの形容詞や形容語を対にした多数の評価尺度(両極尺度)を示し，それぞれ該当する位置に印を付けてもらう．**図 2-11** に SD 法のための評価尺度の例を示した．

(3) 嗜好度を評価する場合

　嗜好尺度は，嗜好についての物差しの段階の役割を示す尺度(**表 2-9**)，絶対的な嗜好度を測定するものである．

C　おいしさにかかわる酵素

　生鮮食品中にはさまざまな酵素活性が存在する．野菜や果物は収穫後も呼吸をしているので，輸送，貯蔵，加工過程で老化が進み，野菜の組織の硬化や色調の黄変，果肉の軟化などが起こる．動物性食品の場合は，捕獲(屠殺)に伴い呼吸，血液循環の停止が起こり，死後硬直についで，たんぱく質分解酵素の作用により解硬し，腐敗へと進行する．食品がもつ酵素反応を抑制したり利用しておいしい食べ物をつくることが望まれている．食べ物のおいしさにかかわるおもな酵素を表2-10に示した．

表2-10◆食べ物のおいしさにかかわるおもな酵素

触媒作用	酵 素 名
色，香味の変化	ポリフェノールオキシダーゼ ペルオキシダーゼ　　　　　　　(色の変化) クロロフィラーゼ C-Sリアーゼ，ミロシナーゼ(香味の生成)
味の変化	アミラーゼ，フォスフォリラーゼ(炭水化物の分解) プロテアーゼ(たんぱく質の分解) リパーゼ，リポキシゲナーゼ(脂質の劣化) ヌクレオチダーゼ，デアミナーゼ(核酸の分解)
テクスチャーの変化	ペクチン分解酵素，リグニン化に関与する酵素

(大羽和子：新しい食学をめざして —調理学からのアプローチ—(吉田集而，川端晶子 編著)，p.88，建帛社，2000 より一部改変)

1　色・香り・味の変化にかかわる酵素

1) 色の変化にかかわる酵素

　野菜や果物を切ると褐変するのはポリフェノールオキシダーゼ(PPO)の作用による．この活性は食塩で阻害されるので，りんご切片などは塩水に浸して褐変を防ぐ．この酵素は比較的安定なため，ポリフェノール含量の多いなすやれんこん，ごぼうなどは調理中に褐変する．れんこんを酢水で煮るのは，酸性にすることで酵素活性を抑制して白く煮あげるためである．

2) 香味の形成にかかわる酵素

　野菜の調理過程で特有のフレーバーが出てくることを経験する．これは植物体内では香りのない物質が，細胞の破壊によって酵素の作用を受けて低分子化して香りとなる．たとえば，たまねぎ，にんにく，らっきょうなどのねぎ類の香気生成は，S-アルキル-L-システインスルフォキシドがアリイナーゼの作用で分解し，さまざまな低分子の含硫化合物が

できるためである.

　きゅうりなどの野菜を切ったときに出てくるグリーンノートといわれる香りは，不飽和脂肪酸(リノール酸やリノレン酸など)が酵素(リポキシゲナーゼなど)の作用を受けて低分子のアルコールやアルデヒドに分解した結果である.

　だいこんやわさびなどのアブラナ科に属する植物には辛子油配糖体が比較的多く含まれ，組織の破壊により，ミロシナーゼの作用でグルコースが除去され，これが辛子油(マスタード，イソチオシアネート)になり，辛味を生じる.

3）味の変化にかかわる酵素

（1）甘味の形成

　米飯のおいしさには，粘りとともに，でん粉が分解してできるオリゴ糖や単糖の甘味が関与している．炊飯中の40～60℃で還元糖は著しく増加する．米粒に存在するでん粉分解酵素のα，β-アミラーゼ，枝切り酵素のα-グルコシダーゼなどが炊飯の温度上昇期に作用し，米飯の甘味の形成に関与している．焼きいもの甘味は，加熱中にβ-アミラーゼがでん粉に作用してマルトースが生成，蓄積されるからである.

（2）うま味の形成

　うま味物質は，アミノ酸系うま味物質と核酸系うま味物質に大別され，たんぱく質中に含まれる.

　米やだいずに存在する貯蔵たんぱく質のうち，イネ科植物のおもなものはプロラミンとグルテリン，マメ科植物のおもなものはグロブリンであり，たんぱく顆粒に含まれている．米やだいずを食用にする場合，水に浸漬して吸水させたあとに加熱調理するが，このあいだにアミノ酸が増加する．米粒中に，至適温度が50℃のアスパラギン酸プロテアーゼや，60℃で失活するシステインプロテアーゼが存在するので，吸水過程や加熱初期に貯蔵たんぱく質の一部がアミノ酸やオリゴペプチドに分解され，うま味の形成に関与する.

　きのこのおいしさはヌクレオチドによって特徴づけられているが，このヌクレオチドは酵素作用によって生成・分解する．乾しいたけは低温でもどし，加熱調理すると，うま味成分が最も多くなる(p.139 図5-20 参照).

　肉の味はアミノ酸(アラニン，グルタミン酸，グリシンなど)，核酸関係物質(IMP)，炭水化物(グリコーゲン)，脂質，乳酸などによって構成される．屠殺直後の肉はやわらかいが，死後硬直が起こりかたくなる．そののち，時間の経過とともに肉の軟化が起こり，風味に富んだ肉となる．図2-12 に示すように，ATPはATPアーゼの作用で脱リン酸され

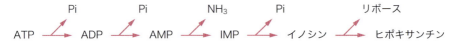

図2-12◆ATPからヒポキサンチンへの分解過程

ATP：アデノシン-3-リン酸
ADP：アデノシン-2-リン酸
AMP：アデノシン-1-リン酸
IMP ：イノシン-1-リン酸

AMPになり，さらにAMP-デアミナーゼの作用を受けてIMPが生成，蓄積する．その結果，肉中には遊離アミノ酸，ペプチドやIMPが増加し，うま味を含む肉となり，嗜好的に好ましい状態になる．しかし，IMPも5′-ヌクレオチダーゼによりイノシンに分解され，さらに，プリンヌクレオシドフォスフォリラーゼによりヒポキサンチンへと分解し，後味の悪化をきたす．うま味を持続させるには，IMPの分解を抑制することが望ましい．

2 テクスチャーの変化に関与する酵素

1) ペクチンの可溶化

植物性食品のテクスチャーに影響を与えるのは細胞壁の構成成分である．図2-13に植物細胞壁の模式図を示した．細胞壁の構成成分はセルロース，ヘミセルロース，ペクチンが主であり，糖たんぱく質，リグニンも含まれている．セルロースやヘミセルロースは植物体の骨格物質であり，それ自体，酵素分解されにくい．植物の柔組織の細胞壁および細胞壁のすき間を埋めているのがペクチンである．ペクチンはガラクツロン酸の重合したポリガラクツロン酸にメチル基が部分的にエステル結合したものである．果実の熟度に伴うテクスチャーの変化には，セルラーゼやペクチン分解酵素が関与している．果実の変化とペクチンの関係を表2-11に，ペクチン分解酵素の種類を表2-12に，ペクチン分解に関与する酵素の作用部位を図2-14に示した．

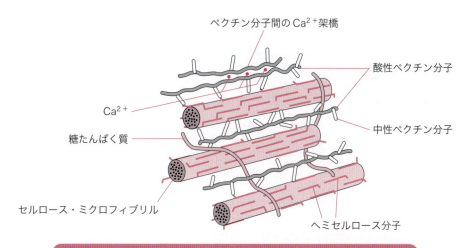

図2-13◆植物細胞壁の模式図

ペクチンは負の電荷をもつため陽イオンと結合する性質がある
低メトキシルペクチン分子間ではエッグボックスモデルを形成している

(Watson, J. P. et al.: *Molecular Biology of the Cell*, 1989より)
(中村桂子ほか 監訳：細胞の分子生物学 第2版，p.1139，教育社，1990より)

表 2-11 ◆ 果物の熟度とペクチン類の変化

	果肉の性質	ペクチンの特性			
		種類	分子の大きさ	溶解性	ゲル化の特性
未　熟	非常にかたい	プロトペクチン	非常に大きい	水に溶けない	×ゲル化しない
成　熟	適度なかたさ	ペクチン（ペクチニン酸ともいう）	分子量：20～40万	水に溶ける	○糖と酸のバランスでゲル化する
過　熟	やわらかい	ペクチン酸	小さい	水に溶ける	×ゲル化しない

表 2-12 ◆ ペクチン分解酵素の種類

作用基質	加水分解酵素	脱離酵素（リアーゼ）
ペクチン	ポリメチルガラクツロナーゼ（PMG） 1．endo-PMG 2．exo-PMG	ペクチンリアーゼ（PL） 1．endo-PL 2．exo-PL
ペクチン酸	ポリガラクツロナーゼ（PG） 1．endo-PG 2．exo-PG	ペクチン酸リアーゼ（PAL） 1．endo-PAL 2．exo-PAL

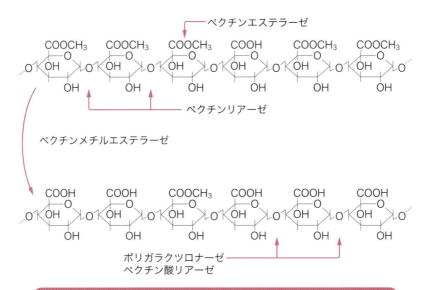

図 2-14 ◆ ペクチン分解に関与する酵素の作用部位

2）リグニン化反応

　野菜は可食に適した時期を過ぎるとリグニンが細胞壁の中に蓄積し，木化してかたく，筋っぽくなり，加熱しても軟化しにくい．また，野菜を切断するとリグニンの生合成がはじまり，かたく繊維の多い筋っぽい食感になる．この現象はにんじんやだいこんのスティックなどで顕著である．アスパラガスは収穫後1時間以内に維管束組織でリグニン化が起こり硬化が進む．

■参考文献

1) 川端晶子，大羽和子，森髙初恵 編：時代とともに歩む新しい調理学，学建書院，2011
2) 川端晶子ほか：新栄養士課程講座—調理学，建帛社，1998
3) 川端晶子 編：調理学，学建書院，1997
4) 渋川祥子，畑井朝子 編著：ネオエスカ調理学第2版，同文書院，2010
5) 渋川祥子：調理科学，同文書院，1998
6) 藤沢和恵，南 廣子 編：現代調理学，医歯薬出版，2001
7) 高木和男ほか：調理学，冬至書房，1998
8) 佐藤昌康：調理と物理・生理，朝倉書店，1972
9) 栗原堅三 編著：味のふしぎ百科①，樹立社，2003
10) 山本 隆：脳と味覚，共立出版，1996
11) 山本 隆：美味の構造，講談社，2001
12) 山本 隆：食べ物の好きと嫌いはどうしてできるか，*Kewpie News*，2001
13) 吉田修而，川端晶子 編著：新しい食学をめざして—調理学からのアプローチ—，建帛社，2000
14) 中村桂子ほか 監訳：細胞の分子生物学第2版，教育社，1990

第3章
食事設計の基本知識

　食生活のあり方は，私たちの身体の健康や心の健康とたいへん深いかかわりをもっている．現代の日本人の食生活は畜産物や油脂などの割合が増加し，栄養のバランスがくずれて，その結果生活習慣病が増加している．また，食生活のあり方は，わが国の食料自給率や地球環境にも大きな影響を与えている．身体と心の健康のためには「どのような食生活が望ましいのか」を食事設計の基本知識から学ぶ．

A　食事設計の内容

1　食事設計の背景

1）健康的要素

（1）健康の定義

　世界保健機関(WHO)憲章に示されている健康の定義は，「病気でなく，虚弱でなく，身体的にも精神的にも社会的にも健全で順応した生活が営めること」とされている．さらに，「できる限り最高の健康水準を享受することは，人種，宗教，政治的信条，経済的状態のいかんにかかわらず，人間の基本的権利である」と述べられている．

　健康とはどのような状態をいうのであろうか．一般に，「元気である」「顔色がよい」「食欲がある」「よく眠れる」などが健康の指標となっている．しかし，心配事や不愉快感が入り込んでくると，とたんに元気がなくなり，気分が優れなくなり，さらに食欲は低下し，眠れなくなったりする．このように，健康には身体的要因のみならず，精神的要因も大きくかかわってくる．とくに，現代社会では，精神的なストレスにより身体的不調を引き起こす心身症を見逃すことはできない．

（2）平均寿命と健康寿命

　平均寿命　わが国の平均寿命(0 歳児の平均余命)は，明治から昭和初期にかけて男女ともに 40 歳代であった．しかし，第 2 次世界大戦後は医療の進歩，栄養・衛生状態の改善などにより，死亡率は急速に低下し，その結果平均寿命は大きく延びた．昭和 26 年には男女とも 60 歳，昭和 50 年には 70 歳を超えている．平成 25 年(2013)の簡易生命表によると，女性は 86.61 歳で世界 1 位，男性は 80.21 歳である．

　健康寿命　健康寿命とは，WHO が提唱した新しい指標で，病気や認知症，衰弱などで要介護状態となった期間を，平均寿命から差し引いた寿命のことである．**表 3-1** に健康寿命の国際比較を示した．長寿国では一般に，平均寿命と健康寿命の開きが長く，わが国でも最晩年に寝たきりなどになる期間が国民平均 6 年以上に及んでいる．

　健康寿命を左右する 3 つの年齢として，血管年齢，骨年齢，腸年齢が考えられている．それぞれを若く保つためのポイントとして次のことがあげられる．

　　血管年齢：脳卒中の温床となる動脈硬化を防ぐ．
　　骨　年　齢：骨密度で測定される．寝たきりにならないためにも骨密度の減少を防ぐ．
　　腸　年　齢：加齢に伴い，腸内ではビフィズス菌などの善玉菌よりも悪玉菌が優勢となり，免疫力が低下する．免疫力が低下すると感染症やがんなどのリスクが高まるので，腸内を善玉菌優勢に保つ．

表3-1◆健康寿命の国際比較（2007年）

国　名	健康寿命		平均寿命	
	男	女	男	女
日　本	73	78	80	86
スウェーデン	72	75	79	83
ドイツ	71	75	77	82
アメリカ	68	72	76	81
韓　国	68	74	76	82

（総務省統計局：世界の統計2011より作成）

2）食文化的要素

食べる営みは文化現象であり，世界の各地各様の食べ方の違いは文化の違いから生み出されたものである．図3-1に食べることの手順の模式図を示した．人間はまず，「環境」に働きかけて食料資源を獲得する．こうして得た食べ物の原料に人の手をかけて食べやすくする行為が「食品調理加工体系」であり，どのように食べるかが「食事行動体系」である．

食べ物を口に入れたあとは「生理」の問題となる．環境と生理は科学のレベルに位置づけられているが，それは研究手段の主流が科学だからである．

文化レベルに位置づけられている「食品調理加工体系」と「食事行動体系」も科学としての考察が必要であることは当然である．この「食品調理加工体系」と「食事行動体系」を中心に考えるのが「食事文化」であり，さらに，環境と生理をも含んだ広義の概念として，文化の視点から「食」に関することを考察するのが「食文化」である．

3）嗜好的要素

食べ物に対する基本的な欲求が食欲であり，嗜好性はそれに対する好き・嫌いである．嗜好性は，各人の食べ方に対する生理的・心理的反応であり，食欲をベースにして個人を取り巻く多数の刺激が要因となっている．嗜好形成に関する要因を図3-2に示した．

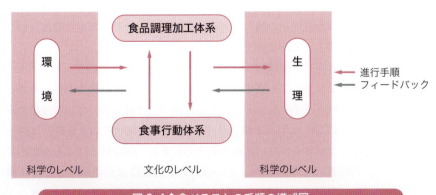

図3-1◆食べることの手順の模式図

（石毛　直道，鄭　大聲 編：食文化入門，p.17，講談社，1995より一部改変）

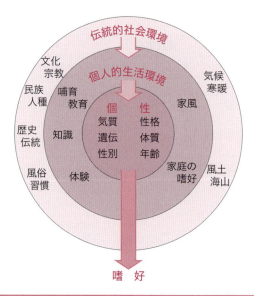

図3-2◆嗜好形成に関与する要因

4）経済的要素

　食生活行動は消費生活の1つであり，その経済性を無視することはできない．予算の枠内で最大の栄養効果をあげることが大切である．また，流動する経済事情のなかで「よい品」を「適正」な価格で入手できるよう，物価の動向などを把握しておくことが大切である．食費の算定には，食材費，人件費，光熱費，消耗品費などを含める方法や，食材費のみから算出する場合がある．

5）環境的要素

　昔から「所変われば品変わる」といわれているが，食生活はその典型であろう．国や地域により，食材も調理法も異なる．現在，私たち日本人は国内産の食材のほか，世界各国から輸入したいろいろな食材を食べている．それに伴い，国民の食生活が多様化し，自給品目である米の消費が減少した．また，畜産物や油脂類の消費の増加に伴い，これらの生産に必要な飼料穀物や油糧種子の輸入が大幅に増加した．食料の安定供給確保のためには，国内生産の拡大を図ることが重要である．

　また，厨房から考える地球環境「エコ・クッキング」の問題がある．エコ・クッキングとはエコロジカル・クッキングの略で，食生活と自然環境とは密接な関係があることから，地球への思いやりはキッチンからという考えに基づいて推奨されている運動である．日常生活における家庭のゴミは1人1日当たり約780gである．そのうち厨芥は約32％で，食べ残しや手つかずで捨てられているものも多い．また，生活排水による水質汚染，環境汚染も著しい．汚染源はし尿が30％，そのほかの生活雑排水が70％で，とくに調味料，油脂類，飲み残しの酒類や調理の残菜などによるものが大きい．エコ・クッキングの具体的な行動ポイントを**表3-2**に示した．

表 3-2◆エコ・クッキングの具体的な行動ポイント

```
1．クッキングの工夫
  ① 新鮮なうちに常備菜，乾燥野菜に
  ② 食べられるところは捨てないで
  ③ もっと無駄なく使おう

2．ショッピングの工夫
  ① 買いすぎに気をつけよう
  ② 旬の食材の上手な利用を
  ③ 新鮮な食材選びを
  ④ 賞味期限や消費期限をよくみて
  ⑤ 容器包装の少ないものを
  ⑥ 買い物袋は持参を

3．キッチンの工夫
  ① 大切な水，節水を
  ② 火加減に気を付けよう
  ③ 冷蔵庫は効率よく使おう
  ④ 食材に合った保存を
  ⑤ ラップやアルミホイルは最低限に
  ⑥ 生ゴミを減らす工夫を
  ⑦ 生活排水による汚水を防ごう
```

((社)日本栄養士会健康増進のしおり，No.104 より)

2 食事設計の実際 ―食生活指針からのメッセージ―

　わが国は世界一の長寿国であり，健康寿命も世界で最も長い．しかし，健康・栄養についての適正な情報は不足している．食生活の乱れ，食料の海外依存，食べ残しや食品の廃棄の増加などにより，栄養バランスの偏り，生活習慣病の増加，食料自給率の低下，食料資源の浪費などが問題となっている．
　表 3-3 に文部省(現文部科学省)・厚生省(現厚生労働省)・農林水産省から提示された「食生活指針」10 項目を示した．

表 3-3◆食生活指針

1. **食事を楽しみましょう**
   - 心とからだにおいしい食事を，味わって食べましょう．
   - 毎日の食事で，健康寿命をのばしましょう．
   - 家族団らんや人との交流を大切に，また，食事づくりに参加しましょう．

2. **1日の食事のリズムから，健やかな生活リズムを**
   - 朝食で，いきいきした1日を始めましょう．
   - 夜食や間食はとりすぎないようにしましょう．
   - 飲酒はほどほどにしましょう．

3. **主食，主菜，副菜を基本に，食事のバランスを**
   - 多様な食品を組み合わせましょう．
   - 調理方法が偏らないようにしましょう．
   - 手作りと外食や加工食品・調理食品を上手に組み合わせましょう．

4. **ごはんなどの穀類をしっかりと**
   - 穀類を毎食とって，糖質からのエネルギー摂取を適正に保ちましょう．
   - 日本の気候・風土に適している米などの穀類を利用しましょう．

5. **野菜・果物，牛乳・乳製品，豆類，魚なども組み合わせて**
   - たっぷり野菜と毎日の果実で，ビタミン，ミネラル，食物繊維をとりましょう．
   - 牛乳・乳製品，緑黄色野菜，豆類，小魚などで，カルシウムを十分にとりましょう．

6. **食塩や脂肪は控えめに**
   - 塩辛い食品を控えめに，食塩は1日10g未満にしましょう．
   - 脂肪のとりすぎをやめ，動物，植物，魚由来の脂肪をバランスよくとりましょう．
   - 栄養成分表示を見て，食品や外食を選ぶ習慣を身につけましょう．

7. **適正体重を知り，日々の活動に見合った食事量を**
   - 太ってきたかなと感じたら，体重を量りましょう．
   - 普段から意識して身体を動かすようにしましょう．
   - 美しさは健康から．無理な減量はやめましょう．
   - しっかりかんで，ゆっくり食べましょう．

8. **食文化や地域の産物を活かし，ときには新しい料理も**
   - 地域の産物や旬の素材を使うとともに，行事食を取り入れながら，自然の恵みや四季の変化を楽しみましょう．
   - 食文化を大切にして，日々の生活に活かしましょう．
   - 食材に関する知識や料理技術を身につけましょう．
   - ときには新しい料理を作ってみましょう．

9. **調理や保存を上手にして無駄や廃棄を少なく**
   - 買いすぎ，作りすぎに注意して，食べ残しのない適量を心がけましょう．
   - 賞味期限や消費期限を考えて利用しましょう．
   - 定期的に冷蔵庫の中身や家庭内の食材を点検し，献立を工夫して食べましょう．

10. **自分の食生活を見直してみましょう**
    - 自分の健康目標をつくり，食生活を点検する習慣を持ちましょう．
    - 家族や仲間と，食生活を考えたり，話し合ったりしてみましょう．
    - 学校や家庭で食生活の正しい理解や望ましい習慣を身につけましょう．
    - 子どものころから，食生活を大切にしましょう．

(2000(平成12)年3月/文部省・厚生省・農林水産省)

1）QOLの向上への食事の役割

1番目の「食事を楽しみましょう」，2番目の「1日の食事のリズムから，健やかな生活リズムを」は，国民の健康の増進，QOL（Quality of Life 人生の質，生活の質）の向上に食生活が最も大きな役割をはたすことを強調した項目である．

食事を楽しみましょう　「共食」とは，食事を共有することをいう．わが国特有のならわしに"直会（なおらい）"がある．神祭が終わったあと，供えものを祭りの参加者が分かち合い飲食する行事である．このように，わが国には古くから食事を共有する習慣があった．食事を共にするということは，「食べる行動」「つくる行動」「情報の受信や発信から食生活を営む力を分かち合う」という3つの行動を相互に高め合うことになる．食事をとおして，食べる楽しみ，生きる喜びを体験し，豊かな人間性を培うことができる．とくに，子どもの食育の観点から，食を楽しみながら食べ，よい食習慣を身につけることが大切である．

食事を共にする家族や友人がいる者の割合についての調査（平成16年国民健康・栄養調査報告）では，男性では92.0％女性では92.3％が共食している．また，図3-3に示すような，共食頻度の違いによって，高齢者の食生活の評価がどのように異なっているかを示した調査結果もある．友人や別居子との共食頻度が高い人ほど，低い人と比べて食生活全般について高い評価をしている．また，共食頻度が高い群の人は低い群の人に比べて，男性は全体的に積極的な食物選択行動がみられ，女性は自分で知識や技術を生かして食物選択をしている人が多い．

1日の食事のリズムから，健やかな生活のリズムを　健康的な生活をするためには，1日3食の食事を規則正しくとることが望ましい．朝食を食べない人は食事の時間が不規則で食事の内容も偏りがちであると考えられている．図3-4に朝食欠食の状況を示した．とくに，男女ともに，20～29歳代が欠食率が高い．1～6歳，7～14歳にも朝食を食べない人がみられる．幼児期は食生活習慣の基礎をつくるときであり，学童期はその完成期である．子どものころに覚えた習慣は心身ともにすり込まれるので，生涯の生活に影響を与える．近年，ファストフードなどの買い食い，インスタント食品，でき合いの食事，ハンバーグやスパゲッティなど脂肪が多くエネルギーの高い食事が多くなっている．こうした偏った食生活は，子どもを生活習慣病の予備群にする．

2）健康科学・栄養学を生かした食生活のあり方

3番目から7番目の項目は，健康科学，栄養学の立場から食生活のあり方を強調した項目である．

主食，主菜，副菜を基本に，食事のバランスを　食事の献立の基本パターンは汁と菜の数で表され，ごはん，汁，生物，煮物，焼き物などから構成される「一汁三菜」が基本である．この構成の基本が，栄養バランスを考える日常食の食事パターンにも生かされ，ごはんを主食，おもな菜を主菜，ほかを副菜とよぶ．わが国は気候風土の関係から，稲作を第1とし，米を食べ物の中心としてきた．野菜類の適作地でもある．また，日本列島は長い海岸線をもち，内陸には水の清らかな中小河川がよく発達して豊かな魚介類に恵まれ，

《友人・別居子との共食頻度が高い人は，低い人と比べて食生活全般の評価が高い》　　《共食頻度が高群の人は低群に比べて次の特徴がある》

		男性	女性
食生活満足度	食生活の満足度→とても満足な人が多い	—	○
	食事のおいしさ→とてもおいしい人が多い	◎	◎
	食事の楽しさ→とても楽しい人が多い	—	◎
	食事の待ち遠しさ→とても待ち遠しい人が多い	—	◎
食事づくり行動・態度	食事づくりへの参加→いつもする	—	◎
	食事後片付け，ゴミ出しへの参加→いつもする	—	◎
	食物生産へのかかわり→自分からやっている	◎	—
	食事づくりの好き嫌い→とても好き	◎	○
	共食時の食事づくり→いつも参加している	○	○
	やりとりのための食事づくり→よくある	—	◎
食物・食情報の交換行動・態度	食事のやりとり→週1回以上	◎	◎
	味や料理に関する情報交換→よくする	◎	◎
	健康に関する情報交換→よくする	◎	◎
	マスコミからの健康に関する情報→よくみる	◎	◎
	若い世代への料理や味の伝承→伝えている	◎	◎

◎高群が低群に比べてより該当者が多い
○やや多い

【女性】
● みそ汁　日に1,2回以上食べる人が多い
● 牛乳　ほぼ毎日飲む人が多い
● 緑黄色野菜　1日に2食以上食べる人が多い
● その他の野菜　1日に2食以上食べる人が多い
● 果物　ほぼ毎日食べる人が多い

かなり自分で知識や技術を生かして食物選択をしている人が多い

【男性】
● 大豆製品　毎日食べる人が多い
● 卵　週3,4回以上食べる人が多い
● 牛乳　毎日飲む人が多い
● 緑黄色野菜　1日に2食以上食べる人が多い
● その他の野菜　1日に2食以上食べる人が多い
● 果物　ほぼ毎日食べる人が多い
● 調理済み食品や冷凍食品・インスタント食品を週3回以上使う人が多い

全体的に積極的な食物選択行動がみられる

食べすぎの問題などこれからの学習が大切である

図3-3◆高齢者の共食頻度の違いによる食生活評価
（すこやか食生活協会：高齢者の食・健康・QOLに関する調査報告，2000より一部改変）

米，野菜，魚介類，鳥などが基本材料であった．しかし，現在のわが国の食料自給率は低下している．時代による様式別調理の割合の変化を図3-5に示した．

現在の日常食は和風，洋風，中華風に加えて，エスニック風，韓国風，そのほかいろいろな国や地方の料理が混在している．また，図1-8(p.13)に1日の外食率の年次推移を示したが，外食は全体的に増加傾向にある．外食の一般的特徴として次のようなことがあげられる．

① 野菜類が少ないので，ビタミンやミネラルが不足しがちである．
② ファストフードやファミリーレストランでの人気メニューは，ハンバーグ，ス

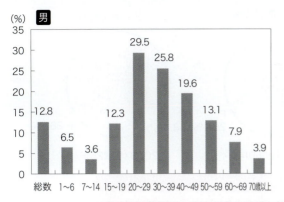
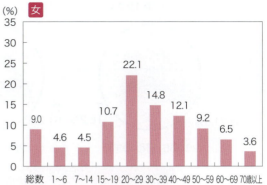

図 3-4◆朝食欠食の状況(1歳以上)
(平成24年厚生労働省国民健康・栄養調査報告より)

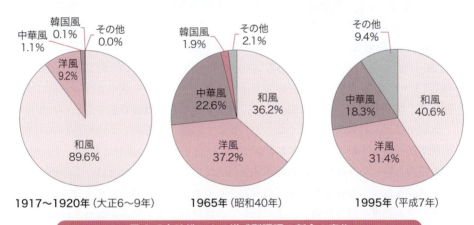

図 3-5◆時代による様式別調理の割合の変化
(日本家政学会 編, 下村道子:日本人の生活, p.114, 建帛社, 1998より)

テーキ, エビフライなどの油を使ったものが多く, 脂肪のとり過ぎに注意する必要がある.

③ 外食の料理は一般に塩味の濃いものが多く, 塩分のとり過ぎに注意する必要がある. 味覚の画一化が進み, 個々の家庭の味や古くから伝承された味が消え, 食文化の衰退が懸念されている.

ごはんなどの穀類をしっかりと 食事のバランスを保つためには, さまざまな食品を組み合わせて食べることが大切である. たんぱく質(P), 脂質(F), 炭水化物(C)の比率(PFC)のバランス推移(**図3-6**)をみると, 近年, ごはんの消費が減る一方で, 畜産物や油脂の消費量が増え, 脂質の比率が増える傾向にある. 穀類のなかでも米は, わが国の気候, 風土に合っていて, 国内で必要量をまかなえる作物である.

米はアジアのみならず世界各地でさまざまに調理されて食べられている. 基本的には水と熱を加える料理であるが, それぞれの国や地方によって, 仕上がりに期待する味や食感(テクスチャー)は異なる.

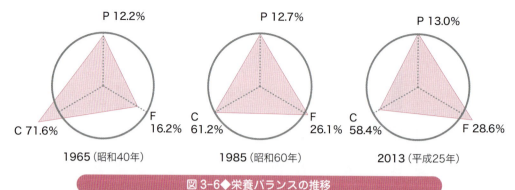

図 3-6◆栄養バランスの推移

注)適正比率：P(たんぱく質)13％，C(炭水化物)62％，F(脂質)25％
(農林水産省資料より)

野菜・果物，牛乳・乳製品，豆類，魚なども組み合わせて　国民健康・栄養調査報告(平成 24 年)の食品群別摂取量(全国平均 1 人 1 日当たり)によると緑黄色野菜が 86.8 g，その他の野菜(野菜類のうち緑黄色野菜以外)が 187.8 g，合計 274.6 g となっている．「健康日本 21」に示されている目標値である 350 g の約 80％に過ぎない．野菜は各種ビタミン，無機質(ミネラル)，食物繊維などの栄養素を含むとともに，疾病や老化の予防にかかわる抗酸化性，抗変異原性，発がん抑制など，さまざまな生理機能のあることがわかってきた．

人間の骨は，外側の古く硬くなった骨皮質と内側にある新しくやわらかいスポンジ状の海綿骨から構成されている．古くなった骨は破壊され，その部分に新しい骨が形成される．骨も皮膚と同じように毎日，新陳代謝を行っている．健康な骨とは，この形成と破壊のバランスがとれている状態をいう．食べ物からのカルシウム補給が不十分であると血液中のカルシウム濃度を保つために，まだ新しい海綿骨のカルシウムが動員される．こうして，骨が身をけずってカルシウムを補給することになり，形成と破壊のバランスがくずれて「骨粗しょう症」が起こる．カルシウムが不足すると，骨がもろくなり，骨粗しょう症をまねくばかりでなく，骨に蓄えられたカルシウムが過剰に血液に送り込まれて，動脈硬化や高血圧，心筋梗塞などを起こす要因にもなる．

カルシウムを多く含む乳製品の 1 つであるビフィズス菌醗酵乳は，便秘の改善にも効果があることを付記する．

食塩や脂肪は控えめに　塩分には，筋肉や神経の興奮性を弱めたり，血漿などの細胞外液の浸透圧保持を調節する働きなどがある．塩分が長期にわたって欠乏すると，消化液の分泌が減退して食欲不振になったり，倦怠感・精神不安をきたすなどの悪影響がある．食塩の 1 日の必要量は，成人で 1.3 g 以下であるが，目標摂取量は男性 8 g 未満，女性 7 g 未満となっている．これは，日本人の食生活の実態を配慮して，実行可能な目標として定められたものである．

食塩のとりすぎは血圧を上げ，動脈硬化を促進し，脳卒中を引き起こす要因となることが明らかになっている．このことから摂取量は，少ないほうが一層好ましい．

血圧を上げる原因はナトリウムであると考えられている．食塩は塩素とナトリウムが結合したもの(塩化ナトリウム)である．食品の栄養表示も食塩に変わって「ナトリウム」表示

◆ナトリウム量を求める式　　ナトリウム(g) ＝食塩(g)÷2.54

◆ナトリウム量と食塩量の関係

図 3-7 ◆食塩とナトリウム量の関係

が義務づけられている．図 3-7 に食塩とナトリウム量の関係を示した．

適正体重を知り，日々の活動に見合った食事量を 肥満とは，エネルギー摂取が消費を上回ることによって，体内の脂肪の合成が進み，過剰に蓄積・貯蔵された状態をいう．肥満によって脂質異常症，高血圧，糖尿病，動脈硬化などの合併症が起こりやすくなる．肥満の判定法には，以下に示すような 3 つの方法がある．（第 1 章 食生活と肥満・やせの項参照）

■ BMI（Body Mass Index）による判定

現在の体重(kg)÷身長$(m)^2$

■ 体脂肪率による判定

男性：25％以上，女性：30％以上

■ ウエスト周囲長による判定

男性 85 cm 以上，女性 90 cm 以上は生活習慣病になりやすい肥満

　脂肪のとり過ぎは，心臓病や大腸がんなどの原因になるといわれているので，脂肪の正しいとり方を工夫したい．脂肪酸の種類を図 3-8 に示した．脂肪酸の摂取比率は飽和脂肪酸，一価不飽和脂肪酸，多価不飽和脂肪酸をそれぞれ 3：4：3 にすることが望まれている．また，多価不飽和脂肪酸では，リノール酸と α-リノレン酸の摂取比率を健康人で 4：1 程度を目安とする．

図 3-8 ◆脂肪酸の種類

表3-4 ◆ わが国における食べ物にかかわる年中行事

月　日	行　事	かかわる食物	備　考
1月1日～3日	正月	若水 鏡もち 屠蘇酒(とそ) 雑煮(ぞうに) おせち料理	新しい井戸の水から新年最初の水を歯がための故事から
1月7日	七草(ななくさ)	七草がゆ	七種の若菜の羹(あつもの)が室町時代からかゆに
1月11日	鏡開き	鏡もち入り小豆汁粉	鏡もちを下げて手でかき割る、または木槌で叩き割って用いる
1月15日 (成人式は1月第2月曜日)	小正月(こしょうがつ), 現在は成人式	小豆がゆ 赤飯	本来は米、あずき、あわ、きび、ひえ、みの、ごまの七種を用いたかゆから、あずきのみへ
2月2, 3日	節分	煎り豆または搗栗	
3月3日	雛まつり	白酒 草もち, 菱もち	桃花酒が江戸時代から白酒へ
3月18日または9月20日ごろより1週間	彼岸(ひがん)	おはぎ, 彼岸だんご, 精進料理	
4月8日	灌仏会(かんぶつえ)	甘茶	
5月5日	端午の節句, 現在は子どもの日	しょうぶ酒, ちまき, かしわもち	菖蒲の根を酒に入れる ちまきは平安時代から, かしわもちは後から
7月7日	七夕(たなばた)	そうめん	織女にちなんで
7月13日～15日	孟蘭盆(うらぼん)	野菜・果物 精進料理	霊棚飾りにする
8月15日と9月13日	月見	くり・いも, きぬかつぎ, ぶどう, かき, えだまめ, 月見だんご	茶道では月見の茶事を行う
9月9日	重陽(ちょうよう)の節句	茶酒, くり飯	菊酒から茶の花を入れた酒へ、くり飯は江戸時代より
10月亥の日	玄緒(げんちょ)	亥の子もち	だいず, あずき, 大角豆, くり, ごま, かき, 糖を用いた7色のもち
11月15日	七・五・三 (3歳, 5歳, 7歳)	千歳あめ	(長寿を願う)
11月23日	新嘗祭(にいなめさい), 現在は勤労感謝の日	新しい穀物で, もち, 赤飯	
12月22日または23日	冬至(とうじ)	冬至がゆ 冬至かぼちゃ	
12月25日	クリスマス	七面鳥や鶏のロースト クリスマスケーキ	キリストの降誕を祝う
12月31日	大晦日(おおみそか)	年越しそば	

咀嚼については，よくかんで食べると，脳細胞の活動が活発化し，同時に血液の循環がよくなるので，脳の機能を活性化する．とくに，幼児期といわれる1歳から6歳までの時期に，しっかりかむ習慣をつけると，生涯にわたってのよい習慣となる．

3) 食料資源を大切にした食生活の実践

8番目の「食文化や地域の産物を活かし，ときには新しい料理も」と，9番目の「調理や保存を上手にして無駄や廃棄を少なく」は，食料資源の立場から，よりよい食生活の実践を強調した項目である．

食文化や地域の産物を活かし，ときには新しい料理も

人間が食べるということは，文化現象の1つである．各地域に，正月，節句，祭りなどの伝統行事（表3-4）に結びついた食べ物があり，旬の味を大切にしている．食文化は私たちを取り巻く自然環境と深いかかわりがあり，この食文化を次代に伝えることも大切な役目である．地域の食材を活かした食事をとおして食文化や食の安全・安心，食の選び方や組み合わせ方などを学びたい．一方，さまざまな国や地域の食品や料理をとり入れて食事の種類を広げることは，食事の楽しみを増し，いろいろな食品を食べることにつながり，食事のバランスを保つことに役立つ．近年，世界のさまざまな地域から輸入される食材は増加し，技術革命によって食品形態の変化にも目覚しいものがある．食材に対する知識や料理技術を身につけ，新しい料理もつくりたい．ブリア=サヴァラン[注1)]の格言に「新しい料理の発見は，人類の幸福にとって天体の発見以上のものである」とある．新しい食べ方，新しい料理の創作には人類あげて熱心であり，日常食をはじめ食品産業レベルやレストランにおいても，伝統を守るとともに，新しい料理の創作に情熱を燃やしている．

調理や保存を上手にして無駄や廃棄を少なく

世界には栄養不足で悩んでいる人が約8億人もいる一方で，わが国では食べ残しや捨てた食品がゴミを増やし，環境を悪くしている．食生活のむだを減らす努力が必要である．食品類別の食品ロス率を図3-9に示した．日ごろのささやかな心配りが大切である．近年，冷蔵庫の機能が完備し，省エネも図られているので，賢明な利用を心がけたい．

4) 自分自身が食の担い手

10番目の「自分の食生活を見直してみましょう」は，個人の食生活を究極的に担うのは自分自身であるということである．

自分の食生活を見直してみましょう

一人ひとり体格，健康状態，生活条件，生活上の好みなどは異なる．自分自身の食生活の特徴はわかりにくいので，家族や仲間と一緒に食生活を考えたり，話し合う機会をもつことが大切である．とくに，幼児期からの食習慣が生涯の健康の鍵を握っているといっても過言ではない．

注1) ブリア=サヴァラン著，関根秀雄・戸部松実 訳：美味礼讃(上)，p.23，岩波書店，1967

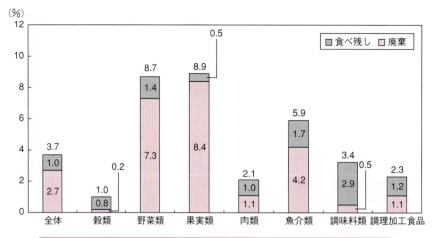

図 3-9◆食品類別の食品ロス率

注）全世帯平均．食卓に残った不可食部分（魚の骨や果物の皮など）は食べ残しに含まれていない．

（農林水産省：平成 21 年度食品ロス統計調査［世帯調査］より）

B　料理の形態的特徴と栄養

　「国民健康・栄養調査」は食生活調査として，基本要件を具備し，時系列による比較も期待できる望ましい結果が得られているが，栄養レベルおよび食品レベルの考え方が主となっている．しかし，人々の栄養摂取が現実にどのような「料理」という形態で口に入り，その結果，どのように栄養成分が摂取されているかという視点のまとめではない．料理の形態的分類が十分に検討されていないのが現状である．食生活指針には，栄養レベル，食品レベルに加えて，料理レベルからの取り組みも強調されているが，今後，料理形態と栄養の問題についての基礎研究が期待されている．

1 料理の形態的分類

1）調理の体系化

　調理法が多様化し，料理の種類も無限に広がっていることから，調理の体系化についていくつかの試みがある．料理の形態的分類に役立つ模型として，「調理の四面体」がある．**図 3-10** に調理工程と調理の四面体を示した．調理の四面体は，四面体の 1 つの頂点に火（熱源）をおき，ほかの 3 つの頂点に，水，油，空気をおく．火とそれぞれの頂点を結ぶ稜線を，水を媒体とする煮物ライン，油を媒体とする揚げ物ライン，空気を媒体とする焼き物ラインと名づけることができる．それぞれのラインにおいて，火の頂点に近づけば近づくほど火の介在する割合は高くなる．焼き物ラインに例をとると，火に近い方から，「直火焼き」，「ロースト」，「干物」という料理ができる．煮物ラインでは，火に近い方から「蒸し物」，「煮物」，「汁物」となる．揚げ物ラインでは，「炒め物」は火に近く，多量の油を用いる

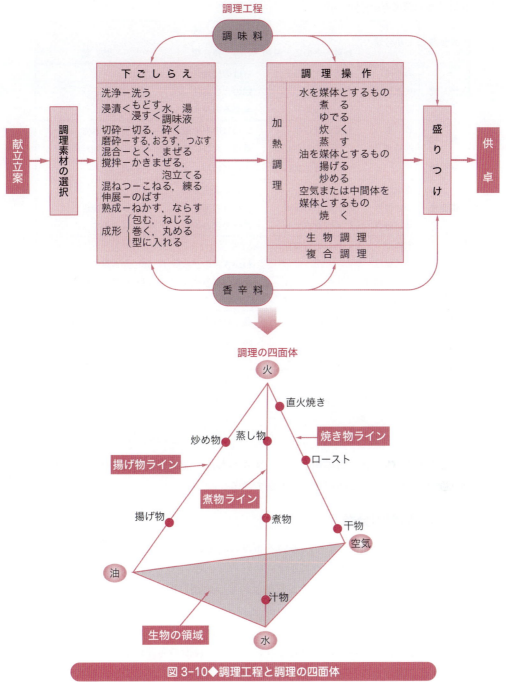

図3-10◆調理工程と調理の四面体
(川端晶子：調理の四面体，1982より)

「揚げ物」は油の頂点に近づく．底面は火に最も遠いので「生物」の領域と考えることができる．単一操作の料理ばかりでなく，実際には，複合調理操作による料理も多いが，四面体のどこか一点にスポットすることができるとともに，複合調理操作の足跡を描くこともできる．

表 3-5 ◆料理形態の分類（例）

大分類	小分類	料理名		
		野菜・きのこ・藻類	魚介類	肉類
汁物	みそ汁 すまし汁 変わり汁	焼きなすのみそ汁 若竹汁 けんちん汁	さばの船場汁 蛤のうしお汁 まぐろのかす汁	豚汁 コンソメ チャウダー
煮物	煮物 炒め煮	野菜の煮しめ ごぼうのきんぴら	いわしのみそ煮 青豆とえびの炒め煮	鶏のクリーム煮 牛肉のかき油炒め
蒸し物		しいたけの蒸し煮	蒸しあわび	むし鶏
焼き物	直火焼き つけ焼き 蒸し焼き	焼きなす さといもの田楽 ベイクドポテト	あじの姿焼き うなぎの蒲焼き さけの包み焼き	焼肉 鶏のつくね焼き ローストチキン
揚げ物	素揚げ から揚げ パン粉揚げ 天ぷら	くわいの素揚げ — — 野菜のかき揚げ	— わかさぎのから揚げ かきのフライ えびの天ぷら	— 鶏のから揚げ 豚ヒレのパン粉揚げ —
炒め物		野菜炒め	塩ざけのムニエル	豚肉と高菜漬けの炒め物
和え物	サラダ 和え物	レタスのサラダ 春菊のごま和え	海の幸のサラダ あおやぎのぬた	豚しゃぶの中華サラダ 鶏ささみのからし和え
生物		大根おろし	刺し身	カルパッチョ
鍋物		ゆずみそおでん	ちりなべ	羊肉のしゃぶしゃぶ

調理の四面体は 2 つの効用をもつ．すなわち，①調理の法則性の媒体として，②新しい料理創作の媒体として活用することができる．

2) 料理の形態的分類

料理の形態的分類についていろいろ試みられているが，システムとしての料理の形態的分類は現場に還元できるところまでにいたっていない．『ヘリング料理辞典』には，「70 年前の出版当初は 1,000 種の料理が記載されていたが，現在では 16,000 種以上の料理にたくみに書き改められた」と，新編者が序文で述べている．伝統的な古典料理，新しい現代料理，世界各国の特色ある料理というジャンル分けの概念もみられる．

書誌学をはじめ関連分野の発展とコンピュータ技術の発達により，分類に関する膨大な情報の書き換えと再合成が容易になった今日，ますます広がっていく料理形態の分類の研究にも，真剣に向き合う時期が到来したように思われる．

表 3-5 に料理形態の分類の例を，図 3-11 に『中国名菜譜』に収載されている料理種類の内容を分析した結果を示した．地域によって料理の特徴がみられる．

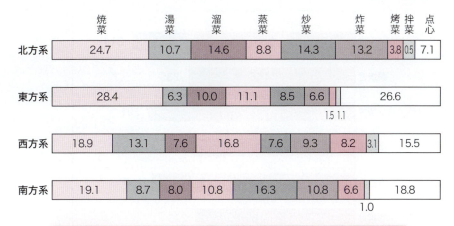

図 3-11◆中国料理の地域別調理法の出現頻度（％）
（川端晶子：調理文化学（大塚　滋，川端晶子　編），p.139，建帛社，1996 より）

2　料理の形態による栄養成分の変化

　栄養成分が料理形態によってどのように変化するのかについても，配慮が必要である．

1）エネルギー

　肉類の脂肪は，とりすぎると生活習慣病の誘因になりやすいので，1日 10～15 g 前後にとどめるのが望ましい．部位の選択や調理法によっても脂肪量に違いがあるので，工夫する必要がある．牛肉，豚肉の脂身を切り取ると 40～50％のエネルギーを，にわとりの胸肉やもも肉の皮をはぎ取ると 40％前後のエネルギーをカットすることができる．豚肉（ロース）の調理による脂質の総カロリーの変化を図 3-12 に示した．また，揚げ油の吸油量もエネルギー値を高める．揚げ物は調理時間が短く，おいしいので献立に加えやすい料理であるが，1回の食事で油をとりすぎないように工夫することが大切である．

2）無機質（ミネラル）

　摂取に配慮すべき無機質の種類は，それぞれの国の食習慣によって違いがある．現在，わが国においては 13 項目が選ばれている．無機質の摂取量は多くても少なくても健康の保持・増進のためには好ましくない．量よりもバランスが重要である．また，無機質以外の栄養成分の影響も受ける．とくに，骨形成と無機質，ビタミン，たんぱく質の相互関係が大切である．調理における無機質の変化について，浸漬水へのキャベツの無機成分溶出率を図 3-13 に示した．

3）ビタミン

　ビタミンは，微量で生体内での補酵素などの成分となり，物質代謝および代謝調節を円滑にし，生理機能を順調に営み，健康を保つための重要な栄養成分である．ビタミンは脂溶性ビタミンと水溶性ビタミンに大別され，13 種類があげられている（表 3-6）．水溶性ビ

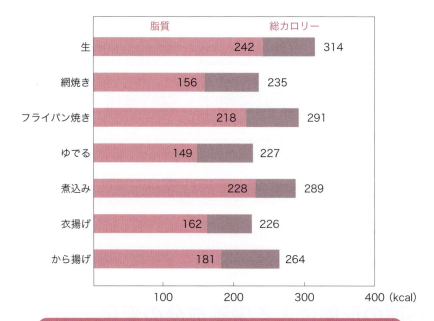

図 3-12◆豚肉（ロース）の調理による脂質と総カロリーの変化
（「栄養と料理」家庭料理研究グループ編：調理のためのベーシックデータ増補版, p.3〜7, 女子栄養大学出版部, 2003 より作成）

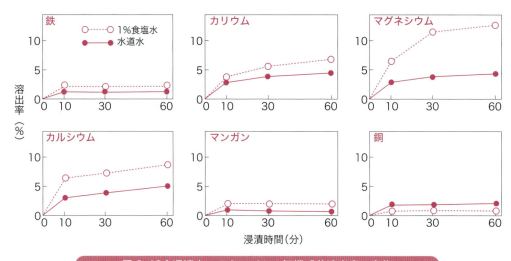

図 3-13◆浸漬水へのキャベツの無機成分溶出率の変化

キャベツ 100 g（0.5 mm 幅のせん切りしたもの）を 500 ml の浸漬水に各時間浸漬したのち，10 分間水切りして測定．水温 25℃
（畑 明美：植物性食品Ⅱ（下村道子，橋本慶子 編），p.77, 朝倉書店, 1993 より）

タミンは過剰に摂取しても排泄されるが，脂溶性ビタミンは体内で蓄積されるので，ビタミン剤などを過剰に摂取しないように注意する必要がある．ビタミン B_1, B_2, C などは図 3-14 に示したように調理によって変化するので配慮しなければならない．また，にんじんに含まれる β-カロテンやトマトのリコピン（赤色）はいずれもカロテノイドで，近年，抗酸化作用のあることが明らかとなり，加熱調理によって吸収率が高まる．

表3-6◆ビタミンの種類と欠乏症

	ビタミン	発見年	おもな欠乏症	軽い欠乏症
脂溶性	ビタミンA	1915	夜盲症, 角膜乾燥症	暗順応低下, 皮膚乾燥
	ビタミンD	1919	くる病	とくにない
	ビタミンE	1922	溶血性貧血	とくにない
	ビタミンK	1935	頭蓋内出血	とくにない
水溶性	ビタミンB_1	1911	脚気, ウェルニッケ脳症	疲労感, 食欲不振
	ビタミンB_2	1933	口角炎, 口唇炎	口内炎, 目の充血, 皮膚炎
	ビタミンB_6	1934	皮膚炎, けいれん	食欲不振, 貧血
	ビタミンB_{12}	1948	悪性貧血	とくにない
	ナイアシン	1937	ペラグラ	皮膚炎, 食欲不振
	パントテン酸	1933	血圧低下, 副腎機能低下	頭痛, 皮膚炎
	葉酸	1941	大赤血球性貧血	下痢, 舌炎
	ビオチン	1936	皮膚炎	筋肉痛, 脱毛, 疲労感
	ビタミンC	1928	壊血病	食欲不振, 歯ぐきから出血

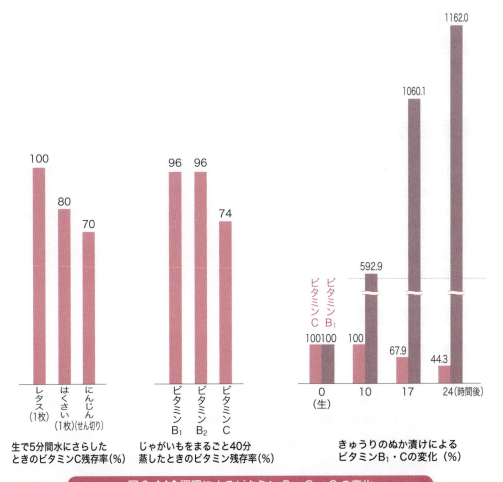

図3-14◆調理によるビタミンB_1, B_2, Cの変化

(「栄養と料理」家庭料理研究グループ 編:調理のためのベーシックデータ増補版, p.54, 女子栄養大学出版部, 2003 より)

C　日本人の食事摂取基準(2015年版)の概要

1　策定の目的

　　日本人の食事摂取基準は,健康増進法(平成14年法律第103号)第30条の2に基づき厚生労働大臣が定めるものとされ,国民の健康の保持・増進,生活習慣病の発症の予防とともに新たに重症化予防を目的として,摂取することが望ましいエネルギーおよび栄養素の量の基準を示すものである.長い間,「栄養所要量」とよばれてきたものが根本的に見直され,2005年の改定により新たに「食事摂取基準」として策定された.

　　この「日本人の食事摂取基準」は,保健所,保健センター,民間健康増進施設等において,生活習慣病予防のために実施される栄養指導,学校や事業所等の給食管理にあたって,最も基礎となる科学的データである.

2　使用期間

　　使用期間は,平成27(2015)年度から平成31(2019)年度の5年間である.

3　策定方針

　　日本人の食事摂取基準(2015年版)では,策定目的として,生活習慣病の発症予防とともに,重症化予防が加えられた.

　　対象については,健康な個人ならびに集団とし,高血圧,脂質異常,高血糖,腎機能低下に関して保健指導レベルにある者までを含むものとされた.

　　また,科学的根拠に基づく策定を行うことを基本とし,現時点で根拠は十分ではないが,重要な課題については,研究課題の整理も行うこととされた(図3-15).

4　策定の基本的事項

1)　指　標

(1)エネルギーの指標

　　エネルギーの摂取量および消費量のバランス(エネルギー収支バランス)の維持を示す指標として,「体格(BMI:body mass index)」を採用することとされた.

$$BMI = 体重(kg) \div (身長(m))^2$$

(2)栄養素の指標

　　栄養素の指標は,①摂取不足の回避,②過剰摂取による健康障害の回避,③生活習慣病の予防,の3つの目的からなる指標で構成された.

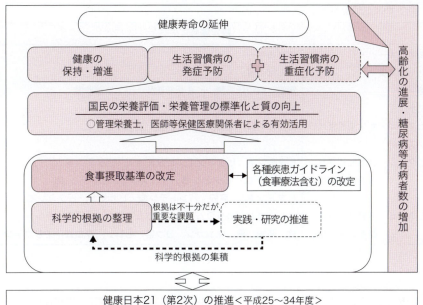

図 3-15◆日本人の食事摂取基準（2015 年版）策定の方向性

推定平均必要量（estimated average requirement：EAR）　摂取不足の回避を目的として設定された．推定平均必要量は，半数の人が必要量を満たす量である．

推奨量（recommended dietary allowance：RDA）　推定平均必要量を補助する目的で設定された．推奨量はほとんどの人が充足している量である．

目安量（adequate intake：AI）　十分な科学的根拠が得られず，推定平均必要量と推奨量が設定できない場合として設定された．一定の栄養状態を維持するのに十分な量であり，目安量以上を摂取している場合は不足のリスクはほとんどない．

耐容上限量（tolerable upper intake level：UL）　過剰摂取による健康障害の回避を目的として設定された．

目標量（tentative dietary goal for preventing life-style related diseases：DG）　生活習慣病の予防のために，現在の日本人が当面の目標とすべき摂取量として設定された．

2) 策定したエネルギーや栄養素

エネルギーと 34 種類の栄養素について策定が行われた（表 3-7）．

3) レビューの方法，基準改定の採択方針

エネルギーおよび栄養素の基本的なレビューでは，前回の食事摂取基準（2010 年版）の策定において課題となっていた部分について重点的にレビューが行われた．とりわけ，エネルギーについては，エネルギー収支バランスと体格，体重管理に関するレビューが行われた．

表 3-7 ◆策定栄養素等

設定項目	
エネルギー	エネルギー
たんぱく質	たんぱく質
脂質	脂質，飽和脂肪酸，n-6系脂肪酸，n-3系脂肪酸
炭水化物	炭水化物，食物繊維
エネルギー産生栄養素バランス	たんぱく質，脂質，飽和脂肪酸，炭水化物
ビタミン　脂溶性ビタミン	ビタミンA，ビタミンD，ビタミンE，ビタミンK
水溶性ビタミン	ビタミンB_1，ビタミンB_2，ナイアシン，ビタミンB_6，ビタミンB_{12}，葉酸，パントテン酸，ビオチン，ビタミンC
ミネラル　多量ミネラル	ナトリウム，カリウム，カルシウム，マグネシウム，リン
微量ミネラル	鉄，亜鉛，銅，マンガン，ヨウ素，セレン，クロム，モリブデン

表 3-8 ◆年齢区分

ライフステージ	区　分
乳児(0〜11か月)	0〜5か月，6〜8か月，9〜11か月
小児(1〜17歳)	1〜2歳，3〜5歳，6〜7歳，8〜9歳，10〜11歳，12〜14歳，15〜17歳
成人(18〜69歳)	18〜29歳，30〜49歳，50〜69歳
高齢者(70歳以上)	70歳以上
その他	妊婦，授乳婦

　また，エネルギーおよび栄養素と生活習慣病(高血圧，脂質異常症，糖尿病，慢性腎臓病)の発症予防，重症化予防との関係についてのレビューが行われた．
　さらに，基準改定の採択方針が明確に記述された．

4) 年齢区分

　年齢区分は，**表 3-8** に示した区分を用いることとされた．
　乳児については，成長に合わせてより詳細な区分設定が必要と考えられたため，エネルギーおよびたんぱく質では 3 区分(0〜5 か月，6〜8 か月，9〜11 か月)，その他の栄養素の食事摂取基準では 2 区分で，策定が行われた．

5) 参照体位

　従前は，基準体位と表現されていたが，望ましい体位ということではなく，日本人の平均的な体位であることから，その表現が参照体位と改められた．

6) ライフステージ

　「乳児・小児」，「妊婦・授乳婦」，「高齢者」の各ライフステージについて，特別な配慮が必要な事項について整理が行われた．

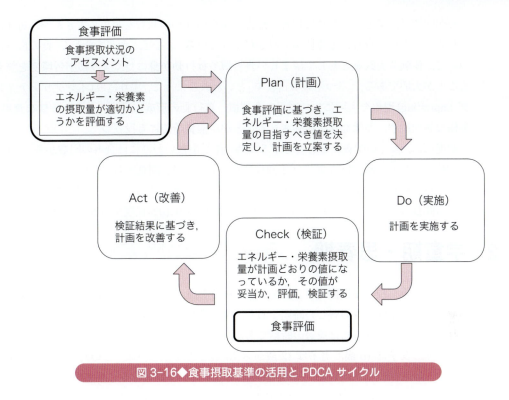

図 3-16◆食事摂取基準の活用と PDCA サイクル

5 活用に関する基本的事項

　健康な個人または集団を対象として，健康の保持・増進，生活習慣病の予防のための食事改善に食事摂取基準を活用する場合は，PDCA サイクルに基づく活用を基本とし，各プロセスの実際についてわかりやすく示された（**図 3-16**）．とくに活用においては，食事摂取状況のアセスメントに基づき評価を行うこととされ，活用上の留意点についての詳細が示された．

D　対象に適した対応

1 乳幼児期

　乳児とは新生児から 1 歳未満をいい，幼児とは満 1 歳から 5 歳（就学にいたるまで）までをいう．いずれも，身体的な成長および機能的な発達がきわめて旺盛な時期である．乳幼児は生涯のうちで最も成長が著しく，幼児期では著しい発達を示す．適正な栄養素摂取とともに，生涯の食生活習慣の形成のうえからも重要な時期である．とくに，幼児期への対応について述べる．

わが国では，子どもの教育に知育，徳育，体育の3つの教育を重視してきたが，近年，これらとともに，食育の重要性が見直されてきている．「なぜ，食べるのか」，食の営みについて，体験や実践をとおして望ましい食習慣や食行動が身につくように学習環境を整えることが大切である．「三つ子の魂百まで」といわれるように，すり込み（インプリンティング imprinting）現象を大切にし，適正な食習慣，食行動の形成に役立てたい．多様な食事，多様な調理形態，多様な味を体験させることが，偏食予防にも役立つ．

幼児期は，多くの栄養素を必要とするため，体が小さいわりには食事の回数が多い．1〜2歳児では1日5回，3〜5歳では4回程度が必要である．間食・おやつは食事の一部として質，量に配慮し，また，時間も規則正しく与えるようにすることが大切である．1回に与える間食の量は，1日のエネルギーの食事摂取基準の10％程度を目安とする．

2 学童期・思春期

学童期は小学校在学期間の6歳から12歳までをいう．前半は幼児期の延長線で性差も少ないが，後半は発育の著しい時期であり，学童期は知識欲も旺盛であるため，基礎的な栄養知識を身につけるには最適の時期である．この時期は学校給食の役割も大きい．

思春期は女子は10歳，男子は12歳から15歳ころまでをいう．この時期は性差が顕著になり，発育の個人差が大きく，体と心の発達のアンバランスを生じやすい時期でもある．やせ志向，欠食や過食，不規則な食生活から生じる栄養素の過不足に注意する必要がある．また，生活が夜型になりやすく，朝食の欠食など不規則な食習慣になりやすい．食の外部化の頻度が高くなり，ファストフードやインスタント食品の利用頻度も増加する．この時期は成人期にむけての体づくり，食習慣づくりとして大切な時期であり，望ましい食生活づくりへの正しい情報の提供が必要である．

生活習慣病の予防は子どもの頃からと，厚生労働省が，6〜15歳を対象としたメタボリックシンドロームの診断基準を作成している．

3 青年期

年齢で青年期をみると，11歳から15歳までの思春期につぐ20歳前後までを青年期という．人生において急激な成長がみられる最も活動的な時期である．

男女の差が大きく，性への目覚めから異性への関心が高まる時期でもある．また，自己の価値観や興味の対象に固執する行動が強く現れる．食行動では，自己の判断で食品摂取を行い，その摂取状態が習慣化して，成人期に移行する可能性が高く，成人期の栄養障害に影響を及ぼしかねない．この時期の栄養障害として，「貧血とダイエット（やせ志向）」，「過食と拒食」，「神経性食欲不振」，「欠食，夜食，間食」などがある．

身体発育や性成熟に伴い，各食事摂取基準は最大域になる．個々人の生活スタイルによって食事摂取基準量を決める（表3-9）．生活習慣と食行動をチェックし，外食や食品を購入するときは栄養成分表示を参考にし，食べ物の選択には十分注意する．

表 3-9 ◆ 食事摂取基準による各栄養素等の摂取量（身体活動レベルⅠの場合の例示）

男性

年齢階級 (歳)	エネルギー (kcal)	たんぱく質 (g) 推奨量	脂質 (脂肪エネルギー比率) (%エネルギー) 目標量(中央値)	炭水化物 (%エネルギー) 目標量(中央値)	食物繊維 (g) 目標量	ビタミンA (μgRAE) 推奨量	ビタミンB₁ (mg) 推奨量	ビタミンB₂ (mg) 推奨量	ビタミンC (mg) 推奨量	食塩相当量(ナトリウム) (g) 目標量	カリウム (mg) 目安量	カルシウム (mg) 推奨量	鉄 (mg) 推奨量
1〜2		20	20〜30(25)	50〜65(57.5)		400	0.5	0.6	35	3.0未満	900	450	4.5
3〜5	1,350	25	20〜30(25)	50〜65(57.5)		500	0.7	0.8	40	4.0未満	1,100	600	5.5
6〜7	1,600	35	20〜30(25)	50〜65(57.5)	11以上	450	0.8	0.9	55	5.0未満	1,300	600	6.5
8〜9	1,950	40	20〜30(25)	50〜65(57.5)	12以上	500	1.0	1.1	60	5.5未満	1,600	650	8.0
10〜11	2,300	50	20〜30(25)	50〜65(57.5)	13以上	600	1.2	1.4	75	6.5未満	1,900	700	10.0
12〜14	2,500	60	20〜30(25)	50〜65(57.5)	17以上	800	1.4	1.6	95	8.0未満	2,400	1,000	11.5
15〜17	2,300	65	20〜30(25)	50〜65(57.5)	19以上	900	1.5	1.7	100	8.0未満	2,800	800	9.5
18〜29	2,300	60	20〜30(25)	50〜65(57.5)	20以上	850	1.4	1.6	100	8.0未満	2,500	800	7.0
30〜49	2,300	60	20〜30(25)	50〜65(57.5)	20以上	900	1.4	1.6	100	8.0未満	2,500	650	7.5
50〜69	2,100	60	20〜30(25)	50〜65(57.5)	20以上	850	1.3	1.5	100	8.0未満	2,500	700	7.5
70〜	1,850	60	20〜30(25)	50〜65(57.5)	19以上	800	1.2	1.3	100	8.0未満	2,500	700	7.0

女性

年齢階級 (歳)	エネルギー (kcal)	たんぱく質 (g) 推奨量	脂質 (脂肪エネルギー比率) (%エネルギー) 目標量(中央値)	炭水化物 (%エネルギー) 目標量(中央値)	食物繊維 (g) 目標量	ビタミンA (μgRAE) 推奨量	ビタミンB₁ (mg) 推奨量	ビタミンB₂ (mg) 推奨量	ビタミンC (mg) 推奨量	食塩相当量(ナトリウム) (g) 目標量	カリウム (mg) 目安量	カルシウム (mg) 推奨量	鉄* (mg) 推奨量
1〜2		20	20〜30(25)	50〜65(57.5)		350	0.5	0.5	35	3.5未満	800	400	4.5
3〜5	1,250	25	20〜30(25)	50〜65(57.5)		400	0.7	0.8	40	4.5未満	1,000	550	5.0
6〜7	1,500	30	20〜30(25)	50〜65(57.5)	10以上	400	0.8	0.9	55	5.5未満	1,200	550	6.5
8〜9	1,850	40	20〜30(25)	50〜65(57.5)	12以上	500	0.9	1.0	60	6.0未満	1,500	750	8.5
10〜11	2,150	50	20〜30(25)	50〜65(57.5)	13以上	600	1.1	1.3	75	7.0未満	1,800	750	14.0
12〜14	2,050	55	20〜30(25)	50〜65(57.5)	16以上	700	1.3	1.4	95	7.0未満	2,200	800	14.0
15〜17	1,650	55	20〜30(25)	50〜65(57.5)	17以上	650	1.2	1.4	100	7.0未満	2,100	650	10.5
18〜29	1,650	50	20〜30(25)	50〜65(57.5)	18以上	650	1.1	1.2	100	7.0未満	2,000	650	10.5
30〜49	1,750	50	20〜30(25)	50〜65(57.5)	18以上	700	1.1	1.2	100	7.0未満	2,000	650	10.5
50〜69	1,650	50	20〜30(25)	50〜65(57.5)	18以上	700	1.0	1.1	100	7.0未満	2,000	650	10.5
70〜	1,500	50	20〜30(25)	50〜65(57.5)	17以上	650	0.9	1.1	100	7.0未満	2,000	650	6.0

*10〜11歳から50〜69歳までは、月経ありの場合の推奨量

（日本人の食事摂取基準（2015年版）をもとに作成）

4 成人期

　成人期は人生で最も充実した時期であり，社会では自分の能力を発揮し，家庭では家族とともに生活を営む時期である．対象年齢は 20 歳から 64 歳くらいまでの自立のできる年齢である．40 歳をすぎると筋力の低下，疲労回復の遅れなど体力の低下が自覚されるようになる．この時期は生活習慣病を予防することが大切で，適切な生活習慣と食事によって，肥満予防，生活習慣病の一次予防を心がけ，健康年齢(健康寿命)の延長を目標とする．また，自己がもっている精神的・肉体的・社会的能力を十分に発揮できるように，基礎体力・筋力を維持し，骨密度の減少を防ぐように心がける．

　個々人に対する食事摂取基準の活用に当たっては，その個人の健康，栄養状態，生活状況などを十分に考慮する(表 3-9)．

5 高齢期

　高齢期は老化現象や老年病を伴う身体上の衰退期である．社会の第一線からの引退は高齢者の生活や健康にさまざまな影響をもたらす．定年後も社会参加活動の役割は重要であり，ボランティア活動や高齢者のグループ活動など，社会生活上の変化や役割に応じて，生き生きとした社会生活を創造することが大切である．加齢に伴い運動機能は衰え，生理機能は直線的に低下するが，加齢によっても保持されている機能もある．脳の高次中枢が関係する言語数，情報量，理解力，計算力といった機能はほとんど低下がみられない．

　食事摂取基準においては，70 歳以上(高齢者)を 1 つの年齢区分として数値を示している(表 3-9)．一方，高齢者の身体状況は必ずしも実年齢とは相関せず，個人差が大きいため，よりきめ細かな個人への対応が大切である．

E　食育の推進

1 食育の語源

　待望の食育の時代が訪れた．昔から子どもを教育する際，知育，徳育，体育の 3 点が重視されてきた．「食育」という言葉が初めて使われたのは，石塚左玄著『食物養生法』(明治 31 年[1898])で，「食能く人を健にし，食能く人を聖にし暴にし，食能く人を雅にし俗にするのみならず，食能く人の心を軟化して質素静粛にし，食能く心を硬化して華美喧噪に断行するに至る」と述べられ，食が人に及ぼす影響が大きいことを協調している．さらに，学童を養育する人々はその家訓を厳しくして，知育，徳育，体育はすなわち食育にあると考えるべきである，と食育の重要性を述べている．また，村井玄齋著『食道楽』(明治 36 年[1903])では，「知育と体育と徳育の三つは蛋白質と脂肪とでん粉のように程や加減を測っ

て配合しなければならない．しかし，先ず知育よりも体育よりも一番大切な食育のことを研究しないのは迂闊の至りだ」と述べている．

2 食育の必要性

近年，食に関しては，栄養の偏り，不規則な食事，肥満や生活習慣病の増加，過度の痩身志向，食の安全，食の海外への依存，伝統的食文化の危機などの問題が生じている．また，日々の忙しい生活の中で，食に対する意識，食への感謝の念や理解が薄れ，毎日の「食」の大切さに対する意識が希薄になってきた．とくに，子どもが健全な食生活を実践することは，健康で豊かな人間性を育んでいく基礎となり，わが国が活力と魅力ある国として発展を続けていく上でも大切である．また，急速な増加を続ける高齢者が生き生きと生活していく上でも，健康寿命を長くすることが大切であり，健全な食生活を心がけることが重要である．各年齢層における食育の重要性が叫ばれている．

3 食育基本法

食育基本法は平成17年(2005)(施行7月15日)成立した．前文において「子どもたちが豊かな人間性をはぐくみ，生きる力を身に付けていくためには，何よりも「食」が重要である」と明記し，食育を「生きる上での基本であって，知育，徳育及び体育の基礎となるべきもの」と位置づけている．今日の「食」をめぐる環境の中で，国民の「食」に関する考え方を育て，健全な食生活を実現することが求められているとともに，都市と農村漁村の共生・対流を進め，「食」に関する消費者と生産者との信頼関係を構築して，地域社会の活性化，豊かな食文化の継承および発展，環境との調和のとれた食料の生産および消費の推進ならびに食料自給率の向上に寄与することが期待されている．今こそ，家庭，学校，保育所，地域などを中心に，国民運動として食育の推進に取り組んでいくことを目指している．

基本的施策
① 家庭における食育の推進
② 学校，保育所等における食育の推進
③ 地域における食生活の改善のための取組の推進
④ 食育推進運動の展開
⑤ 生産者と消費者との交流の促進，環境と調和のとれた農林漁業の活性化等
⑥ 食文化の継承のための活動への支援等
⑦ 食品の安全性，栄養その他の食生活に関する調査，研究，情報の提供及び国際交流の推進

■参考文献

1) 吉川誠次(石毛直道 編)：東アジアの食文化，12～276，平凡社，1985
2) 柴田 武，石毛直道 編：食のことば，ドメス出版，1983
3) 独立行政法人国立健康・栄養研究所 監修，田中平三，坂本元子 編：食生活指針，第一出版，2002
4) 独立行政法人国立健康・栄養研究所 監修，吉池信男 編：アメリカ人のための食生活指針，第一出版，2003
5) 太田康弘：食文化に関する用語集 調理の概念と分類 第2版，味の素食の文化センター準備室，1984
6) 中尾佐助：分類の発想，朝日新聞社，1990
7) 東京都衛生局公衆衛生部：東京都民の栄養状況，p.53～54，1986
8) 小野村正敏 訳(近藤光明 監修)：ヘリング料理辞典，三洋出版貿易，1975
9) 中華人民共和国商業部飲食服務管理局 編(中村時子 訳)：中国名菜譜，北方編，1972，東方編，西方編，南方編，1973
10) 川端晶子(大塚 滋，川端晶子 編)：調理文化学，p.139，建帛社，1996
11) 厚生労働省：国民健康・栄養調査結果，厚生労働省ホームページ，http://www.mhlw.go.jp
12) 食品成分研究調査会 編：五訂増補日本食品成分表，医歯薬出版，2006
13) 日本栄養士会 監修：生活習慣病予防と高齢者ケアのための栄養指導マニュアル，第2版，第一出版，2003
14) 多田羅浩三 編集：健康日本21推進ガイドライン，ぎょうせい，2003
15) 厚生労働省「日本人の食事摂取基準(2015年版)」策定検討会報告書：日本人の食事摂取基準(2015年版)，第一出版，2014
16) 第一出版編集部 編：厚生労働省・農林水産省決定 食事バランスガイド，第一出版，2005
17) 内閣府 編：平成18年版食育白書，時事画報社，2006

第4章
調理操作と調理器具

　本章では，エネルギー源，非加熱調理操作と非加熱用器具，加熱調理操作と加熱用器具について学ぶ．また，コールドチェーンシステムが定着し，温度帯別食品流通も浸透し，多様な機能のついた大型冷蔵庫も普及してきたので，冷蔵庫の機能と使い方を理解するとともに，新調理システムについても学ぶ．

A　食事づくりシステムと調理操作

1　調理の目的

① 食品素材を食べやすく，衛生的で安全な食べ物に調製する．
② 食品を選択し，組み合わせを考え，調理によって栄養素のバランスを整え，消化吸収をよくし，栄養効率を高める．
③ 外観(形，色など)，味，香り，テクスチャー(食感)，温度などを整えて嗜好性を高める．
④ 体調や咀嚼・嚥下機能に適応した食べ物に調製する．

2　食事づくりシステム

調理操作は，図4-1に示したように一連の食事づくりの流れのなかで行われる．
食事づくりは，食事設計，材料の準備，調理，配膳・供卓，後片づけまでの一連の流れによって進行する．調理過程ではさまざまな単位操作が行われるが，主要な操作は非加熱調理操作と加熱調理操作である．
調理は人間にとって文化現象の1つであり，文化圏によって調理操作にも特徴がある．現在，日常食のなかにも，和・洋・中華・エスニック料理がとり入れられ，折衷様式で食事が営まれている．

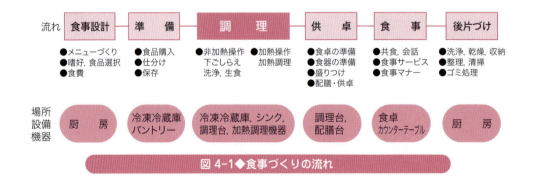

図4-1◆食事づくりの流れ

B エネルギー源

加熱調理用熱源として，古くから薪，木炭，石炭，灯油が使われていたが，最近はガスと電気がおもなエネルギー源である．各エネルギー源の発熱量を**表 4-1**に示した．

表 4-1 ◆エネルギー源の発熱量

種　類			発　熱　量
気　体	都市ガス　（天然ガス）	13A	$4.2 \sim 4.6 \times 10^7$ J/m^3
	（製造ガス）	6B	2.1×10^7 J/m^3
		6C	$1.8 \sim 2.1 \times 10^7$ J/m^3
		7C	$1.9 \sim 2.0 \times 10^7$ J/m^3
	プロパンガス		1.0×10^8 J/m^3
液　体	灯　油		4.6×10^7 J/kg
固　体	薪		$1.5 \sim 2.0 \times 10^7$ J/kg
	木　炭		$3 \sim 4 \times 10^7$ J/kg
	石　炭		$2 \sim 3 \times 10^7$ J/kg
その他	電　気		3.6×10^6 J/kW・h

注1）A，B，C は燃焼速度の類別
　2）13A は液化天然ガスを主原料とするもので，使用量は全国で最も多い

1 気体燃料

都市ガスとプロパンガスの性状の比較を**表 4-2**に示した．ガス漏れの際には，空気よりも軽い都市ガスは窓や戸を開けて換気し，空気よりも重いプロパンガスは，はたいて上部に拡散させて外に出す．ガス漏れ警報機の取りつけ位置は，軽い都市ガスは天井下 30 cm 以内，重いプロパンガスは床上 30 cm 以内とされている．各種ガス機器はガスの特性を生かしながら快適な生活環境をつくり出している．

1）ガス機器の高カロリー・機能性

テーブルコンロのハイカロリーバーナー，高速ガスオーブン，かまど炊き再現のガスコンロ炊飯器などが登場し，家庭用，業務用ともに高カロリー，多機能化が進んでいる．

2）ガ　ス　栓

安全装置のついたヒューズコンセント，FF（強制給排気）暖房などに便利なコンセントと一体化したガスコンセント，瞬間湯沸かし器に使用するコックなどがある．

3）安全装置

テーブルコンロには「立ち消え安全装置」，「天ぷら油火災防止機能（油の発火以前に自動

表 4-2 ◆都市ガスとプロパンガスの性状の比較

項　　目	都市ガス（東京ガスの 13A）	プロパンガス
発熱量	$4.2〜4.6×10^7$ J/m³	$1.0×10^8$ J/m³
比　重 （空気＝1 に対する重さ）	約 0.66	約 1.5（プロパンの場合） ・空気より重いため，漏れたガスは低部に滞留する
着火温度	680℃	510℃
燃焼範囲＝爆発範囲 （空気中における割合）	4.3〜14.4％	2〜10％ ・少量漏れても爆発の危険がある
ガス 1 m³ を燃焼させるのに必要な理論空気量 ガス 1,000 kcal を燃焼させるのに約 1 m³ の空気が必要	約 11 m³	約 24 m³
供給圧力	水柱 250〜100 mm	水柱 330〜200 mm
一酸化炭素	含まず	含まず
臭　い	・ガス自体は無臭であるが，安全対策のため付臭している	・付臭しているが，足元に滞留しやすく，臭いを感知しにくい

消火）」が，小型湯沸かし器には，「不完全燃焼防止装置」が装備されている．また，ガスメーターにマイコンが内蔵され，震度 5 程度の揺れ，ガス漏れ，異常流量を感知するとガスが自動的に止まるようになっている．そのほか，ゴム管がはずれるとガスが止まる「ガス栓ヒューズコック」，うっかり踏んでもガス流を止めない「ガスソフトコード」，高層住宅には耐震設計された配管や，緊急遮断装置などの安全処理が施されている．

2 液体燃料

　灯油，重油，アルコールなどがある．調理用としては，重油が業務用厨房の中華料理用バーナーの一部に，灯油，アルコールが携帯用燃料として使われている程度である．

3 固体燃料

1）薪

　一部に薪へのこだわりが残っている．たとえば，炊飯，製塩などの味に関するもの，暖炉，いろりなどで薪のはじける音や炎のゆらぎを味わうなど，感性とのかかわりを大切にする分野で関心がもたれている．

2）木　炭

　調理の世界では，木炭は現役である．うなぎの蒲焼き，焼き鳥，焼き魚，ステーキなどのテクスチャー（食感）を大切にする料理に使われている．

4 電　気

1) 電気エネルギーの特性

電気エネルギーは，光，熱，動力など多様なかたちに変換でき，制御性，操作性に優れている．また，クリーンで安全性が高い．電気の需要パターンは生活や産業活動を反映して変化し，夏期，冬期といった季節によっても変化する．電力需要はオフィスや工場，家庭のTVやエアコン需要が重なる昼間が最も多く，深夜から明け方が最低となる．

2) 電気の利用分野

電気分野で，とくに調理機器に関係があるのは熱分野と動力分野である．

■**熱分野**

① 電気ヒーターが発するジュール熱(抵抗発熱)による電気炊飯器，トースターなど．
② 渦電流のジュール熱(誘導発熱)による電磁調理器．
③ 周波数の非常に高い電波であるマイクロ波の誘電発熱による電子レンジ．
④ コンプレッサーで冷媒を液化または気化させて生じた熱または冷熱(ヒートポンプ)による冷蔵庫，エアコンなど．

■**動力分野**

電磁石が生じる磁力を利用するもので，モーターの回転による換気扇，ミキサーなどがある．

図4-2に食生活におけるエネルギー消費量を示した．1日1世帯当たりの食生活にかかるエネルギー使用量は7,660 kcalである．そのなかでもとくに冷蔵庫，ガスコンロ，湯沸かし器が，使用するエネルギーの86%を占めている．

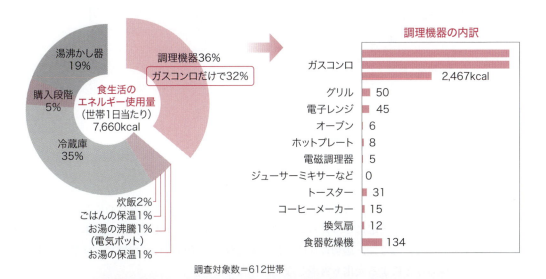

図4-2◆食生活におけるエネルギー消費量

((財)省エネルギーセンター資料，2003より)

C 非加熱調理操作と非加熱用器具

加熱調理操作以外の各種の物理的・機械的操作の総称をいう．非加熱調理操作は**表4-3**のように分類することができる．

表4-3◆非加熱調理操作の分類

操　作	内　　容
計量・計測	重量，容量，体積，温度，時間を計る
洗　浄	流し洗い，こすり洗い，もみ洗い，ふり洗い，さらし洗い，混ぜ洗い，とぎ洗い
浸　漬	戻　す…吸水，膨潤 浸　す…吸水，膨潤，あくぬき，塩だし，うま味成分の抽出，調味料の浸透，変色防止，水分の補給
切砕・成形	切　断…切る，きざむ，皮をむく，魚をおろす，けずる 成　形…のばす，固める
混合・撹拌	混ぜる…かき混ぜる，かき回す 和える…混ぜ合わせる こねる，練る，泡立てる
粉砕・磨砕	粉　砕…つぶす，砕く，裏ごしする，肉をひく 磨　砕…野菜をおろす，する
圧搾・ろ過	圧　搾…しぼる ろ　過…こす 粉をふるう
圧縮・伸展	圧　縮…押す，握る，詰める，伸ばす
冷　却	冷やす，冷ます
冷凍・解凍	冷　凍…凍らせる 解　凍…氷結晶を溶かす

1 非加熱調理操作

1）計量・計測

　計量・計測において，合理的に，また効率よく再現性をもたせるために各調理過程における食品の変化を正確にとらえることは，栄養管理を行ううえで，最も基本的な調理操作の1つである．とくに，適切に作成された栄養献立を実行に移す段階で，廃棄率や水さらし，水戻しなどによる変化も考慮しなければならない．
　日本食品標準成分表の成分値は可食部当たりの数値が示されているが，廃棄率も示されているので，食品の購入量を決めるに当たっては十分配慮する必要がある．

2）洗　浄

　洗浄，すなわち，洗う操作は一般に前処理段階で行われるが，生食する食品では，この操作が最終仕上げとなる．食品に付着している有害物，汚れなどの好ましくないものを除き，食品を衛生的で安全な状態にすることを目的として，調理の前段階で行われる操作である．食品によっては，塩水，酢水を用いる場合もある．洗うことによって，栄養成分（とくに水溶性ビタミン，ミネラル）の損失，うま味成分の溶失や吸水，膨潤，組織の変化も起こるので，食品に適した洗い方を選んで，合理的に行う必要がある．

　基本的な洗い方は水洗であるが，調理の目的によっては塩水，酢水を用いることがある．洗うときの水の状態には，流水，ため水，オーバーフロー式がある．調理に用いる洗浄水を**表 4-4** に，おもな食品の洗い方を**表 4-5** に示した．

表 4-4 ◆ 調理に用いる洗浄水

洗浄水		目　的	対　象
水	水のみ	・汚れを除く ・不味成分を除く	・汚れの少ないものや落ちやすいもの ・吸水性の強いものや組織が傷つきやすいもの
	冷水	・汚れを除く ・水の付着や吸水により，食品に張りをもたせる ・表面の物性や成分を変化させる	・鮮度を保たせたいものや組織をパリッとさせたいもの ・ゆでためんや野菜類
	氷水	・食品の物性や表面の成分を変化させる	・「あらい」のように，こい，すずき，たいなどの身を縮ませる
湯	温湯	・有害物を除く ・汚れを除く	・油性の汚れのついた調理器具や食器
	熱湯	・有害物を除く ・不味成分を除く ・食品の物性や表面を変化させる	・霜ふりや油抜きのように，臭みや脂肪を除く ・調理器具などの殺菌
塩水 （1～3%）		・汚れを除く ・不味成分を除く ・食品の物性や表面の成分を変化させる	・鮮度を保ったり，香りを引き立てたり，臭いやぬめりを除く
酢水 （10%前後）		・不味成分を除く ・食品の物性や表面の成分を変化させる	・魚介類やレバーなどの臭みを除く
洗剤水 （0.05～0.4%）		・有害物（農薬，細菌，寄生虫卵など）を除く ・汚れを除く	・油性の汚れや落ちにくい汚れがついているもの ・表面に凹凸が多く，入りくんでいるもの

表 4-5 ◆ おもな食品の洗い方

食品名	洗い方
魚類	・魚に付着する好塩菌，魚臭，血液，その他の汚れを除く ・丸のまま，流水でよく洗い，うろこ，えら，内臓を除いてから血液を丁寧に洗う ・水温は低いほうがよい ・手早く洗い，また，切り身にしたあとは洗わない ・あらいは身を引き締めるために，氷水を用いる
貝類	・あさり，はまぐりは海水(約3%)とほぼ等しい食塩水に漬け，しばらく放置し，砂を吐かせたあとで洗う ・しじみはボールまたは目の粗いざるに入れ，流水で貝と貝をこすり合わせて洗う ・むき身は塩をまぶして，こすり洗いする
肉類	・ほとんど洗うことはないが，特別に，内臓類は血抜き，臭み抜きのために流水で洗うか，水に漬けてさらす
穀類	・水中で撹拌しながら，または，比重を利用して不要なものを浮上，あるいは沈殿させて除去し，洗う
野菜類	・まず，土砂を落としたあとに洗う ・根菜類や茎菜類，果菜類は手やブラシなどで組織を破壊しない程度に摩擦を加えて洗う ・葉菜類は葉折れしたり，組織細胞を壊さないように注意しながら，できるだけ葉をほぐし，摩擦をさけて水中で振り洗いする ・水を数回換えて，すすぎを丁寧に繰り返す
乾物類	・水で洗うことによって，不純物を取り除くだけでなく，水に浸しながらやわらかくする目的をもつ
藻類	・こんぶは水洗いせず，ふきんで表面の砂などを落としてから用いる ・わかめは手早く冷水で洗い，食塩，汚れ，あくを除く ・ひじきは水に漬けて吸水させる

3) 浸 漬

　浸漬，すなわち，浸すとは，食品を液体に浸す操作であり，調理過程において多くの目的で広く利用されている．

　戻し　水分20%以下の穀類，豆類，乾物類などは，加熱前に水や湯に浸漬して十分に吸水させることにより熱伝導がよくなり，でん粉の糊化が早められる．寒天，ゼラチンなどは吸水，膨潤してから均一に加熱溶解する．一般に，食品の組成，組織の状態，浸水温度により吸水速度は異なる．吸水により組織は軟化し，破壊や成分の溶出へと変化するので，調理の目的に応じて好ましい状態にとどめることが必要である．**表 4-6** に乾物の水分含量と吸水量を示した．

表 4-6◆乾物の水分含量と吸水量

食品名	水分含量(%)	戻し方	戻したあとの重量(倍)
乾しいたけ(どんこ)	9.7	ひたひたの水に2時間浸す	5
素干しわかめ	12.7	水に10分浸す	14
凍り豆腐	8.1	60℃の湯に25分浸し，押ししぼる	6
ひじき	13.6	水に20分浸す	4
みついしこんぶ(日高)	9.2	水に15分浸す	2.5
切り干し大根	15.5	水に15分浸す	4.5
平ゆば	6.5	水に3分浸す	3
だいず	12.5	水に1晩浸す	2

あく抜き 食品成分中の不味成分，悪臭成分，色を悪くする成分，有毒成分などを総称して，「あく」とよんでいる．1つの食品中に多数の種類を含有している場合もある．あくは水溶性のものが多いので，調理に際しては，水，食塩水，アルカリ溶液，酢水，ぬか水などに浸漬する．おもなあくの種類と成分を表 4-7 に示した．

表 4-7◆おもなあくの種類と成分

	あく成分	おもな食品
えぐ味	ホモゲンチジン酸，配糖体，シュウ酸，無機塩類	たけのこ，わらび，ぜんまい，ふき，たで，さといも，こんにゃくいも，やつがしら，ずいき，アスパラガス，ほうれんそう，しゅんぎく，よもぎ，メロン
苦味	アルカロイド，配糖体，タンニン，サポニン，無機および有機塩類，糖やペプチドの誘導体，テルペン，アミノ酸	ふきのとう，くわい，山菜，なつみかん，グレープフルーツ
渋味	タンニン類，アルデヒド，金属類	かき，くり，未熟な果実や種子
その他褐変現象	ポリフェノール類	うど，ごぼう，れんこん，なす，やまのいも

水溶性ビタミンやミネラルの溶出 浸漬中にミネラルが溶出する．浸漬液の種類と浸漬時間の経過に伴う溶出率の変化について，しいたけを例に図 4-3 に示した．

テクスチャーの向上 野菜は，あく抜き，褐変防止などとともに，細胞内に水をとり込ませて歯切れや口当たりなどをよくする目的で，水や食塩水に浸漬することがある．野菜の細胞液濃度は，0.85％食塩水と等しい浸透圧をもっているので，高濃度の食塩水に浸すと張りを失い，水に浸すと張りがでて，パリパリ，シャキシャキしたみずみずしいテクスチャーになる(5章 p.135　図 5-17 参照)．

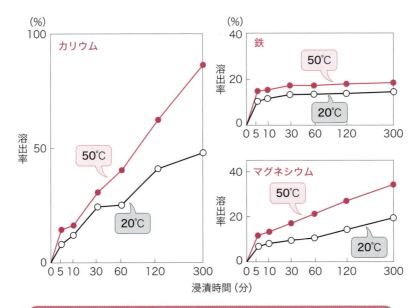

図 4-3 ◆ しいたけのカリウム,鉄,マグネシウムの溶出率の変化
(畑 明美,南光美子:京都府立大学学報(理学・生活科学),39:67,1986 より)

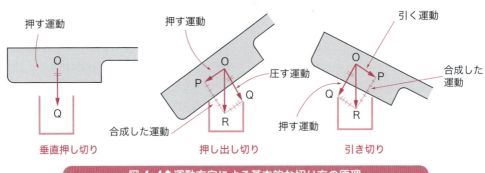

図 4-4 ◆ 運動方向による基本的な切り方の原理

4) 切砕・成型

切砕は,次のような目的で行われる.
① 食品の不可食部を除去する.
② 食品の形状,外観,大きさなどを整える.
③ 食品の面積を広げ,加熱時の熱伝導を向上させ,調味料の浸透をよくする.
④ 食品の歯ごたえや口当たりをよくする.

切り方 基本的な切り方には,垂直押し切り(豆腐などでは包丁を真下に下ろす),押し出し切り(根菜類では向こう側へ押し出して切る),引き切り(刺し身などでは手前へ引きながら切る)がある.図 4-4 に運動方向による切り方の原理を示した.そのほか回し切り,そぎ切り,かつらむき,叩き切り,むき切りなどのほか,切ったあとの形や状

態から名づけられたいろいろな切り方(たとえば，せん切り，さいの目切り，短冊切り，色紙切りなど)がある．最近は，ごぼう笹切り機，斜め切りスライサー，せん切り機，包丁切りと同等の切れ味と切り口を面線に与える回転包丁機もある．

成形 成形とは，食品固有の形に手を加えて，調理の目的に合わせて形を与えたり，整えたりする操作をいう．手だけで成形する方法には，巻く，包む，結ぶ，握る，丸めるなどの操作がある．押し枠，ライス型，菓子型，ゼリー型などの成形器具を用いることも多い．食品産業では，おにぎり成形機，いなりずし機，すしロボット，包みあん成形機，クレープ成形機，きんつば成形機などがある．

5) 混合・撹拌

混ぜる，かき回す，和える，こねる，泡立てるなどの操作がある．**表 4-8** に調理における混合・撹拌操作の目的とその例を示した．

表 4-8◆調理における混合・撹拌操作の目的とその例

目　的		調理の例
容器内の材料分布の均一化		寿司飯…飯，具，合わせ酢 炊き込みご飯…米，具，調味料 肉だんご，ハンバーグ…挽き肉，副材料，調味料 和え物…具，和え衣 天ぷらの衣…小麦粉，卵，水
調味料の浸透の均一化と促進		和え物…材料，和え衣 塩もみ…材料，食塩
温度分布の均一化	加　熱	ルウ…油脂，小麦粉，だし汁 煎り卵…全卵，油脂，調味料 炒め料理…材料，油脂，調味料
	放　熱	ゼリー類…フルーツゼリー，泡雪かん， 　　　　　水ようかん：寒天，カラギーナン，ゼラチン 寄せ物…アスピックサラダ 　　　　白身魚の寄せ物：寒天，カラギーナン，ゼラチン
物理的性状の変化	乳　化	マヨネーズ…卵黄，油脂，食酢，食塩，からし
	ドウの形成	パン…小麦粉，イースト，砂糖，油脂，ミルク，卵 うどん…小麦粉，食塩，水
	気泡の抱き込み	メレンゲ…卵白 ホイップドクリーム…生クリーム
	粘弾性の増強	かまぼこ…生地をこねながら粘りをだす

混合・撹拌に用いる器具
道具●へら，泡立て器
機器●ジューサー，ミキサー，フードミキサー，らいかい機，混捏機

6）磨砕・粉砕

　磨砕・粉砕とは，食品を細かく砕いて，粉末状またはペースト状，パルプ状にする操作である．とくに，乾燥食品を粉末状にすることを粉砕，水分を含むものをペースト状にすることを磨砕という．**表 4-9** に調理における磨砕・粉砕の目的とその例を示した．

表 4-9◆調理における磨砕・粉砕の目的とその例

	目　的	調 理 の 例
磨砕	食品の組織の破壊	・水分の多い食品をすりつぶしたりする場合に，酵素の破壊によって褐変が生じやすい食品は，空気中の酸素の取り込みを少なくするよう心がける ▷りんごのおろし，だいこんおろし，もみじおろし，たたきごぼう
	食品の粘着力の増加	・細菌汚染に気をつける ▷挽き肉，魚肉のすり身
	風味の増加	▷あたりごま，ピーナッツペースト，くるみ
	辛味の増加	▷わさびおろし
	物性の改良	▷みそ，豆腐，マッシュポテト
粉砕	組織の細分	▷コーヒー
	消化率の増加	▷きな粉
	利用率の拡大	▷そば粉
	物性，風味の向上	▷こしょう，とうがらし，さんしょう

磨砕・粉砕に用いる器具
道具●おろしがね，すり鉢，ポテトマッシャー
機器●ジューサー，ミキサー，フードカッター，フードミキサー

7）圧搾・ろ過

　圧搾・ろ過とは，しぼる，こす，ふるう，握る，押す，伸ばすなどの操作をいう．**表 4-10** に調理における圧搾・ろ過の目的と調理例を示した．

8）冷却・冷蔵・凍結・解凍

　冷却　冷却とは，食品を冷水や氷水，あるいは冷蔵庫などを用いて冷やすことをいい，食品中の水分は凍結させない．自然に温度を下げることを「冷ます」という．対象となる食品を空気，水，氷などの冷媒に接触させることにより，熱エネルギーの移動を起こさせる操作である．冷却することによって，食品の保存性の向上，冷却によるゲル化，性状や成分変化の抑制，色，味，香りなどを向上させる効果がある．

　冷蔵　冷蔵により，食品の自己消化酵素の活動，腐敗菌の繁殖速度が低下する．品質は保存温度時間の経過に伴い劣化するが，冷凍と異なり食品の組織破壊がないので，短時間の貯蔵であれば，冷蔵庫を利用したほうがよい（冷蔵庫　→p.107 参照）．

表4-10◆調理における圧搾・ろ過の目的とその例

目的		調理の例
しぼる	・組織を磨砕し，汁液をしぼる ・ゆでた葉菜類の水気を切る ・食塩を振りかけてしんなりとさせ，調味料を吸いやすくする	・果汁（ジュース） ・浸し物 ・だいこん，にんじん，きゅうりの酢の物
こす	・不溶部分の除去 ・材料の均質化，細分化	・だし汁，コーヒー，茶 ・卵液，ゆで卵，豆腐，あん
ふるう	・粉の粒子間に空気を抱き込ませる	・小麦粉
握る(成形) 包む(手で成形) のす(力を加えてのばす) 結ぶ 巻く 丸める		・寿司，いも・かぼちゃの茶巾しぼり ・ぎょうざ，しゅうまい ・めん，パイ皮，ぎょうざ，しゅうまいの皮 ・結びきす(椀種)，結び昆布(福茶) ・巻き寿司 ・だんご，あん
押す	・型に入れて押す ・おもしをして，脱水・浸透	・押し寿司 ・漬物
詰める	・食品を型に詰める ・食品自体を型につくり，詰め物を入れる	・ライス型を利用した炊き込みご飯 ・スタッフドオリーブ，スタッフドトマト，スタッフドエッグ

圧搾・ろ過に用いる器具

道具●しぼり出し布，のし棒，ライス型，菓子型，こし器，粉ふるい，のし板，めん棒，おもし，簡易漬物器
機器●ジューサー

凍結 凍結させることにより，食品の温度が氷点下に下がるので，微生物の発育阻止，自己消化の抑制(酵素の活性抑制)により鮮度を維持することができる．また，加工に用いて氷菓をつくったり，凍結させることにより脱水加工などの効果も期待できる．

急速凍結と緩慢凍結 食品の温度を徐々に下げていくと，−5℃〜−1℃が維持され，遊離水のほとんどが氷結晶になるところまで温度が低下する．この温度帯を最大氷結晶生成帯といい，この温度帯を30分以内で通過する場合を急速凍結という．

緩慢凍結では，氷の結晶が大きく成長して食品の組織を傷め，表面の水分が凍結して氷の壁をつくり，凍結が遅れるだけでなく，食品の表面ばかりか，内部も乾燥する．解凍時に表面に集中している水分が融解し，ドリップ現象を生じるため，複合的に品質は劣化する．

市販の冷凍食品は急速凍結法でつくられる．−23〜−18℃で輸送，貯蔵され，8〜24か月保存が可能である．家庭内の冷凍庫では時間がかかるため，緩慢凍結になる．家庭では，解凍時にドリップが少ないもの(パンやもち)，無定形で組織破壊の恐れのないもの(ブイヨン)，直接加熱する半調理品などが凍結に適している．

表4-11に解凍方法の種類と適応する冷凍食品の例を示した．

表 4-11◆解凍方法の種類と適応する冷凍食品の例

解凍の種類		解凍方法	解凍機器	解凍温度	適応する冷凍食品の例
緩慢解凍	生鮮解凍 凍結品を一度生鮮状態にもどしたあと調理するもの	低温解凍	冷蔵庫	5℃以下	魚肉, 畜肉, 鶏肉, 菓子類, 果実, 茶わんむし
		自然(室温)解凍	室内	室温	
		液体中解凍	水槽	水温	
		砕氷中解凍	水槽	0℃前後	肉類
急速解凍	加熱解凍 凍結品を煮熟または油ちょう食品に仕上げる 解凍と調理を同時に行う	熱空気解凍 (オーブン解凍)	自然対流式オーブン, コンベクションオーブン, 輻射式オーブン, オーブントースター	150～300℃ (高温) 電気, ガスなどによる外部加熱	グラタン, ピザ, ハンバーグ, コキール, ロースト品, コーン, 油ちょう済食品類
		スチーム解凍 (蒸気中解凍)	コンベクションスチーマー, 蒸し器	80～120℃ (中温) 電気, ガス, 石油などによる外部加熱	しゅうまい, ぎょうざ, まんじゅう, 茶わんむし, 真空包装食品(スープ, カレー), 野菜類
		ボイル解凍 (熱湯中解凍)	湯煎器	80～120℃(中温) 同上	(袋のまま) 真空包装食品のミートボール, 酢ぶた, うなぎ蒲焼き (袋から出して) 豆類, ロールキャベツ, 野菜類, めん類
		油ちょう解凍 (熱油中解凍)	オートフライヤー, あげ鍋	150～200℃ (高温) 同上	フライ, コロッケ, てんぷら, から揚げ, ぎょうざ, しゅうまい, フレンチフライポテト
		熱板解凍	ホットプレート(熱板), フライパン	150～300℃ (高温) 同上	ハンバーグ, ぎょうざ, ピザ, ピラフ
	電気解凍 生鮮解凍と加熱解凍の2面に利用される	電子レンジ解凍 (マイクロ波解凍)	電子レンジ	低温または中温	生鮮品, 各種煮熟食品, 真空包装食品, 野菜類, 米飯類, 各種調理食品
	加圧空気解凍 主として生鮮解凍	加圧空気解凍	加圧空気解凍器		大量の魚肉, 畜肉

((社)日本冷凍食品協会:業務用冷凍食品取扱マニュアル&給食メニュー集, p.25, 2005より)

2 非加熱用器具

　非加熱調理操作には下ごしらえとして行う操作が数多くある．そのための器具の種類も多い．**表4-12**に非加熱用器具の分類と器具名を示した．

表4-12◆非加熱用器具の分類と器具名

分　類	器　具　名
計量用器具	はかり，計量カップ，計量スプーン，温度計，タイムスイッチ，時計
洗浄用器具	洗い桶，水切りかご，ざる，たわし類，ふきん，ビン洗い，コップ洗い，食器洗い機，食器乾燥機，洗米機
切砕用器具	包丁（刺し身，菜切り，出刃，フレンチ，スライサーなど），まな板，皮むき，卵切り，パイ切り，チーズ切り，細切り器，ポテトカッター，料理ばさみ，かつお節削り器，氷かき，フードカッター，フードスライサー
混合・撹拌用器具	泡立て器，しゃくし，しゃもじ，へら，フライ返し類，ハンドミキサー，シェーカー，菜箸，フードプロセッサー，フードミキサー，ケーキミキサー，らいかい機
磨砕用器具	おろしがね，チーズおろし，すり鉢，すりこ木，ごますり器，ポテトマッシャー，ミンチ，ミキサー（ブレンダー），ジューサー，ミートチョッパー
ろ過用器具	裏ごし器，粉ふるい，みそこし，すいのう，茶こし，シノア（スープこし），パソワ（金網油こし），ジャリエン（油きり）
成形用器具	のし棒（めん棒），のし板，肉たたき，押し枠，ライス型，菓子型，抜き型，しぼり出し，すだれ，巻きす

1）計量用器具

　調理を計画的，合理的に行うために，また，栄養管理の点からも計量は欠くことのできない基本的な操作である．

重量計器　バネ式の台秤やデジタル表示の電子天びんなどがある．目的に合った秤量（測定可能な最大量）と感量（最小目盛）の秤を選ぶ．家庭用では秤量2 kgまたは1 kg（感量は10 gまたは5 g）が一般的であるが，食事療法では秤量100 g（感量1 g）の精度が必要である．栄養価を計算する場合には，食品の廃棄率を測定する必要がある．平均的な廃棄率は日本食品標準成分表にも記されているが，各食品の廃棄率は次式により算出する．

$$廃棄率(\%) = \frac{廃棄部重量}{全重量} \times 100$$

容量計器　液体や少量の粉体の食品は容量で量ることが多い．計量スプーン（5 mL，15 mL）と計量カップ（200 mL，500 mL，1,000 mL）がある．

時　計	時間の計測には，壁面の見やすいところに時計を掛けたり，タイマー(タイマースイッチ)を利用すると便利である．
温度計	アルコール温度計は70℃以下で用いる．氷点以下の計測にも適している水銀温度計は100～300℃の測定に用いる．バイメタル温度計は，揚げ物用機器やオーブンなどに組み込まれている．熱電対温度計の測定温度範囲も氷点以下から数100℃と広く，精度も高く，感応も速い．デジタル表示のものは温度が見やすい．

2) 洗浄用器具

食品や食器類を洗浄するための器具である．

食器洗い乾燥機　食器洗い乾燥機は，食器や器具を自動的に洗浄，すすぎ，乾燥という工程で洗浄を行う．食器洗い乾燥機のしくみを図 4-5 に示した．食器を入れるタンク内の洗浄水(約 3～4 L)を洗浄ポンプで加圧して，洗浄ノズルから勢いよく噴出させるスプレー噴射洗浄方式(タンク内循環)が採用されており，洗浄後は，送風とヒーターにより強制排気乾燥を行う．これら洗浄 →すすぎ →乾燥の各工程は，食器をセットし洗剤を投入後，スタートスイッチを押すと自動的に乾燥完了まで行われる．運転プログラムはマイコンにより実行される．

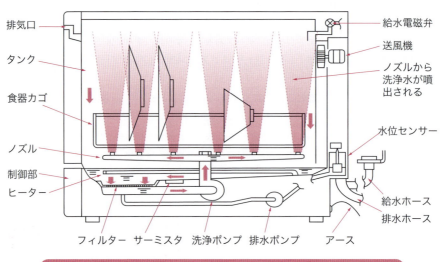

図 4-5◆食器洗い乾燥機のしくみ

3) 切砕用器具

包丁は料理様式によっていろいろな種類がある．食品の種類や切砕の目的によって使い分けることが大切である．まな板は水に強く，傷や汚れがつきにくく，包丁当たりのよいかたさが必要である．ひのき，ほう，いちょうなどの木製と，合成樹脂製などがある．

フードカッター　フードカッターは，野菜や肉，魚，果物類をみじん切りにする．乾燥したパンやクラッカーなどを使ったパン粉づくりにも用いられる．

フードスライサー フードスライサーは、レタス、キャベツなどの葉菜類やかまぼこ、ソーセージなどの練り製品、いかなどのスライスに用いられる．

4）混合・撹拌用器具

混ぜるための道具で，しゃくし，しゃもじ，へら，フライ返しなどがある．泡立て器やハンドミキサー(手動，電動)は，撹拌によって空気を巻き込むように，茶せん型やたわし型に鉄線が巻いてある．

フードプロセッサー フードプロセッサーは，切砕，混合，泡立てなどを兼ね備えた機器である．

らいかい機 らいかい機は，魚肉をすりつぶす機械である．撹拌，すりつぶし，混合を同時に行う．

5）磨砕用器具

食品を粉砕したり，さらに細かくすりつぶして食べやすくしたり，風味や粘りを増強することを目的としている．おろす(おろしがね，チーズおろし)，する(すり鉢，すりこ木，ごますり器)，つぶす(肉挽き器，ポテトマッシャー)，粉砕する(ミキサー，ジューサー)などがある．

6）ろ過用器具

茶こしやシノアのように固形物と液体を分離するものや，粉ふるいのように，ふるい目をとおる微細なものと，それ以上の大きいものを分離する器具などがある．裏ごしやみそこしは，へらなどで押しつけて組織をつぶし，同時に繊維や皮などを分離する．

7）成形用器具

圧縮したり，型を用いて形を整えるために用いる器具で，伝統的なさまざまな成形器具がある．のばす(めん棒，のし板)，たたく(肉たたき)，型を抜く(押し枠，ライス型，抜き型，菓子型)，巻く(すだれ，巻きす)，しぼり出しなどがある．

D　加熱調理操作と加熱用器具

1　加熱の科学

1）調理における加熱の意義

加熱とは，食品に熱を加えていろいろな変化を起こさせ，食べ物として好ましい状態にすることをいう．加熱の目的は，おいしく食べることができ，また，体内での消化吸収率を高めること，食品衛生上も安全な状態にすることであり，調理操作のなかで中心的役割をもつ重要な操作である．食品を加熱すると，でん粉の糊化，たんぱく質の熱変性，脂肪の融解，分解などの成分の変化，微生物の死滅，酵素の失活，組織の軟化など，さまざまな変化が起こる．これらの変化は食品の消化吸収率を高め，安全性を確保するものであり，同時に色，香り，味，テクスチャー（食感）などにも影響を与え，嗜好性を高める．一方，加熱中には溶出による成分の損失や，加熱しすぎによるテクスチャーの好ましさの低下なども起こる．それぞれに適した加熱条件を把握することが大切である．

加熱調理操作の種類を**表 4-13** に示した．

2）熱の伝わり方

3 種の伝熱様式　加熱によって食品の温度が上がるのは，熱の移動によってその食品を構成している分子の運動が激しくなり，分子のもつ運動エネルギーが大きくなるためである．食品の外に熱源がある場合は，まず高温の物体から低温の食品への熱

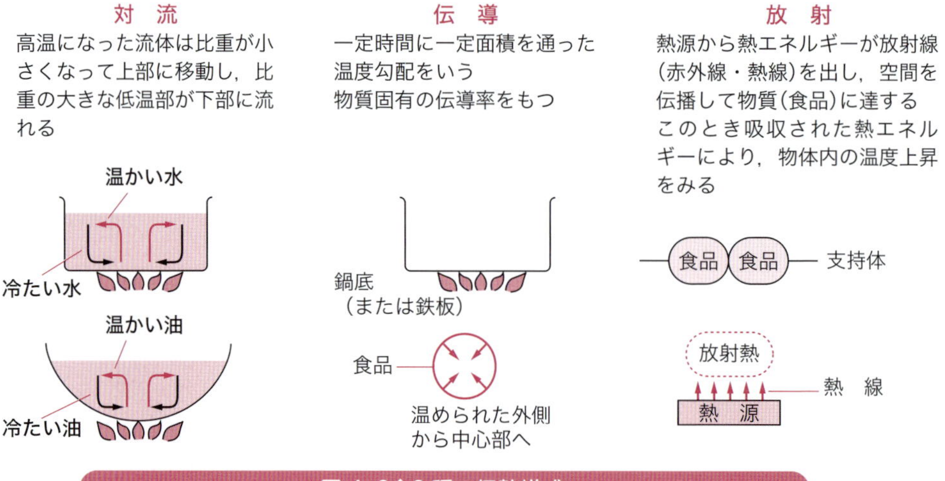

対　流
高温になった流体は比重が小さくなって上部に移動し，比重の大きな低温部が下部に流れる
温かい水
冷たい水
温かい油
冷たい油
伝　導
一定時間に一定面積を通った温度勾配をいう
物質固有の伝導率をもつ
鍋底
（または鉄板）
食品
温められた外側から中心部へ
放　射
熱源から熱エネルギーが放射線（赤外線・熱線）を出し，空間を伝播して物質（食品）に達する
このとき吸収された熱エネルギーにより，物体内の温度上昇をみる
食品
食品
支持体
放射熱
熱　線
熱　源

図 4-6◆3 種の伝熱様式

熱が食品に移動する仕組みには上記の 3 つがあり，調理ではこれが単独か，2 つ，もしくは 3 つが組み合わされる

表 4-13◆加熱調理操作の種類

加熱法			熱を伝える媒体	おもな伝熱法	温度(℃)	調理	
						おもな調理名	類似の調理名
外部加熱法	湿式加熱	ゆでる	水	対流	100	ゆで物	汁物
		煮る	水(調味液)	対流	100	煮物	煮込
							鍋物
		蒸す	水(蒸気)	対流(凝縮)	最高100 食品により 85〜90	蒸し物	蒸し煮
		炊く	水	対流	100	炊飯	
	乾式加熱	焼く 直火	(空気)	放射(輻)	200〜300	焼き物	煎り煮
		間接	金属板など	伝導	200〜300		煎り物
		オーブン	空気,金属板など	対流,伝導,放射	130〜280		蒸し焼
							炒め焼
		炒める	油,金属板など	伝導	150〜200	炒め物	炒め煮
		揚げる	油	対流	150〜190 食品により 120以上	揚げ物	揚げ煮
	電磁誘導加熱	煮る 蒸す 焼く(間接) 揚げる	磁力線に変換させた電気エネルギーをまず鍋底に与え,発熱は鍋底自身で行わせる [電気(磁力)エネルギー →鍋底 →熱エネルギー]			①長時間とろ火の加熱調理 ②蒸し物 ③直火以外の焼き物 ④揚げ物では油の温度を安定化しやすい	
内部発熱法	誘電加熱	煮る 蒸す 焼く	電子レンジ加熱のことである 2,450 MHzのマイクロ波を照射し,分子の回転摩擦が熱運動のエネルギーとなり,食品の内部温度を上げ,その結果,加熱される			①加熱・再加熱調理(煮物,蒸し物,焼き物) ②下ごしらえとしての加熱調理 ③解凍調理	

移動が起こり,つづいて食品内部で高温側から低温側へと熱移動が起こる.熱の伝わり方には伝導,対流,放射があり,実際の加熱では,これらの現象が部分的に組み合わされる.温度上昇に伴って起こる食品の変化にはその反応速度が関与する.一般に反応速度は反応する物質の量(濃度)に比例し,その速度定数は温度に依存するため,温度が高いほど,また,加熱の初期ほど急激な変化が起こりやすい.3種の熱の伝わり方の模式図を図4-6に示した.加熱調理の「こつ」や「かん」といわれるものは,加熱による食品の変化が適度になった時点ですみやかに加熱の調節をする技術ともいえる.

電磁誘導加熱 電磁誘導加熱を調理用加熱に利用したのが電磁調理器である.通常の調理器はガス,電気などのエネルギーを熱エネルギーに変換してから鍋底に送るが,電磁調理器は電気エネルギーを磁力線に変えてまず鍋底に与え,発熱は鍋底自身に行わせるという特徴をもつ(p.102 参照).

誘電加熱 誘電加熱を利用した調理用器具が電子レンジである．わが国では，周波数 2,450 MHz，波長 12.2 cm のマイクロ波を食品に照射することによって加熱する方法が利用されている(p.103 参照)．

2 湿式加熱

1) ゆでる

多量の水の中で食品を加熱する操作である．個々の食品がもつ特性である風味を生かすように配慮する．ゆでて，そのまま食べるものと，調理の下ごしらえとして行われるものがある．

目 的
① 食品素材に含まれている不味成分や不快臭を除き，風味を向上させる．
② 加熱によって衛生的に安全なものにする．
③ 色彩を鮮やかにする(青菜は熱湯から入れると鮮やかな緑色になる)．
④ 酵素の活性を抑制する(褐変現象を防ぐ)．
⑤ 吸水，脱水，油抜きなどを行う．
⑥ 組織をやわらかくして，食べやすくする．
⑦ でん粉を糊化し，食べやすく，消化をよくする．
⑧ たんぱく質の熱凝固を行う一方，やわらかくする．

ゆで方 水に入れてゆでる場合と，湯または沸騰水に入れてゆでる場合がある．ゆでる効果をより高めるために，食塩，食酢，重曹(炭酸水素ナトリム)，でん粉，酒，香味野菜，香辛料，牛乳などを加える場合がある．

表 4-14 にゆで方の違いとその例を示した．

表 4-14◆ゆで方の違いとその例

媒 体	材料の種類	調理法とその理由
水からゆでる	根茎菜類	・長時間を要する加熱やあく抜きは，常温からゆでるのがよい
		・でん粉を多く含むものは，均一糊化をはかる
	乾物類	・温度上昇に伴う十分な吸水が行えるとともに，加熱ができる
	卵(殻つき)	・熱湯に入れると殻割れを起こしやすいので，水から入れて，徐々に殻の内部温度を高める
	肉・魚介類	・うま味成分を抽出したり，あくの成分を除く
湯または沸騰水でゆでる	葉菜類	・色彩の保持には短時間が望ましい
		・沸騰水に入れ，軟化しすぎないためにも短時間加熱がよい
	めん類	・沸騰水に入れ，表面の糊化をはかり，形を保つことを心がける
	肉・魚介類	・表面のたんぱく質の熱凝固により，うま味成分の溶出を防ぐ
	卵(殻なし)	・早く加熱凝固させる(例：ポーチドエッグ，かきたま汁)

2）だしをとる

　常温または加熱した水の中で，うま味成分を多く含む食品から，うま味成分を抽出することをいい，その抽出液を「だし」という．だしのとり方は用いる材料によって異なるが，うま味成分のみをなるべく効率よく抽出し，不味成分が抽出されないように工夫することが大切である．**表 4-15** にだしの材料およびだしのとり方を示した．

表 4-15 ◆ だしの材料およびだしのとり方

	材　料	よび名	抽 出 成 分	だしのとり方
和風	かつお節	だし	イノシン酸を主体とする核酸関連物質，各種遊離アミノ酸，有機酸，有機塩基，糖類など	水が沸騰したら，うすく削ったかつお節を入れ，約1分加熱後火を止めて，上澄み液を用いる
	こんぶ		グルタミン酸ナトリウムを主体とするアミノ酸類，マンニットなどの糖アルコール類	水だし法は，水にこんぶを入れて，30〜60分浸す 加熱法は，水から入れて沸騰直前に取り出す
中華風	豚肉，鳥がら，ねぎ，しょうが，酒	湯（タン）	各種遊離アミノ酸，ヌクレオチド，有機塩基，有機酸，ほかに溶出ゼラチン，溶出脂肪など	でき上がり水量の2倍の水に豚肉，鳥がら，ねぎ，しょうがなどを入れ，火にかけて沸騰前に弱火にし，酒を入れ，1〜2時間加熱し，あくや脂肪を除く
洋風	牛すね肉，鳥がら，たまねぎ，にんじん，香草，食塩	スープストック（英） ブイヨン フォン （仏） フュメ	各種遊離アミノ酸，ヌクレオチド，有機塩基，有機酸，ほかに溶出脂肪など	すね肉，骨などは冷水にさらして血や汚れを除く 野菜は1 cmぐらいの厚さに切る でき上がり水量の2倍の水を加えて強火で加熱する あくを取りながら弱火で1〜2時間加熱し，こす

3）煮　　る

　煮るとは一般に，調味料の入った煮汁の中で加熱と調味を目的とする操作である．煮汁中の熱移動は対流によって行われ，食品は煮汁の熱を，伝導によって外部から内部へと伝達しながら加熱される．加熱中，食品を完全に覆うだけの煮汁の量がない場合には，沸騰によって断続的にかぶる煮汁と，煮物から発生する蒸気の熱によって加熱される．

日本料理様式煮物　煮物は和食の代表的調理法である．
表 4-16 に煮物の種類とその調理法の例を示した．

中国料理様式煮物　中華風煮物は種類も多く，前段階として蒸す，炒める，揚げるなどの加熱処理を経たのちに，煮込むという複合調理操作が多い．汁の量，火加減，加熱時間，調味法によりさまざまな名称が用いられている．肉類，魚介類，野菜類などの材料から溶出する呈味成分，風味，香りと調味料が混然一体となって仕上がるので，見た目も味つけも重厚である．煮汁に溶出した各種の成分も利用するので，栄養的に

表 4-16◆煮物の種類とその調理法の例

煮物の種類(例)		調理法
煮汁を適量残す	含め煮	・煮くずれやすい材料の形,色を保ちながら,うす味の汁の中でゆっくりと味を含ませる(例:さといもの含め煮)
	煮込み	・比較的大切りにして,たっぷりとした煮汁で,ゆっくりと煮込む(例:おでん)
	煮浸し	・さっと煮た材料に改めて煮汁を張り,浸す(例:青菜の煮浸し)
	くず煮	・煮汁にでん粉を加え,熱処理して材料にからめる(例:吉野煮)
	青煮	・緑色を美しく仕上げるために,一度煮立った汁と食品を別々に冷まし,冷めたら再び煮汁に漬けて味を含ませる(例:さやえんどうの青煮)
	甘煮	・甘味を主体にした煮物で,照りよく煮上げる(例:しいたけの甘煮)
	煮こごり	・魚の煮汁を冷やし固める
	その他	・スープ煮,トマト煮,クリーム煮など,煮汁に加えた材料で特徴をつけた煮物もある
煮汁をほとんど残さない	煮付け	・おもに魚で,調味液を煮立てた中でさっと煮る(例:かさごの煮付け)
	うま煮	・野菜,魚介類,肉などの材料を甘辛く濃い味に仕上げた料理(例:鶏肉のうま煮)
	煎り煮	・材料に調味料を加えて,熱処理しながら撹拌し,水分の蒸発を促し,ほぐす(例:うの花の煎り煮)
	炒め煮	・材料をあらかじめ油で炒めてから,調味料を加えて短時間に煮る(例:炒り鶏)
	揚げ煮	・材料を油で揚げてから煮る(例:なすの揚げ煮)

も優れた調理法である.また,材料と調味料の組み合わせにもあまり制約がないので応用性が高い.

西洋料理様式蒸し煮 洋風煮物では,蒸し煮が多い.蒸し煮とは,食品に煮汁(水,だし汁,ワインまたはうすいソース)を加えて,ふたで密閉して弱火でゆっくり煮あげる調理法である.食品のうま味を封じ込め,おいしく,やわらかく仕上げることができる.蒸し煮の模式図と蒸し煮の方法を図 4-7 に示した.

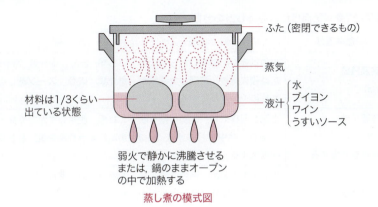

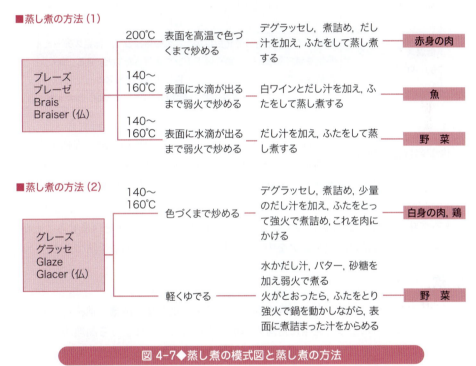

図 4-7◆蒸し煮の模式図と蒸し煮の方法

4）蒸　す

　蒸気の中で食品を加熱する操作である．水蒸気が食品に触れると食品の表面で液化する．このとき熱を放出し，食品は加熱される．水滴となった水はもとへ戻り，再び気化する．これを繰り返して加熱状態が続けられる．水滴は，穀類のように水分の少ないものには吸収されて，食品の水分は増加するが，魚介類や葉菜類のように水分の多い食品では，脂肪や水分，そのほかの水溶性物質は溶出する．

　表 4-17 に蒸気温度による蒸し方の分類を示した．

表 4-17 ◆ 蒸気温度による蒸し方の分類

加熱温度	方法	例
高温持続 100℃	火力は強く，沸騰したら中火または強火持続，密閉して蒸気がもれにくいようにする	いも類，まんじゅう類，冷や飯，魚介類，肉類，スープ蒸しなど
高温持続 100℃ 補水を考慮する	上記と同様にし，最初に霧を吹いたり，途中で打ち水を 2～3 回実施する	こわ飯，脱水してかたくなったまんじゅうや冷や飯，もち類など
低温持続 80～90℃	火力を極力弱め，沸騰直前くらいの温度を維持，またはわずかにふたをずらす	希釈卵液の料理(たまご豆腐，茶わん蒸し類) 膨張しすぎるもの(しんじょ蒸し)
低温スチーミング* 60～90℃	蒸気ボイラーを用いて発生した蒸気を減圧制御し，100℃以下の低温で蒸す	1 次加熱として，低温スチーミングを行ったあと，煮る，焼く，揚げるなどで料理を仕上げる

*(平山一政：日本調理科学会誌，30：381, 1997 より)

中国料理様式蒸し物　中華風蒸し物の「蒸(ジョン)」は，中華鍋に湯を沸騰させ，その上に竹製の蒸し器(せいろう)をのせて材料を入れ，下からあがる蒸気で加熱する．利用する温度は 85～100℃である．「蒸」の長所は，材料の表面が乾燥しにくく，比較的色を損なわず，「煮」の操作に比べて形がくずれにくいことである．また，汁が煮詰まって味が変わったり，焦げつくことなく十分に火をとおして味を含ませることができる．蒸すという調理法は，東アジアを中心に利用されている特徴的な手法である．

5) 炊　く

米に水を加え，加熱しながら吸水させ，組織を軟化させ，沸騰を継続してでん粉の糊化を行い，蒸らしによって完全に遊離の水がなくなるように仕上げる調理法である．「炊く」という言葉は，米以外の食品を水または調味液の中で加熱する場合にも用いられ，豆を炊く，鶏の水炊き，野菜の炊き合わせなどの例がある．炊飯法には，大別して「炊き干し法」と「湯取り法」があるが，わが国では炊き干し法が広く利用されている．この炊飯条件では，米のとぎ方，水加減と浸漬時間，火加減と加熱時間，蒸らし加減などが，でき具合を左右する．熱効率がよく，熱応答性も高い電磁誘導加熱(induction heating, IH)方式の炊飯器が開発され，広く利用されている．

図 4-8 に IH ジャー炊飯器による炊飯の原理を示した．

前炊き　米に水を吸収させる浸漬工程に相当する．米は浸漬温度が高いほど早く水を吸収するので，浸漬の温度を上げて時間を短縮する．温度を上げるとアミラーゼ活性を高めるので，還元糖の生成を促進し，食味が向上する．マイコンが温度をコントロールして，浸漬時間を短縮している．

炊き上げ　炊き上げは「中パッパ」の部分で，強火で一気に加熱する．沸騰点まで早く温度を上げないと，ごはんがくずれたり，対流が弱いと炊きむらの原因となる．そ

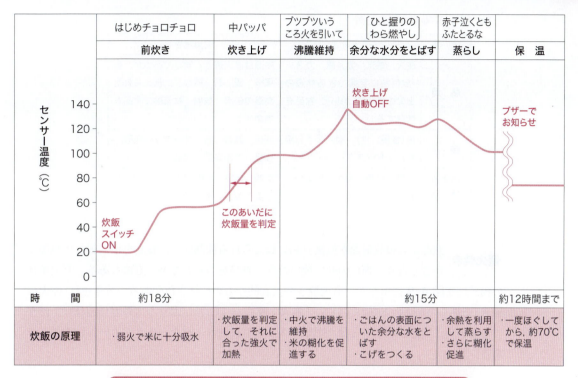

図 4-8◆IH ジャー炊飯器による炊飯の原理

（平田孝一：炊飯技術の完全マニュアル，p.24，グレイン S・P，2002 より）

こで，センサーの温度上昇速度によって炊飯量を判定する．

沸騰維持　「ブツブツいうころ火を引いて」というのがこの時期で，炊きあげ時に判定した炊飯量に応じて最適火力で沸騰を維持する．

蒸らし　蒸らしは，追い炊きともいう．蒸らしのあいだにさらに糊化が進むので，内部温度が下がらないようにすることが重要である．かまどでごはんを炊くとき，「ひと握りのわらを燃やす」というのは，米粒の表面の水分を蒸発させ，張りのあるごはんにするためである．炊飯量による火力調整を行うのは，沸騰維持と追い炊きの部分である．米のでん粉の糊化には一定の時間（98℃で 20 分間）が必要である．少量炊飯では沸騰維持のときに火力を下げて必要な沸騰時間を確保している．追い炊き時の火力も炊飯量に応じて調節し，どのような炊飯量でもおいしく炊けるように調節してある．

3 乾式加熱

1）焼　く

　焼くとは，食品を直火または熱した鉄板，陶板，石，オーブンなどで加熱する操作である．人類が火の発見とともにはじめた最古の調理法である．新鮮な食品のもち味を生かすのに適した調理法である．焼き方の分類を**表 4-18** に示した．

表 4-18 ◆ 焼き方の分類

分　類	直火焼き	間接焼き
熱　源	炭火，電気，赤外線，ガス火（放射熱に変換できる熱源の上にのせる）を用いて，食品を加熱する	熱源は直火焼きと同じであるが，金属板，鍋，石，砂などに伝えられた高温の伝導，放射，対流熱で食品を加熱する
器　具	串（金属，竹），網，つるし用かぎ，トースター	鉄板，鉄鍋，石，オーブン，灰砂，杉板，アルミ箔，和紙
適する食品	魚類，貝類，肉類，野菜類，もち，くり	魚類，貝類，肉類，卵類，きのこ類，小麦粉製品，果実類

直火焼き　熱源からの放射熱が直接食品に伝えられる加熱法で，食品を串に刺して熱源にかざしたり，網にのせて焼いたり，食品をつるして焼く方法もある．直火焼きの模式図を図 4-9 に示した．直火焼きの代表的なものに焼き魚がある．焼き魚は「強火の遠火」で焼くのがよいとされている．「強火で焼く」とは，たっぷりと赤外線（放射熱）を使うことをいい，「遠火で焼く」とは，燃焼ガスには直接触れさせないほうがよいということである．

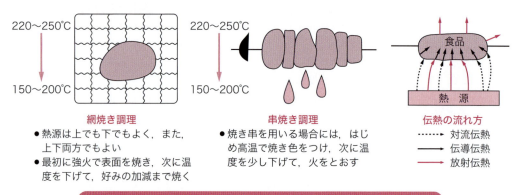

網焼き調理
- 熱源は上でも下でもよく，また，上下両方でもよい
- 最初に強火で表面を焼き，次に温度を下げて，好みの加減まで焼く

串焼き調理
- 焼き串を用いる場合には，はじめ高温で焼き色をつけ，次に温度を少し下げて，火をとおす

伝熱の流れ方
- ‥‥▶ 対流伝熱
- ─▶ 伝導伝熱
- ─▶ 放射伝熱

図 4-9 ◆ 直火焼きの模式図

（川端晶子：イラストでわかる基本調理（川端晶子 監修・著），p.26，同文書院，1997 より一部加筆）

間接焼き　間接焼きは，フライパン，なべ，鉄板，ほうろく，石，オーブンなどの中間体を用いて焼く方法である．伝熱の流れ方を図 4-10 に示した．オーブンの場合は，ガスや電気などの熱源によって一定の容器の中を熱し，食品を蒸し焼きにする調理法である．直火焼きに比べて全体的にやわらかい間接的な熱が加わり，焦げ目もつき，利用範囲は広い．温度分布にむらのないオーブンを選ぶことが大切である．精度の高い自動温度調節装置がついたオーブンでは，火力の強さに適合する温度を知っておくと便利である．

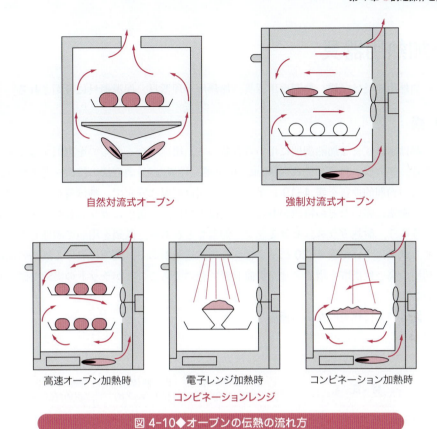

図 4-10◆オーブンの伝熱の流れ方

2）炒める

炒めるとは，鍋または鉄板上で少量の油を用いて食品を加熱する操作をいい，焼く操作と揚げる操作の中間に位置する．高温短時間加熱である．油脂は食品が鍋や鉄板に焦げつくことを防ぐとともに，食品相互の付着をも防ぎ，食品に油脂の味を加える．

3）揚げる

揚げるとは，高温の油の中で食品を加熱する調理法である．油は熱の移動媒体であり，対流によって材料に到達し，伝導によって中心部にまで到達する．油の比熱は1.967kJ/kg・Kである．水や煮汁を用いた加熱法に比べて同一熱量で温度を2倍に上昇させることができ，短時間で容易に高温が得られる．

揚げ物に利用する温度は120〜200℃であるが，120〜160℃はおもに食材の予備加熱に，160〜200℃は仕上げの操作に利用される．適温は発火点以下の油切れのよい170〜180℃とされている．揚げる操作には，油を多量に使うディープフライ（deep-fry：天ぷら，フライ）と食品の厚さの半分ぐらいの油を用いるシャロウフライ（shallow-fry：ムニエル，ハンバーグ）がある．揚げ物は，材料につける衣によっても区別される．

4 加熱用器具

加熱用器具は，鍋，熱源専用器具，加熱用調理器具，保温器具に分類される．

1) 鍋

鍋はさまざまな加熱調理に用いられるので，用途に合ったものを選択することが大切である．鍋の形，材質，様式別(和風，中華風，洋風など)調理法の特徴を考えて選ぶ．鍋の材質の物理的性質を**表 4-19** に示した．金属は高温に安定で，熱伝導が高く，加工しやすく，衝撃に強いなどの特徴がある．金属以外では，金属板にガラス質をコーティングしたほうろう，耐熱ガラス，セラミック，陶器などがある．鉄鍋を用いて調理した場合に溶出する鉄量について**表 4-20** に示すような実験結果がある．調理における鉄鍋の使用は生体利用の高い鉄摂取を増加させ，貧血改善に有効であることがラットの実験で確かめられている．

図 4-11 に代表的な鍋の種類を示した．

表 4-19◆鍋材質の物理的性質

材 質 名	密 度(300 K) (kg/m^3)	比 熱(293 K) [kJ/(kg・K)]	熱伝導率(293 K) [W/(m・K)]
アルミニウム	2,688	0.905	237
マグネシウム	1,737	1.02	156
シリコン樹脂	2,200	1.2〜1.4	0.15〜−0.17
チタン	4,506	0.522	21.9
クロム	7,190	0.446	90.3
鉄	7,870	0.442	80.3
ニッケル	8,899	0.447	90.5
銅	8,960	0.399	401
ステンレス鋼(18-8 ステンレス)	7,920	0.499	16.0
パイレックス(耐熱ガラス)	2,230	0.73	1.10
磁 器	2,400〜2,900	〜0.8	1.1〜1.5
陶 器	2,200〜2,500	〜1.0	1.0〜1.6

(畑江敬子，香西みどり 編：調理学，p.87，東京化学同人，2003 より)

2) 熱源専用器具

コンロ コンロは最も代表的な熱源専用器具である．
熱源にはガス，電気，ガス＋電気方式がある．

■ガス方式：1 口，2 口，3 口，4 口タイプがあるが，3 口タイプが主流である．
　大バーナー：4.2〜4.8 kW(3,600〜4,100 kcal/h)
　中バーナー：2.3〜2.9 kW(2,000〜2,500 kcal/h) 4 口タイプにはついていない．
　小バーナー：1.0〜1.4 kW(900〜1,200 kcal/h) 2 口タイプにはついていない．

表 4-20◆調理中に鉄鍋から溶出する鉄量

調理名	調理器具	調理食品中の鉄の量(4人分) (mg)	鉄鍋からの鉄の溶出量[*] (mg)
ビーフシチュー	鉄鍋 ステンレス鍋	11.98±1.86 7.79±0.98	4.19
酢豚	鉄鍋 ステンレス鍋	4.87±0.75 3.47±0.60	1.40
野菜炒め	鉄鍋 ステンレス鍋	1.80±0.35 1.19±0.30	0.61

[*]鉄鍋とステンレス鍋使用における調理食品中の鉄の量の差
なお，調理の加熱時間はビーフシチュー 120 分，酢豚 30 分，野菜炒め 5 分である
(今野暁子，及川桂子：日本調理科学会誌，36：39，2003 より)

図 4-11◆代表的な鍋の種類

野菜炒めなどの中華料理に適している．コンロの機能について，高齢社会を迎えて，安全点火方式，鍋の上げ下ろしなど，使い勝手をよくするためにワークトップと五徳の段差を従来の半分以下にしたフラットタイプ，調理機能，とくに揚げ物の温度を自動的にコントロールできる温度調節機能つき，炊飯が自動的にできる炊飯機能つきコンロなども出回っている．

■**電気方式**：電気方式は 1 口，2 口，3 口，4 口タイプがある．瞬間的な出力が低いため，中華料理，野菜炒めなどの大きな熱量を必要とする調理には適さないが，温度コントロールがしやすいので，天ぷら，フライ，煮物に適している．構造上，鍋底の形状はフラット

なものが適している．凹凸や丸みを帯びた形状の鍋底のものは効率が悪くなる．ランニングコストはガスよりも高い．

■**ガス＋電気方式**：ガスと電気を組み合わせたコンロは，ガスおよび電気のそれぞれの特徴を上手に使い分けることができる．調理を効率的に行うために，上手に利用するのがよい．煮物，炒め物，焼き物，揚げ物，湯沸かし，炊飯，蒸し物などあらゆる調理に適している．

グリル　グリルには片面焼きと両面焼きの2種類があり，それぞれガス方式と電気方式がある．グリルの機能にはこんがりとおいしく焼き上げる遠赤外線グリル，グリルから出る煙をカットするスモークレスグリル，点火後一定時間が経過すると自動的に消火するタイマーつき，使用中であることや3分ごとに使用時間の目安を知らせる安全で便利なブザーつき，また，焼き物の出し入れや裏返しが楽にできる扉を組み込んだグリルも出回っている．適した料理は，焼き魚，焼き肉，トースト，グラタンなどである．

ホットプレート・グリル鍋　卓上加熱器としてのホットプレートやグリル鍋は，調理がキッチンからテーブルへと移り，テーブルクッキングを楽しむ食卓の変化の1つとして，一家団らんの場で焼き肉やお好み焼きがつくられる楽しみ，手軽さがうけて普及した．

　ホットプレートは主として，焼く，炒める操作に利用され，グリル鍋はそれらに煮る操作が加わっている．ホットプレートやグリル鍋には温度コントロール機能がついているので，それも魅力の1つである．

3）加熱用調理器具

電磁調理器　電磁誘導加熱(IH)という加熱様式は，**図 4-12**に示したように，トッププレートの下のコイルに，高周波インバータで変換された22～32 kHzの高周波の電流を流して磁力線を発生させ，トッププレートに密着するように鍋を置くと，鍋底が磁力線を受けて起電力を生じ，渦電流を発生して鍋が熱くなる．鍋底で発生した熱が鍋の中の食品や水に伝わり加熱される．しかし，使用鍋の材質に制限がある．抵抗率が高く，比透磁率の高い鉄系(鉄，鉄ほうろう，クロム系ステンレス鋼など)が適する．

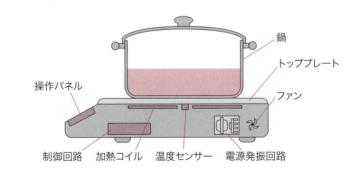

図 4-12◆電磁調理器の構造

（大藪　一：日本調理科学会誌，34：248, 2001 より）

電子レンジ　誘電加熱（マイクロ波：極超短波）を利用したのが電子レンジである．マイクロ波を食品に照射することにより，食品内部に吸収されたマイクロ波の振動に応じて，主として食品中の水分子が回転運動を起こし，水分子の摩擦によって発熱する．食品自体が発熱するので，加熱時間が短いことが特徴である．わが国では周波数 2,450 MHz，波長 12.2 cm のマイクロ波を利用している．

マイクロ波の波長は次の式から求められる．

$$\text{マイクロ波の波長} = \frac{\text{波長 C（光速度）}}{\text{f（周波数）}} = \frac{3 \times 10^{10} \text{cm/sec}}{2{,}450 \times 10^{6}} = 12.2 \text{ cm}$$

マイクロ波は空気，ガラス，陶器，プラスチックなどを透過し，金属には反射し，水には吸収される．マイクロ波が吸収されると食品中の水などの小さな分子や高分子の側鎖などが誘電分極し，マイクロ波の振動に合わせて 1 秒間に 24 億 5 千万回，プラス（＋）とマイナス（－）の回転運動を行い，その分子運動により発熱する．**図 4-13** に電子レンジの構造を示した．家庭用では全消費量は 1 kW 程度，出力は 400〜600W 程度である．**表 4-21** に電磁誘導加熱と誘電加熱の特徴を示した．現在，一般に家庭で使われている電子レンジの種類を**表 4-22** に示したが，**表 4-23** に示したような複合機能のついたものが普及している．電子レンジに用いる調理容器の材質はマイクロ波を透過すること，およびその耐熱温度が食品の調理温度よりも高いことが必要とされる．電子レンジに適した容器と適さない容器を**表 4-24** に示した．また，オーブン・グリルに使用する調理容器の材質は，耐熱温度が 300℃以上のものであれば使用できる．

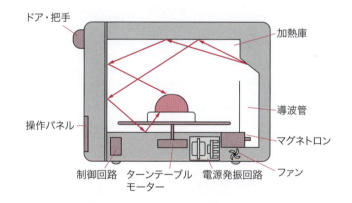

図 4-13◆電子レンジの構造

（大藪　一：日本調理科学会誌，34：244，2001 より）

表 4-21◆電磁誘導加熱と誘電加熱の特徴

加熱方法	電磁誘導加熱	誘電加熱
調理機器	IH調理器	電子レンジ
原　理	鍋が加熱される原理は磁力線を利用することである 調理器の中にある加熱コイルに電流を流すと磁力線を生じ，この磁力線が鍋底を通るときに誘導電流（渦電流）を発生する 渦電流と鍋（鍋は電気抵抗をもつ）の抵抗により鍋自体が発熱する	マイクロ波が食品に照射吸収されると，食品の分子が1秒間に24億5,000万回振動し，その摩擦熱で食品自身が発熱する
被加熱物	導体（鍋）	誘導体（食品）
加熱部	コイル	電極（マグネトロン）
使用周波数	低周波方式：50/60 Hz 高周波方式：22～32 kHz*	2,450 MHz
食品の加熱法	鍋が発熱して食品が加熱される	食品自身が発熱する

*最近は高周波方式が主流である

表 4-22◆電子レンジの種類

		電子レンジ（単機能）	オーブンレンジ（複合機能）			
			オーブンレンジ	オーブンレンジ＆トースター	オーブングリルレンジ	オーブングリルレンジトースター付
付属機能	電子レンジ	○	○	○	○	○
	オーブン		○	○	○	○
	グリル				○	○
	トースター			○		○

このほかに，スチーム機能やベーカリー機能のついたものがある

表 4-23◆電子レンジの複合機能

機　能	内容（働きなど）	おもな料理
電子レンジ	レンジ強 500～900W と レンジ弱 160～200W がある	再加熱・生解凍 ゆでもの・煮物 炊飯・煮込み，蒸し物など
オーブン	100～300℃にセットして調理する 丸天板のものと角天板のものがある 2段1度に調理できるものと，できないものがある	パン，菓子，グラタン，フライ，ローストビーフなど
グリル	強い上火で調理する	塩焼き，照り焼き，焼き鳥など
トースター	上・下のヒーターで焼く	トースト，ホットドッグなど

表 4-24 ◆電子レンジ調理に適する容器，適さない容器

適する容器	適さない容器
陶　器	金属容器
磁　器	金粉，銀粉装飾容器
耐熱ガラス容器	漆器容器
耐熱性ポリプロピレン容器	一般ガラス容器
	一般プラスチック容器

オーブン　オーブンの熱源は，ガスと電気が主流である．オーブン加熱では，熱せられた空気の対流と，庫壁や鉄板からの放射熱，および熱せられた天板からの伝導熱である．オーブンには熱源が下部にあるもの，上下にヒーターがついている電気オーブン，ヒーターが露出していないもの，壁面にファンがついて熱風が庫内を強制的に循環する強制対流式ガスオーブンなどさまざまな種類があり，構造が異なると加熱能力にも差がみられる．図 4-10 (p.99) にオーブンの伝熱の流れ方を示した．オーブンの特徴をよく把握して食品や料理ごとに条件を設定することが大切である．

炊飯器　おいしいごはんの炊飯法は，かなりの経験を積まなければむずかしく，炊飯の「こつ」として，「はじめチョロチョロ，中パッパ，ブツブツいうころ火を引いて，赤子泣くともふたとるな」といわれてきたが，自動炊飯器 →電子ジャー炊飯器 →マイコン炊飯器 →IH ジャー炊飯器と次々に開発され，上記の諺に対応した炊飯原理が見事に実行されて，誰もが「おいしいごはん」を炊けるようになった．

　図 4-14 に炊飯器のあゆみと社会背景を示した．

圧力鍋　鍋をふたで密閉したときに生じる高圧蒸気と 100℃以上になる熱湯で加熱効率を高めるようにつくられた鍋である．内部の温度が 110～120℃まで上がるので，調理時間が短縮される．表 4-25 に圧力鍋による調理時間の短縮例を示した．加熱温度が上昇するので，用いる水の量は少なくてよく，食品に含まれるビタミン B 群の損失率は約 50％である．高い温度で短時間処理のため，熱に弱いビタミン C もほとんど失われない．肉類，魚肉の皮や筋，小骨などの高たんぱく質も加熱温度が高いので，一部ゼラチン化してやわらかくなる．

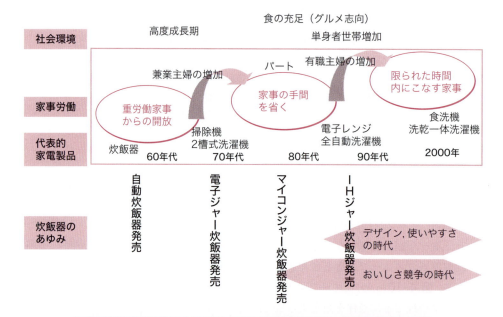

図 4-14◆炊飯器のあゆみと社会背景
(平田由美子:炊飯器の最近の動向,日本食生活学会誌,13:147,2002 より)

表 4-25◆圧力鍋による調理時間の短縮の例

調理名 (食品名)	材料の量等 (g)	圧力鍋 所要時間[*1]	圧力鍋 ガス量(L)	普通鍋 所要時間[*1]	普通鍋 ガス量(L)
炊 飯	300	5-5-[*2] (10)	84.8	14-[*2] (14)	72.2
だ い ず	200	5-0-5 (10)	63.0	6-60 (66)	265.8
うずら豆	150	5-0-2 (7)	20.1	5-27 (32)	118.0
じゃがいも	たて割 75	5-3-5 (13)	28.5	5-20 (25)	65.0

[*1] (沸騰または蒸気噴出までの時間)-(加熱継続時間)-(蒸らし時間)で表した
　　( )内は合計時間
[*2] 炊飯の場合は両方法とも 15 分蒸らした.この時間は記入していない
　　いずれも圧力鍋はピースプレッシャーパン 3.8L を使用した.熱源は都市ガスである
(渋川祥子 編:食品加熱の科学,p.114,朝倉書店,1996 より)

E　冷蔵庫

　冷蔵庫は，食品の冷却と食品の保存の2つの機能があり，食品を低温で保存することにより細菌の繁殖を抑えることができる．

1　冷蔵庫の構造と機能

1）物質の三態と熱の移動

　物質が固体，液体，気体と形を変えるときには必ず熱を生じる．たとえば，注射の前にアルコールで腕を消毒されるとスッと冷たく感じるが，これはアルコールが蒸発して気体になるときに気化熱を奪うからである．物質の三態と熱の関係を図 4-15 に示した．

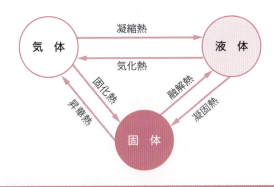

図 4-15◆物質の三態と熱の関係

2）冷蔵庫の構造

　冷蔵庫は，キャビネット，冷凍サイクル，制御機器からなっている．キャビネットは冷蔵庫の外形を形づくるとともに，冷凍サイクルでつくられた冷気をいかにロスなく保つか，外気温の影響をいかに受け入れないでいられるかなどの重要な働きを担っている．

3）冷凍サイクルと冷媒

　物質が液体から気体に変化するときに気化熱を奪うという働きを繰り返すことにより，庫内を低温に保つのが冷蔵庫が冷えるしくみである．この繰り返しのことを「冷凍サイクル」というが，実際の冷蔵庫では同じ物質（冷媒）を何度も液体→気体→液体と循環させて使っている．一度気化した冷媒を液化させる方法は，気化した冷媒に圧力をかけて高温にし，その後に放熱（凝縮）させて液化する．この液化した冷媒を減圧し蒸発しやすい環境にし，蒸発させて再び熱を奪い取るという繰り返しを行っている．

　図 4-16 に冷蔵庫における冷媒の状態および冷凍サイクルの構成例を示した．冷媒はコンプレッサーで圧縮され，高温高圧のガス冷媒に変化し，コンデンサーで放熱しながら液

化する．液化した冷媒は，キャピラリチューブで気化しやすいように減圧され，冷却器で気化し，周囲から熱を奪う．役目を終わった冷媒はサクションパイプを通りコンプレッサーへ戻り，再び圧縮される．

　従来の冷蔵庫の冷媒には特定フロンが使われていたが，この特定フロンが大気中に放出されるとほとんど分解されずに成層圏に達し，強い紫外線を浴びて塩素を放出してオゾン層の破壊を引き起こすことがわかった．わが国でも 1988 年にオゾン層保護法が制定され，1995 年末には特定フロンの生産が全廃され，現在はノンフロン冷媒（R600a）に切り替わっている．

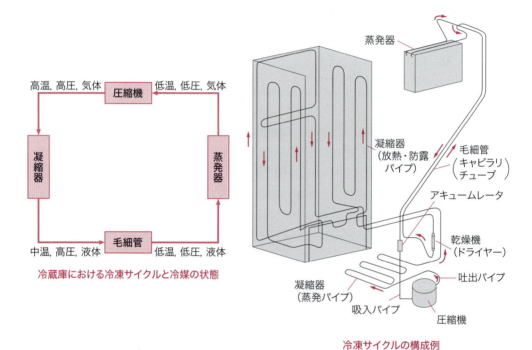

図 4-16◆冷蔵庫の冷凍サイクル

2 冷蔵庫内の温度

1）冷蔵室の温度

　冷蔵室の温度は JISC9607（日本工業規格）によって「室温 15～30℃において 0～10℃の範囲内に調整できること」となっている．一般的な使用条件においては 1～5℃程度に設定しているが，扉の開閉が頻繁であったり，食品の詰め過ぎなどにより温度は上昇する．食品の温度を低く保つためには，とくに扉の開閉はすばやく，そして開閉回数をできるだけ少なくすることが大切である．

2) 冷凍室の温度

　冷凍室(フリーザ)の性能は，表 4-26 に示した 4 つのスター印によって表示している．記号ごとの性能は，JIS に規定された試験条件で試験したときの冷凍負荷温度(食品温度)が表 4-26 のようになるものをいう．JIS の試験方法は，冷蔵室内温度が 0℃以下とならない範囲で，冷凍室が最も低い温度になるよう温度を調節し，冷蔵庫を据えつけてある場所の温度が 15～30℃の範囲にあることを基準に，平均冷凍負荷温度(食品温度)を決めている．なお，それぞれの性能における冷凍食品の保存期間は，食品の種類，冷凍の方法，冷凍室へ入れるまでの温度，冷蔵庫の据えつけ状態や使用条件などにより異なる．

表 4-26◆冷凍室の性能表示

よび方	ワンスター	ツースター	スリースター	フォースター
記　号	★	★★	★★★	✻★★★
平均冷凍負荷(食品)温度	−6℃以下	−12℃以下	−18℃以下	−18℃以下
冷凍食品保存期間の目安	約 1 週間	約 1 か月	約 3 か月	約 3 か月

　注）フォースターは，冷凍室定格内容積 100 L 当たり，4.5 kg 以上の食品を 24 時間以内に−18℃に凍結できる冷凍室の性能を表している

3) 新温度帯

　家庭用冷蔵庫は，冷凍室(約−18～−20℃)，冷蔵室(約 1～5℃)，野菜室または野菜容器(約 3～7℃)などの温度帯に区分される．表 4-27 に新温度帯を示した．

表 4-27◆新温度帯

名　称	温　度(℃)	保存食品の例
ワイン冷蔵	6～9	ワイン，米
(冷蔵)	(1～5)	一般食品
冷蔵チルド	0～2	加工食品，トマトなどの完熟品
氷温チルド	0～−2	魚肉類，発酵しやすい食品，水産練り製品など
パーシャル	−1～−5	生物の解凍，丸ごとの魚や刺身など
ソフト冷凍	約−6～−8	すぐ調理したい冷凍食品
(冷凍)	(約−18～−20)	一般の冷凍食品

F　新調理システム

　大量調理において，調理業務に携わる人の作業改善，省力化，衛生管理，作業環境の向上などのニーズが高く，また，調理作業における繁忙差の解消などの問題もクローズアップされ，これらの要望に応えるべく，クックチルシステムならびに真空調理システムが台頭してきた．

1 クックチルシステム

　クックチルシステムとは，通常の方法で調理後，急速冷却した料理を，チルド(0〜3℃の低温)で一定期間保存し，必要なときに再加熱を行って料理を提供するシステムである．欧米ではすでに30数年前から給食施設などで行われている．わが国の給食施設では，給食運営の効率化やメニューの多様化など，食事サービスの向上を目的として，事業所や病院給食，また，学校給食においても導入の方向にあり，現場ではクックサーブ方式(従来の方式)とクックチル方式を併用しているところもある．

1) 種類と特徴

　クックチルシステムには，冷却方法の違いからブラストチラー方式とタンブルチラー方式がある．クックチルシステムの種類とプロセスを図4-17に示した．

ブラストチラー方式　通常の方法で加熱調理(芯温75℃・1分間以上加熱)したものを食器などにポーショニング(小分け)したのち，ブラストチラー(急速冷却機)で，料理の芯温を細菌が繁殖しにくい温度まで短時間に下げるため，衛生上安全な状態で保存できる．保存期間は0〜3℃の冷蔵室で保管し，最大5日間である．

タンブルチラー方式　タンブルチラー方式には液状調理品と固体調理品の場合がある．液状調理品のスープやシチュー類は専用のスチームケトルで加熱調理し，ポンプで搬送し，パック充填を行う．魚，肉，野菜などの固体調理品は，下調理したものをパックして，専用のクックタンクで低温加熱調理する．いずれも，タンブルチラー(急速冷却機)で0〜-1℃の冷却水で急速冷却する．保存期間は-1〜0℃の氷温冷蔵室で20〜45日間である．

2) クックチルシステムによるビタミン類含有量の変化

　クックチルシステムによる野菜のβ-カロテン含有量の変化を図4-18に示した．急速冷却，チルド保存5日間，再加熱の各工程において，β-カロテン含有量の変化はほとんどみられず，ほぼ安定である．また，図4-19に野菜の総ビタミンC含有量の変化を示した．キャベツを除き，急速冷却，保存5日後の残存率は平均98％，再加熱後は69±11％で約30％減少，一次加熱調理のビタミンCの損失率は約50％とされているので，クックチル後(再加熱後)，約30％減少すると，生に対する残存率は35％となる．

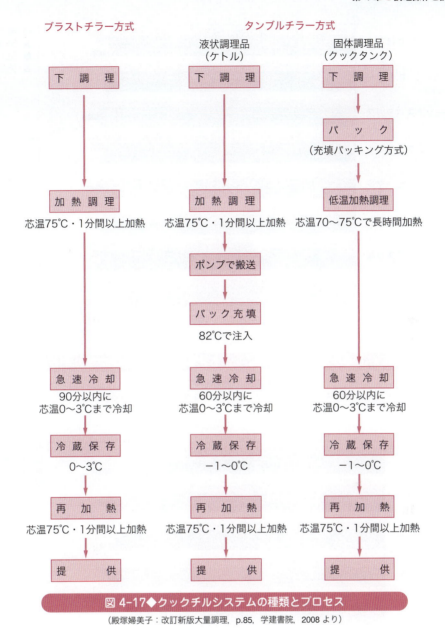

図4-17◆クックチルシステムの種類とプロセス
（殿塚婦美子：改訂新版大量調理，p.85，学建書院，2008より）

　クックチルシステムによる各種料理について，一次加熱調理直後と3日間チルド保存後再加熱調理食品の嗜好型官能評価の結果では，図4-20に示すように好まれる方向へ移行する料理と，好まれない方向へ移行する料理があるので，適する料理を工夫することが望ましい．

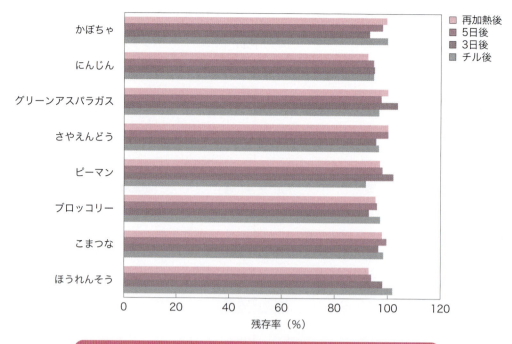

図4-18◆クックチルシステムによる野菜のβ-カロテン含有量の変化

調理後に対する残存率
(三好恵子,殿塚婦美子 ほか:第44回日本栄養改善学会発表,1997より)

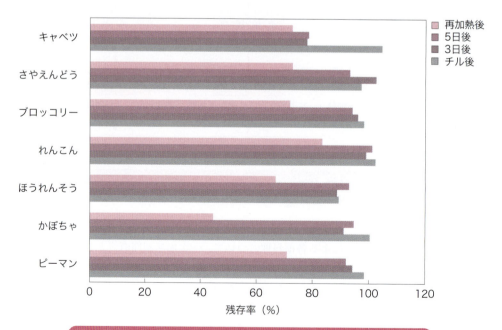

図4-19◆クックチルシステムによる野菜の総ビタミンC含有量の変化

調理後に対する残存率
(三好恵子,殿塚婦美子 ほか:第44回日本栄養改善学会発表,1997より)

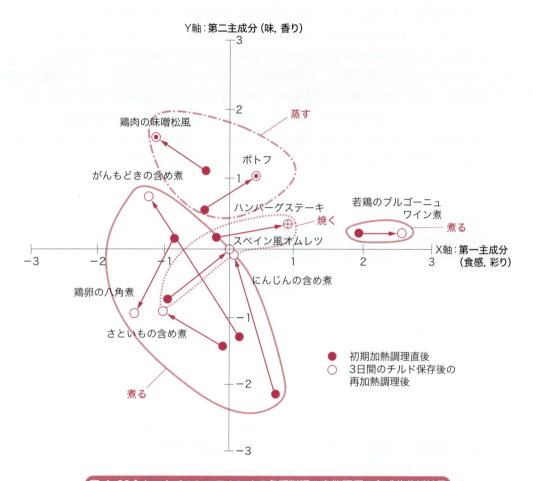

図 4-20◆クックチルシステムによる各種料理の官能評価の主成分分析結果

(廣瀬喜久子：新調理システム クックチル入門，p.95，幸書房，1998 より)

2 真空調理法

真空調理法は 1970 年代に，フランスで開発された調理法で，従来とは異なり，独特の風味，形態，食感が得られる調理法である．真空調理システムの作業手順を図 4-21 に示した．

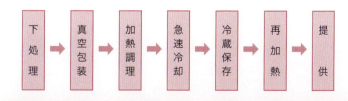

図 4-21◆真空調理システムの作業手順

(久保　修：日本調理科学会誌，30：285，1997 より)

真空調理法の特徴は，真空包装したのちに，低温(58〜100℃)の湯せんやスチームオーブンの中で空気に触れさせずに加熱することである．とくに，肉類や魚介類は加熱温度が約62℃，分水温度が約68℃であるので，低温調理によって肉質のパサつきがなく，やわらかでジューシーに仕上がる．長時間加熱によってコラーゲンが分解し，独特の食感が得られる．また，真空包装により風味やうま味を逃さず，少量の調味料や香草で味や香りづけができるなど，従来の加熱法とは異なった仕上がりが得られる．加熱調理後ただちに急速冷却を行い，0〜3℃でチルド冷蔵保存し，再加熱して提供する．4〜6日間の保存が可能であり，HACCP(危害分析・重要管理点方式)の導入により21日間保存が可能となる．

■参考文献

1) 渋川祥子 編：食品加熱の科学，朝倉書店，1996
2) 川端晶子，大羽和子，森髙初惠 編：時代とともに歩む新しい調理学，学建書院，2009
3) 平田由美子：炊飯器の最近の動向，日本食生活学会誌，13：147，2002
4) 肥後温子，平野美那世 編著：調理機器総覧，食品資材研究会，1997
5) キッチンスペシャリストハンドブック，日本住宅設備システム協会，1999
6) 矢野俊正，川端晶子 編著：調理工学，建帛社，1996
7) 平田孝一：炊飯技術の完全マニュアル，グレインS・P，2002
8) 中村寿美子：キッチン道具100図鑑，日本テレビ，1987
9) (財)家電製品協会 編：生活家電の基礎と製品技術，NHK出版，2003
10) (財)家電製品協会 編：商品知識と取り扱い，NHK出版，2003
11) 殿塚婦美子 編著：改訂新版 大量調理 ―品質管理と調理の実際―，学建書院，2008
12) 廣瀬喜久子：新調理システム クックチル入門，幸書房，1998

第5章
調理操作と栄養

　人々は健康維持，疾病の予防，あるいは食事療法において，明日への活力を与えるおいしい食べ物を調製することを目的として，食品素材を清潔かつ安全に調理するためのさまざまな操作を行う．調理は，食事づくりの流れのなかで食材の選択・購入，洗浄・下ごしらえなどの非加熱操作，および適応した加熱調理を行って喫食者に食べ物(料理)を提供する．

　本章では，調理操作によって食品素材の栄養・嗜好成分および組織・物性がどのように変化するのか，食品素材と栄養について，また，調理による栄養学的・機能的利点について学ぶ．

A　植物性食品の栄養と調理性

1　穀類・いも類の栄養と調理性

　おもな穀類には，米，小麦，大麦，ライ麦，とうもろこし，そばなどがあり，水分量が13〜15％と少ないため貯蔵性に富み，味は淡白である．そのため，米飯やパンなど主食（常食）の素材として適している．でん粉を多量に含むので，通常100 g 当たり340 kcal 程度のエネルギーを有しており，主要なエネルギー源である．わが国では，米を主食としているので，米から1日の摂取エネルギーの約35％を得ている．通常は精白米を炊飯して食べているが，近年は健康志向が強まり，栄養価が高く，玄米よりも食べやすい発芽玄米や雑穀類の利用が増加しつつある．玄米や雑穀類はビタミン B_1，B_2，食物繊維，ミネラルなどを多く含んでおり，健康志向の時代に合う魅力ある食材として注目されている．最近では発芽玄米や米に1〜2割程度混ぜて炊けるように加工された雑穀類も市販されている．一緒に炊き込むことでミネラルやビタミン，食物繊維などが補強できる．また，米や小麦にアレルギーのある人の主食として使える，アレルゲンたんぱく質を分解した米や小麦もつくられ市販されている．

　穀類は70％内外の炭水化物を含み，その大部分はでん粉である．一般に穀類に含まれる種実でん粉粒は，小型であるので加熱糊化させると半透明や不透明となる．でん粉は，D-グルコースを構成糖とする多糖であり，アミロースとアミロペクチンの集合体である（図5-1）．普通（うるち種）の米，小麦，大麦，とうもろこしなどのでん粉は，アミロースとアミロペクチンの含量が2：8であり，もち種のでん粉はアミロペクチンがほぼ100％で，粘度が大きいのが特徴である．生でん粉は消化されないが，加熱（炊飯）によって糊化されると，腸でアミラーゼの作用を受けグルコースになり，吸収されてエネルギー源になる（図5-2）．

　わが国では，1日に必要なたんぱく質量のうち，25％程度を穀類から摂取しているので，たんぱく質源としても重要である．米に含まれるたんぱく質は約7％であるが，主食として摂取する量が多いために，日本人が摂取するたんぱく質の16％は米から摂取している．"こしひかり"などの良食味米はたんぱく質の量が少ない．また，同じ品種でもたんぱく質の量が多いと食味が低下する．

1）米

（1）米粒の構造と成分

　米の種類は短粒米のジャポニカ種（日本型）と長粒米のインディカ種（インド型）に大きく分けられる．いずれの米にもうるち米ともち米があり，これらの特徴と用途を表5-1に示した．

　玄米は胚乳，糠層，胚芽の三層からなっている．米粒の構造を図5-3に示した．玄米を

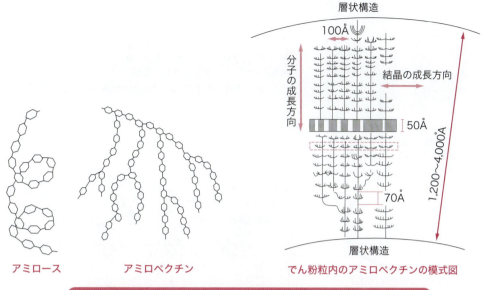

図5-1◆アミロースとアミロペクチン

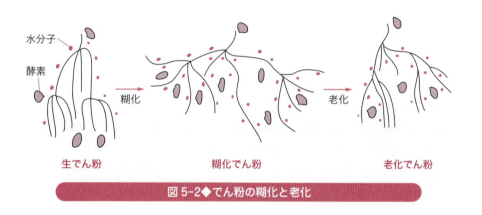

図5-2◆でん粉の糊化と老化

搗精して糠層と胚芽を除去したものが精白米であり，歩留まりは精白米90〜92％，七分つき米93〜94％である．近年，玄米やはいが米の価値が見直され，炊飯しやすいはいが米や常圧で炊飯できる加工米など，米の形態も多様化している．また，調理の簡便化を目的とした無洗米も出回っている．

(2) 米の調理

■うるち米の調理

炊飯過程 炊飯とは，米（水分約15％）から米飯（水分約65％）に調理する過程である．昔から炊飯の量を表現するのに「はじめチョロチョロ中パッパ赤子泣くともふたとるな」といわれている．米に水を加えて加熱すると，糊化でん粉になり，やわらかく粘りのある消化吸収しやすい飯となる．炊飯は煮る，蒸す，焼くなどの複合加熱操作で遊離水をなくす方法であり，炊き干し法と呼ばれる．白飯はもとの米の約2.3倍に増加する（p.96参照）．

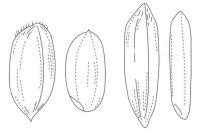

ケイ素，カルシウム，マンガンが多い
リン，マグネシウム，カリウム，鉄
ナトリウム，亜鉛

米粒内部の無機質(ミネラル)の分布

(a) ジャポニカ種，(b) インディカ種
どちらも左：もみ米，右：玄米

米粒の断面図
胚芽／でん粉層(胚乳)／果皮／種皮／糊粉層(胚乳)／糠層

玄米粒の縦断図
表皮／中果皮／横細胞／管状細胞｝果皮
種皮
外胚乳
糊粉層(アリューロン層)｝内胚乳

図 5-3◆米粒の構造

(平田 孝：炊飯技術の完全マニュアル，p.10，グレイン S・P，2002，渋川祥子，畑井朝子 編著：ネオエスカ調理学第 2 版，同文書院，2010 より)

表 5-1◆うるち米ともち米の特徴と用途

種類	外観	でんぷん	ヨード反応	粒状の用途	粒状加工品
うるち米	半透明	アミロース約20% アミロペクチン約80%	青色	飯，かゆなど (清酒，みその原料)	上新粉(柏餅，すはま(すあま)，ういろう)
もち米	乳白色で不透明	アミロペクチン100%	赤紫色	おこわ，おはぎ，もちなど (みりんの原料)	白玉粉(白玉だんご，ぎゅうひ) 道明寺粉(椿餅，桜餅) みじん粉(らくがん)

(川端晶子，畑明美：新栄養士課程講座 調理学，建帛社，1997 より)

■**炊飯過程の要点**

① 洗米：ゴミやぬか，米粒の表面のでん粉を洗い流す．この間に約10%の吸水が起こる．
② 加水量：米の重量の1.5倍(容量の1.2倍)．新米や軟質米は水加減をやや控える．
③ 浸漬：浸漬初期の30分間の吸水量が大．約2時間で飽和(うるち米重量の20〜25%，もち米重量の30〜40%)となる．
④ 加熱：おいしい飯ができるまでの最も重要な炊飯操作である．炊飯の加熱過程は4段階に分けられ，温度上昇期，沸騰期，蒸し煮期，蒸らし期からなる(図 5-4)．

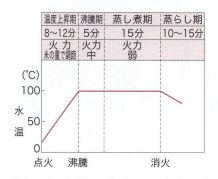

図 5-4 ◆ ガスによる炊飯

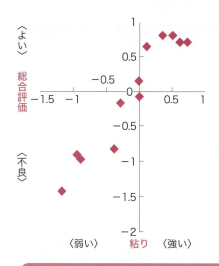

12 品種の米を食糧庁職員 20 名が試食した総合評価と粘りの関係を示す
相関係数：0.9552

図 5-5 ◆ 総合評価と粘りの関係

（全国食糧検査協会：米の食味評価最前線, p.11, 1997 より）

　米でん粉を完全に糊化するためには 98℃以上で少なくとも 20 分以上は加熱する必要がある．沸騰期，蒸し煮期，蒸らし期を合わせて，約 35 分必要である．

炊飯に伴う米飯の味・香り・テクスチャーの変化　米飯のおいしさに貢献する要素として，味（甘味，うま味），香り，外観（形，色，つや），テクスチャー（硬軟，粘り），温度などがある．米飯そのものに独特の味がないのが特徴であり，続けて食べても飽きず，さらにどのような料理にも調和する．日本人が最も重視する嗜好は適度なかたさと粘りである．官能評価での米飯の食味は，図 5-5 に示したように，総合評価と粘りのあいだに高い正の相関関係がある．

白飯以外の飯　味付け飯やすし飯，炒め飯などがある．
　味付け飯：米の食塩やしょうゆ，清酒などの調味料とさまざまな具材料とともに炊いた飯．具の入れないものを桜飯という．調味料は米の浸漬後，炊く直前に加えるとよい．

　すし飯：むらし時間を約 5 分と短めにする．炊いた直後熱いうちに合わせ酢を混ぜ合わせるので，加水量は米の重量の 1.2〜1.3 倍としてややかために炊く．

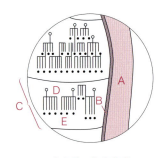 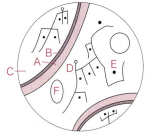 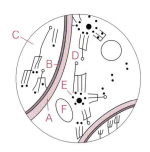

| 水を吸ったもち米 | つきたてのもち | かたくなったもち |

A：細胞壁　　　　　D：でん粉分子
B：アミロプラスト*　E：水分子
C：でん粉粒　　　　F：気泡

図5-6◆もち米およびもちの微細構造の模式図

*アミロプラスト：もち米の胚乳部を構成している細胞の1つで，この中にでん粉
　　　　　　　　粒がつまっている

(永島伸浩：餅に関する食品物性学的研究（東京農業大学博士論文），p.101-109，1994 より)

炒め飯：米を炒めてから炊くピラフ(Pilaf)の場合は，米粒表面の糊化が先に進み，芯のある飯になりやすいので，沸騰時間を長くするか，蒸し煮の時間を長くする．油脂は米の重量の7～10％程度とする．炒飯（チャオハン）は飯を炒めるもので，高温でねばりを出さないように仕上げる．冷や飯を用いると粘りにくいので炒めやすい．

かゆ　米の容量の5～20倍の水を加えて十分に浸漬し，時間をかけてやわらかく加熱したものである．米粒とおも湯の割合が三分がゆ(20倍の水)，五分がゆ(10倍の水)，七分がゆ(7倍の水)，全がゆ(5倍の水)の区分がある．土鍋などの厚手鍋が適している．

■もち米の調理

こわ飯　もち米は2時間の浸漬で32～40％吸水するので，蒸し加熱が可能である．しかし，かたさの調節は振り水で行う．炊きこわ飯の必要な水の量は0.6～0.9倍であり，仕上がり重量は，もとの米の1.6～1.9倍である．

もちの微細構造と物性　つきたてのもちは，弾力性があってやわらかく，粘りがあり，さまざまな形に変形できるが，時間とともにかたくなり，石のようにかたい生地に変化する．もち米を蒸してついたもちの組織は，ちょうど砂利，砂，セメントを配合してつくるコンクリートに見立てて説明することができる．蒸したもち米の組織のつぶれていない大・小の残存米粒は砂利と砂に相当し，つぶれてペースト状になった部分がセメントに当たる．もちはもち米のつぶれ方，すなわち，大小の残存米粒の比率によってこしの強さが変わる．もちのこしの強さは，粘性と弾性との重なり合った性質（粘弾性）の違いによるものである．図5-6にもち米およびもちの微細構造の模式図を示した．

■米粉の調理

もち米の粉には白玉粉（寒晒し粉），道明寺粉（蒸して乾燥後，粗く砕いたもの），みじん粉（乾燥後，細かく挽いたもの）があり，うるち米の粉は上新粉という．餅菓子や団子に用いられ，団子をつくる場合は上新粉と白玉粉がよく使われる．上新粉は一般に吸水が悪い

ので，熱湯(粉の全量の約80％)でこねて一部糊化させるとよい．白玉粉はもち米を浸漬した後水挽きし，乾燥させたものである．熱湯を加えると塊の表層部が糊化して内部まで給水しないので，水でこねる．

(3) 米の栄養機能成分

玄米には100 g当たり3.0 gの脂質が含まれるが，精白米には1.3 gと少ない．米の脂質はでん粉と結合しており水に不溶性になっているので，米をとぐ過程で減少することはない．

精白米には100 g当たりカリウムが88 mg含まれ，ついでマグネシウムが23 mg含まれる．カリウムはナトリウムの排泄を促し高血圧予防につながる．ミネラルは洗米の過程で多量に失われる．その量はカリウムは36％，マグネシウムは約70％にもなる．しかし，カリウムは野菜に多く含まれているので不足することはない．

ビタミンA，C，Dはほとんど含まれない．ビタミンB_1，B_2，ナイアシンはいくらか含まれるが，外皮や胚芽に多いので，精穀すると著しく減少する．たとえば，ビタミンB_1は胚芽精米には100 g当たり0.23 mg含まれるが，精白米に含まれるのは0.12 mgである．さらに，調理や加工のあいだに減少する．精白米から米飯になる過程でビタミンB_1の35％が失われる．玄米には100 g当たり3.0 gの食物繊維が含まれているが，精白米では0.5 gと少ない．

2) 小麦

(1) 種類と成分

小麦は外皮約13％，胚乳85％，胚芽2％程度からなり，外皮はかたく胚乳部はやわらかいので製粉して利用され，米のように粒のまま食べることは少ない．かたい外皮を粗く挽き，ふすまをふるい分け，胚乳のみを粉砕したものが小麦粉である．小麦粉の分類と用途を表5-2に示した．

(2) 小麦粉のグルテン形成と性状

グルテンは小麦粉に50～60％の水分を加えて，練ったりこねたりすると形成されるもので，水の中でもみながらでん粉を流すと粘弾性のある塊が得られる．これをグルテンという．グルテンの生地は水の配合割合とこね方により，ドウ(dough)とバッター(batter)に分けられる．ドウは小麦粉に55％程度水を加えたもので，パイやクッキーなどの生地になり，

表5-2◆小麦粉の分類と用途

分類	たんぱく質含量(％)	グルテンの質	粒度	おもな用途
薄力粉	7.0～8.5	軟弱	細かい	ケーキ，クッキー，天ぷらの衣など
中力粉	8.5～10.5	軟	やや細かい	うどん，そうめん，フランスパンなど
準強力粉	10.5～11.5	やや強	やや粗い	中華めん，菓子パンなど
強力粉	11.5～13.5	強靱	粗い	食パン，ふなど
デュラム粉	11.5～12.5	柔軟	きわめて粗い	マカロニ，スパゲッティ

注）原料こむぎ粒はほとんどがアメリカおよびカナダ産である
　　種皮の色によって，ダーク(濃赤)，レッド(赤)，アンバー(琥珀)，ホワイト(白)に分類される

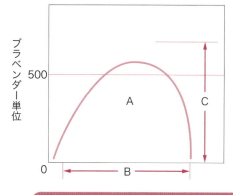

図 5-7◆エクステンソグラムの解析法

エクステンソグラムは，一定のかたさの小麦粉生地の伸張度および抗張力を測定する機器で，図のような記録曲線が得られる

表 5-3◆小麦粉の利用する主成分と調理の関係

利用する主成分	おもな調理性	調理の例
グルテン	粘弾性，伸展性，可塑性 スポンジ状組織をつくる性質（粘弾性，伸展性も含む）	めん，ぎょうざ，わんたん，しゅうまいの皮 パン，発酵まんじゅうの皮
でん粉(主) グルテン(副)	スポンジ状組織をつくる性質 濃度（とろみ）をつける 接着性（つなぎ力） 水分吸着性，小麦粉被膜	スポンジケーキ，揚げ物の衣 スープ，ソース類 ひき肉，すり身のつなぎ フライ，から揚げ

バッターは水分量を100〜200%加えたもので，流動性があり，てんぷらの衣やクレープなどに用いられる．グルテンの主成分はたんぱく質のグルテニンとグリアジンである．グルテニンはかたいゴムのような弾力を示し，グリアジンは流動性のあるねばねばした性質を示す．このグルテンの存在が小麦粉特有の調理性となっている．グルテンの粘弾性はこねたり，ねかせたりしているあいだに生じる．ねかせた時間が長いほどグルテンの網目構造が発達し，生地の伸展性が増す．

生地の性質の測定機の1つであるエクステンソグラムによる測定曲線と解析法を**図 5-7**に示した．小麦粉に食塩を加えると生地のグルテンの網目構造が緻密になり，弾力性を増す．

(3)小麦粉の調理性

小麦粉調理に最も大きな影響を及ぼすのはたんぱく質とでん粉含量の割合である．小麦に含まれるたんぱく質の量は13%で米より多い．小麦粉はたんぱく質の含量の違いによって分類され，それぞれの特性を生かして調理・加工される．**表 5-3**に小麦粉の利用する主成分と調理の関係を示した．

小麦粉の膨化調理 膨化とは小麦粉生地を加熱して，多孔質にして食感，色，風味などをよくする調理をいう．膨化調理の分類を**表 5-4**に示した．膨化の種類

表 5-4◆小麦粉の膨化調理の分類

膨化の原理		生地の状態	調理の例
生物的膨化	微生物による ガスの発生	イーストを添加して発酵させた生地	パン，中華まんじゅう，ピザ，サバラン
化学的膨化	膨化剤による ガスの発生	炭酸水素ナトリウム（重曹），ベーキングパウダー，イスパタ*などを添加した生地	ドーナツ，クッキー，ケーキ類，まんじゅう
物理的膨化	気泡の熱膨張	卵白，全卵，やまのいもなどを泡立てて，気泡を混ぜ込んだ生地	スフレ，スポンジケーキ，かるかん
		バターを泡立てて，気泡を混ぜ込んだ生地	バターケーキ，ソフトクッキー
	水分の気化（水蒸気の発生）	大量の水分を混ぜ込んだ生地	シュー生地
		バターを薄い層状に折り込んだ生地	折り込みパイ

*炭酸水素ナトリウムと塩化アンモニウムに助剤などを配合したもので，効率よく反応して，炭酸ガスとアンモニアガスを発生する

（河田昌子：お菓子「こつ」の科学，p.195，柴田書店，1987 より一部改変）

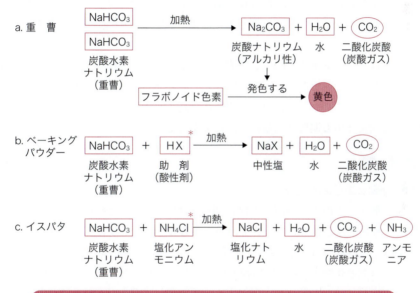

図 5-8◆化学膨化剤によるガス発生反応

*酸性剤として酒石酸，リン酸一カルシウム，ミョウバンなど．
（河田昌子：お菓子「こつ」の科学，p.197，200，205，柴田書店，1987 より）

には，①生物的膨化（酵母による），②化学的膨化（化学膨化剤である重曹や，ベーキングパウダーによる），③物理的膨化（空気泡および水蒸気圧による）がある．化学膨化剤によるガス発生反応を図 5-8 に示した．

小麦粉の粘性を利用した調理 ルー（roux）とブールマニエ（beurre manie）は，小麦粉の粘性を利用した調理である．ルーは薄力粉をバターで炒めたもので，ソースやスープに濃度となめらかさを与える．炒め方の程度により，ホワイトルー（120～130℃），ブロンドルー（140～150℃），ブラウンルー（160～180℃）の 3 種類に分けられる．150℃以上になる

と，でん粉の一部がデキストリン化して，溶液の分散性がよくなるが，粘度が低下するので，ポタージュスープなどをつくる場合は，炒める温度を120～130℃程度にするとよい．ルーを液体に均一分散させ，だまをつくらないようにするには，ルーとの混合液の温度をでん粉の糊化温度(58℃)以下に抑える必要がある．

小麦粉とバターを練り合わせて，ソースやスープのつなぎに用いる合わせバターをブールマニエと呼ぶ．小さな塊にしてソースなどに加える．ソースに粘性を与えるが，風味は劣る．

(4) 小麦粉の栄養機能成分

小麦の主要なたんぱく質はグルテニンとグリアジンである．しかし，たんぱく質の栄養価は，米のほうが優れている．穀類に不足しているアミノ酸はリジンである．そこで，リジンを多く含む肉類やだいずと組み合わせると栄養価が改善される．

ミネラルは2％内外含まれる．リンとカリウムが多く，カルシウムが少ない．リンの多くはフィチン態として存在するために利用性は悪い．

小麦粉は米と比較すると食物繊維が多い．食パンでは小麦粉100g当たり2.3g含まれ，食べる量が多いことから小麦粉も食物繊維のよい供給源となっている．大麦やそばには多くの食物繊維が含まれている．押し麦では100g当たり9.6g，そば全層粉には4.3g含まれる．

そばにはビタミンB群が多く，葉酸は$51\mu g/100g$含まれる．また，そばに特徴的な生理機能成分はルチンである．ルチンはビタミンPともよばれるポリフェノールであり，熱に安定である．ルチンは毛細血管の透過性を高め血圧を抑制する効果があり，抗酸化性，活性酸素捕捉作用も期待されるので注目を集めている．

3) いも類

(1) 種類と栄養機能成分

いもは肥大した地下茎(塊茎)や根(塊根)を食用とする．塊茎にはじゃがいもやさといもがあり，塊根にはさつまいもややまのいもがある．いも類の水分量は66％(さつまいも)から83％(さといも)であり，穀類，豆類に比べて貯蔵性が低い．

主成分は炭水化物で，13～30％程度含まれる．その90％以上がでん粉であり，消化性もよい．いも類のでん粉粒は，大型で大小の差が著しく糊化でん粉の透明度は高い．たんぱく質は1～2％含まれる．含硫アミノ酸やリジンが少ない．脂質は0.1～0.3％と少なく，栄養上の意義はあまりない．ミネラルは約1％含まれる．穀類と異なりリンが少なくカルシウムが相対的に多い．さつまいもにはカリウムが多く含まれ，カルシウムもじゃがいもより多い．ビタミンCはさつまいも(29mg/100g)やじゃがいもに多く含まれる．加熱後も残存率が高いのでビタミンCのよい供給源となる．じゃがいもにはナイアシンも含まれる．食物繊維は0.5～2.8％含まれる．さつまいもの食物繊維は米飯の7.6倍で，古くから便通を整えるのに効果があるといわれている．特殊成分としてじゃがいもの緑変した皮の部分や新芽には，有毒なグリコアルカロイドであるソラニンやチャコニンが多量に含まれる(p.165 図5-39参照)．これは通常の加熱では分解しないので，調理するときは皮や芽を取り除く必要がある．さつまいもの皮層にはポリフェノール(クロロゲン酸)が多く含ま

れる．クロロゲン酸がポリフェノールオキシダーゼによって酸化されると褐変する．また，衣に重曹を加えてつくった天ぷらや，蒸しパンの中に入っているさつまいもの皮の部分が緑色になることがあるのは，クロロゲン酸がアルカリ性（重曹により）で発色するためである．

(2) いも類の調理性

じゃがいも　白色で淡白な味のため，ほかの食品との調和もよく，各種の調理に広く用いられている．品種，収穫時期，貯蔵条件などにより，でん粉や糖の含量が異なっている．粉質性と粘質性があり，前者には男爵，後者にはメイクイーンや紅丸などがある．

　粉質性のじゃがいもはでん粉含量が多く，でん粉の比重が大きい．粘質性の品種ならびに，いずれの品種でも成熟が十分でない小いもや掘りたての新じゃがいものでん粉の比重は小さく，肉質のきめは細かい．でん粉の比重の大きいものほど煮くずれしやすいが，ホクホクした粉ふきいもやマッシュポテトには適する．

さつまいも　強いβ-アミラーゼが存在するので加熱中にでん粉がマルトースになり甘くなる．焼きいものようにゆっくり加熱すると甘味が強くなる．しかし，電子レンジのように温度が急速に上がる調理法では酵素が働く時間が少ないので，甘くならない．

さといも　ぬめりが強いので，調理の際にふきこぼれの原因となり，調味料の浸透を妨げる．生いもを塩もみして粘物質を除くか，ゆでこぼすか，はじめからしょうゆなどの調味料を加えて煮ると効果がある．皮をむくとき手がかゆくなるのは，針状のシュウ酸カルシウムの結晶が皮膚を刺激するためである．加熱後にむくとかゆみを抑制できる．

やまのいも　特有の粘性は，グロブリン系たんぱく質とマンナンが結合した糖たんぱく質（ムチンといわれる）によるものであるが，60℃以上に加熱すると粘性は失われる．アミラーゼが多いので，でん粉が消化されやすく生食できる．チロシンを含み褐変しやすいので酢水に浸して防ぐとよい．

2 豆類・種実類の栄養と調理性

1) 豆　　類

(1) 種類と栄養機能成分

　日本食品成分表では，完熟豆の乾物とその加工品を豆類とし，未熟豆などは野菜に分類している．おもな豆類はだいず，あずき，いんげんまめ，えんどう，そらまめ，らっかせい，りょくとうなどである．未熟豆（えだまめ，さやいんげん，さやえんどう，グリンピース）や発芽したもやしは水分量が多く，成分的には野菜に近い．豆類を含有成分から分類すると，たんぱく質，脂質が多く含まれるだいず，らっかせいと，炭水化物が50％以上含まれるあずき，いんげんまめ，えんどう，そらまめなどに分けられる（**表 5-5**）．

　成熟豆は，たんぱく質を 20～35％含み，穀類の 7～13％に比べて多く，動物性食品につぐたんぱく質の供給源である．また，穀類の制限アミノ酸はリジンであることから，米を主食とする日本食において，制限アミノ酸が含硫アミノ酸である豆類を副食として使うこ

表 5-5 ◆ 豆類の分類と利用形態

分類	豆の種類	利用形態		調理の例
たんぱく質, 脂質を主成分とするもの	だいず	粒状		煮豆, いり豆
		磨砕, 粉砕		呉汁, きな粉
		豆乳		豆腐, 油揚げ, ゆば, 凍り豆腐
		豆乳粕		うの花
		微生物の利用	粒状	納豆
			磨砕	みそ, しょうゆ
	らっかせい	粒状		いり豆
		磨砕		ピーナッツバター, 和え衣
でん粉, たんぱく質を主成分とするもの	あずき, ささげ, いんげんまめ, そらまめ, えんどう	粒状		煮豆, フライビーンズ, 甘納豆
		ペースト状		練りあん
ビタミン C や無機質の給源として未熟なうちに食用にするもの	えだまめ, グリンピース, さやいんげん, さやえんどう	未熟な豆またはさやごと		塩ゆで, 煮物, 揚げ物, あえ衣, ポタージュ, 炒め物
ビタミン C や無機質の給源として幼芽期に食用にするもの	だいず, りょくとう	もやし		汁の実, 浸し物, 和え物, 酢の物, 炒め物

とは栄養上好ましい.

　だいずの脂質の大部分はトリグリセリドであり, 構成脂肪酸の 50％以上がリノール酸, 25％以上がオレイン酸, 8％がリノレン酸と, 必須脂肪酸を多く含む.

　ミネラルはカリウム, リンが多い. カルシウムは 50～240 mg/100 g 含まれ, 豆類および豆加工品からのカルシウムの摂取量は乳製品についで多い. 鉄も穀類に比べて多い.

　豆類はビタミン B_1, B_2 を穀類の数倍から 10 倍以上含んでいる. 豆類 100 g 当たり B_1 が 0.45～0.85 mg, B_2 が 0.10～0.30 mg 含まれる. 豆類のビタミン B_1, B_2, ナイアシンの量は野菜の数倍から 10 倍以上もある. 成熟乾燥豆に含まれるビタミン C はごく微量であるが, 水に浸漬中に増加するものがある. 未熟豆やもやしにはビタミン C が通常の野菜と同じくらい多く含まれる. ビタミン A 効力をもつカロテンは未熟豆に含まれ, ビタミン E は脂質量の多いだいずやらっかせいに多く含まれる.

　食物繊維は 6％以上含まれる. 日本人の食物繊維の摂取量の約 10％は豆類から摂取している.

だいずの成分と機能性　だいずはたんぱく質約 35％, 脂質約 20％を含み, ビタミン, 鉄, カルシウムなどのミネラルに富み, 栄養価に優れている. だいずには炭水化物が約 20％含まれるが, でん粉はほとんど含まれず, スクロース, スタキオース, ラフィノースなどのオリゴ糖とセルロース, ヘミセルロース, ペクチンなどの食物繊維が含まれる. オリゴ糖は腸内ビフィズス菌の増殖促進因子として注目されている. ビタミン B_1 (0.83 mg/100 g) や E (3.6 mg/100 g) の量が多い. 米を主食とする日本人にとって糖

表 5-6 ◆ 大豆たんぱく質・ペプチドに期待される生理機能

- 血清コレステロール低下作用
- がん予防作用
- 体脂肪減少，脂肪酸酸化の促進と中性脂肪濃度の低下
- 血圧降下作用
- エネルギー代謝の亢進（ペプチド）
- 筋肉疲労の回復の促進（ペプチド）
- 運動能力の増強（ペプチド）

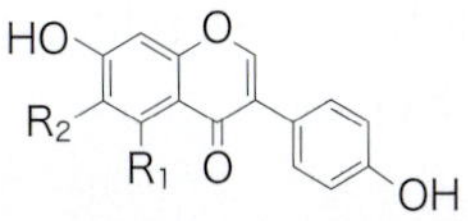

	R_1	R_2
ダイゼイン	H	H
ゲニステイン	OH	H
グリシテイン	H	CH_3

図 5-9 ◆ だいずイソフラボンの構造

質代謝に必要なビタミン B_1 の量が多いことは好ましい．

　だいずや大豆たんぱく質を摂取すると冠動脈性疾患の危険性を低減させることが確かめられている．大豆たんぱく質・ペプチドにはコレステロール低下作用があるためである（**表 5-6**）．だいずには約 2％のサポニンや 0.1～0.3％のイソフラボン類（ダイゼインとゲニステインとその配糖体，**図 5-9**）が含まれる．イソフラボン類は高い抗酸化性を示すとともに弱いエストロゲン（女性ホルモン）活性を示すので，骨粗しょう症予防の点から注目されている．納豆にはカルシウムをはじめとするミネラルの吸収を助ける働きがあり，骨を丈夫にする働きと血栓を溶かす作用などが明らかになった．しかし，摂取量を増やすには，においを抑える料理の開発が望まれる．

（2）調理による物性の変化

豆類の吸水と煮豆　可食部は大部分が子葉であり，穀類の可食部が胚乳であるのと異なる．成熟した乾燥豆の水分量は 13～15％と少ない．かたい種皮に覆われていて，組織もかたく，そのままでは煮熟が困難である．乾燥豆類は水に浸漬してから加熱するのが一般的である．19～25℃の水に浸漬した場合，だいず，いんげんまめの吸水量は，約 7 時間で吸水がほぼ飽和になる（2 倍近い重量になる）．あずきはほかの豆に比べて吸水が遅いので，水浸漬せず，直接加熱し，渋切り（タンニンなど風味を損なうあく成分を除くために，沸騰後ゆで水を取り替える）をして再加熱する方法をとる．だいずを煮熟する際，薄い食塩水中で加熱した方が軟化しやすい．これは大豆のたんぱく質（グリシニンなど）が塩溶性であることによる．炭酸水素ナトリウム（重曹）を加えると軟化が促進されるが，ビタミン B 群が破壊されるので好ましくない．また，圧力鍋で加熱すると短時間でやわらかくなるので，省エネになる（p.106 **表 4-25** 参照）．

あん　あんはでん粉の多い豆類を煮熟後，つぶして細胞（あん粒子ともいう）単位に分離させたものである．加熱により細胞壁のペクチンが分解，溶出し，細胞同士が分離する．あん粒子の細胞壁は強靭で細胞内部のたんぱく質が数～10 個のでん粉粒子を

囲んで凝固し安定化するため，細胞内からでん粉粒子が溶出しにくい．あずきでは，でん粉が糊化しにくく，あずきあんのでん粉はα化度が低い．あんのテクスチャーは，あん粒子の大きさと練り操作の影響を受ける．あずきあんでは，100～150 μm の粒子のあんが，適当な粘りをもち，口溶けもよく，風味もよいとされる．

(3) 種実類

ごま，くり，ぎんなんが古くから食されてきた．わが国でよく使われるごまは，脂質，たんぱく質ともに豊富で，アミノ酸組成も良好である．カルシウム，鉄，ビタミン B_1，B_2 も多い．約50%の脂質を含み，不飽和脂肪酸の割合がきわめて高い．ビタミン E (2.4 mg/100 g) も多く含まれる．機能性成分として，ごまにはリグナン（セサミンやセサモリン）が1～1.5%ほど含まれる．リグナンには抗酸化性，抗がん作用，コレステロール低下作用などがあるので，積極的に料理に活用するとよい．

3 野菜類・果実類の栄養と調理性

1) 野菜類

(1) 野菜の栄養機能成分

野菜類は副菜の主材料であり，健康を維持するために不可欠な食材である．新鮮な野菜の水分量は90～95%ときわめて高いが，野菜は収穫後も呼吸をしているため，水分や成分，鮮度の低下が著しく貯蔵性に乏しい．市場に出荷される野菜は，露地栽培に加え，ビニールハウスなどの施設栽培が多くなり，種類も多く，年間をとおして供給されるようになった．最近では，輸入野菜の種類や量も著しく増加している．

野菜から摂取されるおもな栄養素はミネラル，ビタミン，食物繊維である．

国民健康・栄養調査の結果によると，1日の摂取量のうちカルシウムや鉄は20%近くを，ビタミン A や C は50%以上を野菜から摂取している．しかし，これらの含有量は野菜によって大きく異なるため，バランスよく，効率的にとるためには，さまざまな野菜を組み合わせて調理し，食することが重要である．

ミネラルでは，カリウムを多く含む．カルシウムは葉茎菜類に，マグネシウムは根茎菜類，リンは果菜類に多く含まれる．

ビタミン類では，ビタミン A (レチノール) の前駆体 (プロビタミン A) であるβ-カロテンや，ビタミン E (トコフェロール)，ビタミン K (フィロキノン) が緑黄色野菜に多く含まれる．新鮮野菜にはビタミン C (アスコルビン酸) が多く含有され，主要な供給源となっている．しかし，ビタミン C は酸化されやすいので，収穫後低温で保存し，新鮮なうちに食べるとよい．サラダなどとして生食する場合は，食塩をふりかけたり，クエン酸を多く含むレモン汁をかけると酸化が防止できる．また，高温で炒めたり揚げた場合は保存中に酸化が進むので，残ったものを冷蔵するのはさけたほうがよい．ほうれんそうには葉酸 (プテロイルグルタミン酸) が，キャベツにはビタミン U (塩化メチルメチオニンスルフォニウム) が多く含まれている．このほか野菜には，ビタミン B_1，B_2，B_6，ナイアシンなども含まれる．

食物繊維は，水溶性食物繊維であるペクチンの含有量も多い．

表 5-7◆おもな野菜の機能性成分と期待される生理機能

品　目	機能性成分	機　能　性
キャベツ	ビタミン U	抗潰瘍作用
	イソチオシアネート	抗がん作用
ほうれんそう	食物繊維	ダイオキシン吸収抑制機能
	クロロフィル	ダイオキシン吸収抑制機能
しゅんぎく	イソクロロゲン酸類	抗酸化作用
モロヘイヤ	クロロゲン酸, ケルセチンなど	抗酸化作用
レタス	クロロゲン酸	抗酸化作用
	チコリ酸	抗酸化作用
	イソクロロゲン酸	抗酸化作用, 糖尿病性合併症の予防
な　す	ナスニン	抗酸化作用
きゅうり	ククルビタシン	抗がん作用
トマト	リコピン	抗酸化作用, 抗がん作用, 循環器系疾患予防
かぼちゃ	β-カロテン	抗酸化作用, 抗がん作用, 免疫力増強作用
たまねぎ	ケルセチン	抗酸化作用, 抗がん作用
		アラキドン酸代謝酵素の阻害
	含硫化合物	抗がん作用, 抗血小板凝集作用
だいこん	イソチオシアネート	抗がん作用
にんじん	β-カロテン	抗酸化作用, 抗がん作用, 免疫力増強作用

(津志田藤二郎ほか 編：地域農産物の品質・機能性成分総覧, サイエンスフォーラム, 2000 より)

　機能性成分については，はやくから疫学調査をとおして，野菜には老化を遅らせ，がんや心臓病などの危険性を低下させる働きのあることが示唆されていた．厚生労働省が進めている「21 世紀における国民健康づくり運動(健康日本 21(第二次))」では，毎日野菜を 350 g，果物を 100 g 摂取することを推奨している．おもな野菜の機能性成分と期待される生理機能を表 5-7 に示した．これらの成分量は，品種や生育環境などの栽培条件，収穫後の取り扱い方で変化する．

　緑黄色野菜に含まれるカロテノイドやアスコルビン酸(還元型ビタミン C)，トコフェロールは抗酸化ビタミンとして注目されている．近年，これらの成分が生体内で発生する活性酸素の消去に重要な働きをしていることが明らかになってきた．また，野菜にはさまざまなポリフェノール類が含まれる．フラボノイド，アントシアニン，フェノールカルボン酸などである．これらはいずれも抗酸化性があり，生活習慣病の予防効果が期待されている．たまねぎのケルセチン，しゅんぎくやモロヘイヤのクロロゲン酸類，なすの果皮の色素であるナスニンは主要な抗酸化成分である．これらの成分は，生野菜よりも加熱調理により多く抽出されるので，加熱調理後煮汁とともに食するのが好ましい．

　だいこん(アブラナ科植物)に含まれるグルコシノレートは大根おろしにすると酵素ミロシナーゼの作用でイソチオシアネート類に変化し，辛味を呈する(図 5-10)．これらのなかに発がん物質の解毒酵素を誘導する作用もみつかった．しかし，野菜を加熱調理したあとや，人間が食べたあとにも有効成分が残存するか否かについては不明であり，今後の研究課題である．

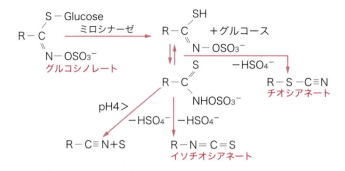

図5-10◆グルコシノレートからイソチオシアネートの形成

表5-8◆おもな野菜の色素の種類

クロロフィル （葉緑素）	a（青緑色） →フェオフィチンa（褐色） b（黄緑色） →フェオフィチンb（オリーブグリーン）		
カロテノイド	カロテン類 （赤色）	α-カロテン	にんじん
		β-カロテン	にんじん，トマト，とうがらし
		γ-カロテン	にんじん
		リコピン	トマト，すいか，あんず
	キサントフィル類 （黄～黄赤色）	ルテイン	黄葉，卵黄，かぼちゃ，オレンジ
		ゼアキサンチン	とうもろこし，緑葉
		クリプトキサンチン	とうもろこし
		リコキサンチン	トマト
		リコフィル	トマト
		カパントール	とうがらし
		カプサンチン	とうがらし
アントシアニン （花青素） （赤，青，紫色）	アントシアニンはアントシアニジンに糖が結合した配糖体		
	ペラルゴニジン系	カリステフィン	いちご
		フラガリン	えぞいちご
	シアニジン系	シアニン	赤かぶら，いちじく
		シソニン	ちりめんじそ
		クリサンティミン	黒豆，あずき
	デルフィニジン系	ナスニン	なす
		ペリラミン	ちりめんじそ
	マルビジン系	ネグレチン	じゃがいも（紅丸）
フラボノイド （無，白，黄色）		アピン	パセリの葉
		ルチン	トマト，そば
		トリチン	アスパラガスの茎葉
		ケルセチン	たまねぎ外皮

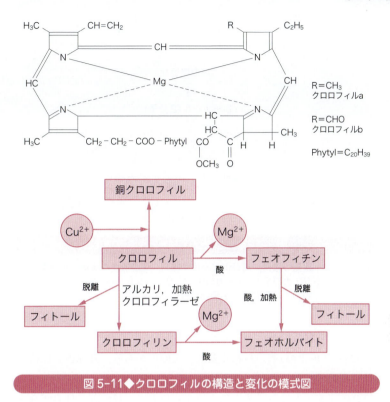

図 5-11◆クロロフィルの構造と変化の模式図

　ブロッコリーに含まれるスルフォラファンに強い発がん阻害作用があることが報告されて以来ブロッコリーのスプラウトが市販されるようになり，サラダに利用されている．しかし，加熱すると効果が減少するようである．

　にんにくやたまねぎなどのねぎ属に多く含まれる含硫化合物は特有の香気に関係しており，抗酸化作用，抗血小板凝集作用があるが，加熱後は著しく減少する．

　とうがらしの主成分であるカプサイシンは，アドレナリンの分泌亢進，体脂肪蓄積抑制効果や免疫機能増強作用があるといわれている．とうがらしを多く用いるキムチ料理やエスニック料理に関心をもつ人が多くなった．

(2) 調理による色と栄養機能成分の変化

　野菜は固有の天然色素を含んでおり，それに依存した緑，赤，黄など特有の鮮やかな色を発現する．おもな野菜の色素の種類を**表 5-8** に示した．

クロロフィル　クロロフィルの構造式と変化の模式図を**図 5-11** に示した．その基本はポリフィリン環の中央にマグネシウム（Mg）を結合したものである．クロロフィル含量の多いものはビタミンCを多く含むので，緑黄色野菜の葉肉部は栄養的に優れているといえる．緑黄色野菜を堆積貯蔵や野積みにすると，そのあいだに蓄積される有機酸の作用によりクロロフィルが分解し，共存するカロテノイドによって黄緑化する．青菜をゆでるとき，ゆでる時間を短くするほか，70℃程度で加熱処理するとクロロフィラーゼが活性化され，クロロフィルが加水分解されて，より安定したクロロフィリンに変わるため鮮明な緑色が保たれる．なお，青菜を電子レンジで短時間加熱し軟化させると緑色が保

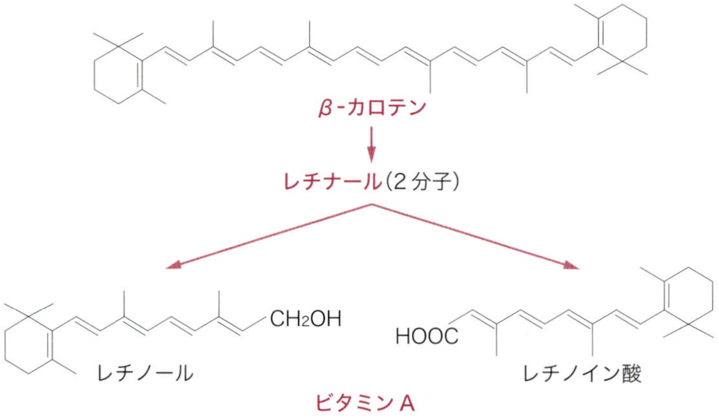

図5-12◆カロテノイドとビタミンA

ビタミンA…視覚の維持，成長促進と生命維持，免疫機能の維持，抗腫瘍作用
カロテノイド（β-カロテン，α-カロテン，リコピン）…がん予防作用
　→多くの動物実験・疫学調査により実証

たれることが知られている．

　調理において「色止め」といわれる変色防止操作がある．鮮緑色を保持するためには，できるだけ短時間の加熱にとどめるとよい．

カロテノイド　赤または黄～黄赤色を呈する色素で，緑色部には必ず含まれている．カロテノイドはカロテン類とキサントフィル類に大別されるが，多くの種類があり，いずれも脂溶性である．図5-12にカロテノイドとビタミンAの関係を示した．カロテン類やクリプトキサンチンは，人間の生体でビタミンA効力を示すので，プロビタミンAとよばれている．

　トマトが赤いのは，未熟期の緑色の色素クロロフィルが分解して，リコピンやβ-カロテンの色素であるカロテノイドがつくられるためである．リコピンには活性酸素を消去する性質や過酸化脂質の生成を抑制する働きがある．トマトのリコピンは加熱すると吸収率が高くなる．加熱料理やトマトジュース，ケチャップは，生のトマトよりもリコピンの吸収率が高いことが認められている．

アントシアニン　野菜や果物に含まれる赤，青，紫色などの水溶性色素である．酸や酵素によって加水分解されるとアントシアニジンと糖に分離される．図5-13にアントシアニンの構造と色の変化を示した．酸性の条件下では赤色，アルカリ側では青色を呈する．アントシアニンは鉄やアルミニウムなどの金属イオンと結合して安定な錯体を形成しやすい．アントシアニンは水によく溶ける．なすの煮物をつくるとき，油で揚げてアントシアニンを安定させてから煮ると色落ちが抑えられる．

フラボノイド　白色や淡色の野菜，かんきつ類に含まれている無色，白色，黄色の色素で，多くは配糖体の形で存在する．図5-14にフラボノイドの構造と色の変化を示した．微酸性で無色，アルカリ性で黄色を呈し，鉄塩と作用すると褐色または淡緑色に変化する．フラボノイドはビタミン類，ミネラル類と同様に重要な栄養素であり，そのなかでもルチン（そば，トマト），ケルセチン（たまねぎ，りんご），エリオシトリン（レモ

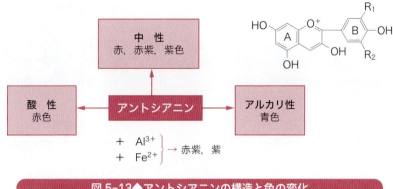

図5-13◆アントシアニンの構造と色の変化

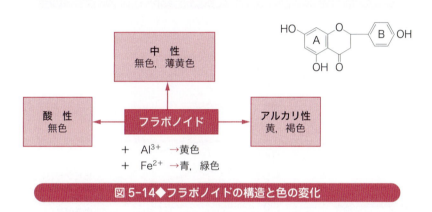

図5-14◆フラボノイドの構造と色の変化

ン,ライム)は生理機能成分として注目されている.

(3) 野菜の加熱による軟化と硬化

　野菜の多くは組織がかたいので,加熱してやわらかくして食べやすくする.ペクチンは野菜の細胞壁の中層を形成し,細胞を接着する役割をもち,組織に適当なかたさ,弾性,可塑性などの物性を与えている.野菜の加熱による軟化にはペクチンのグリコシド結合の開裂に2つの機構がある.図5-15に示したように1つは強酸性下における加水分解であり,もう1つは中性またはアルカリ性下におけるβ-脱離である.れんこんやごぼうを酢で煮るとシャキシャキしたテクスチャーになるのは,pH4付近の弱酸性下では,強酸性における加水分解や,中性やアルカリ性下におけるβ-脱離が起こらないためである.

　野菜の硬化は主として加熱時60〜70℃の比較的低温で起こる.この温度範囲では細胞膜の機能が低下し,野菜に多く含まれているカリウムイオンが細胞膜のペクチンエステラーゼを活性化し,ペクチンの脱エステル化反応が起こる.そこで,共存する2価のカルシウムイオンやマグネシウムイオンが結合してペクチン間で新たな架橋結合が生成され,野菜は硬化する.

(4) 野菜の貯蔵・非加熱調理における利点

　野菜は収穫後も生きて呼吸をしているので,輸送,貯蔵や加工のあいだに老化が進み機

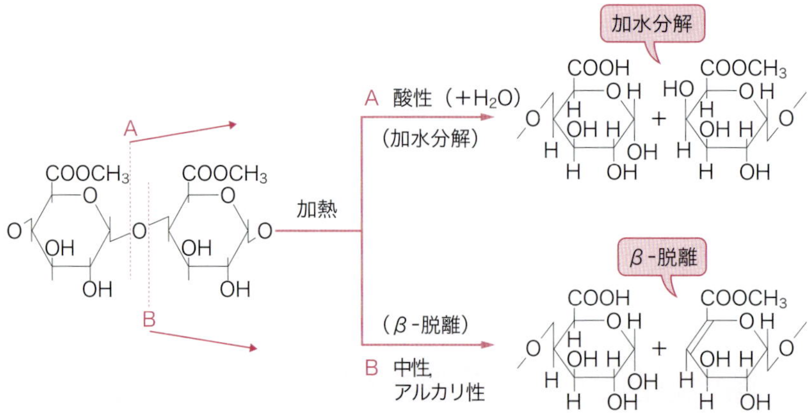

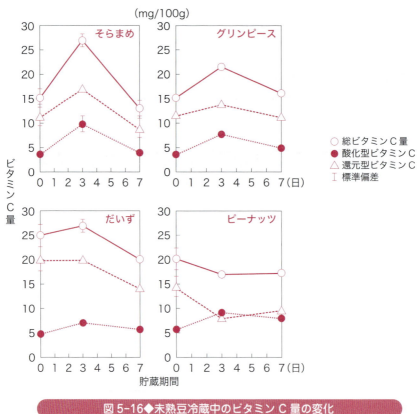

図 5-15◆加熱によるペクチンの分解機構

図 5-16◆未熟豆冷蔵中のビタミンC量の変化

能性成分が減少する．野菜の機能性成分のなかでも調理過程で損失の大きいビタミンCについてみる．以下の結果が得られている．

冷却貯蔵に伴うビタミンC量の増大　通常，野菜の呼吸を抑制するために低温貯蔵をするが，収穫後のじゃがいもや未熟豆を4℃で貯蔵すると2〜3日後にビタミンC

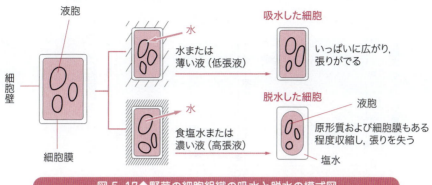

図 5-17◆野菜の細胞組織の吸水と脱水の模式図

量が増加し，その後減少することが観察された（**図 5-16**）．ビタミン C 量の増加に先立ちアスコルビン酸合成酵素，L-ガラクトノ-1,4-ラクトンデヒドロゲナーゼ活性が増加するので，アスコルビン酸合成が盛んになり，アスコルビン酸が増大することが考えられる．

　じゃがいもの貯蔵温度の影響をみると，4℃貯蔵のほうが 15℃貯蔵よりも 1〜3 か月後のビタミン C 残存率が低くなる．より低温で貯蔵すると塊茎は低温ストレスをより強く受け，活性酸素が多く発生するために，より低温でより多くのビタミン C が消費されるため残存率が低いと考えられる．したがって，冷蔵温度は 10℃前後が好ましいといえる．

テクスチャーの向上　生野菜の調理では，サラダのように水に浸漬し，細胞内に水をとり込ませて歯切れや口当たりなどをよくする．また，塩漬や食塩水に浸漬することによって細胞内の水分を放出させて塩味をつけるとともに歯切れをよくする（**図 5-17**）．

切断放置に伴うビタミン C 量の増大　いくつかの野菜（たまねぎ，にんじん，だいこん，キャベツ）やいも類（じゃがいも，さつまいも）をスライスして室温（25℃）に放置すると，放置後 1〜3 日にビタミン C 量が増加した（**図 5-18**）．ビタミン C 合成酵素活性も切断後 1〜3 日まで連続して増加したので，切断によってビタミン C 合成酵素が増加した結果，ビタミン C 量が増加すると考えられる．

塩漬けによるビタミン C の酸化促進　近ごろは野菜の浅漬けが多く出回り，食べる機会も多い．野菜に食塩をふったり，食塩水に浸漬して漬物にして冷蔵すると，3〜6 日後に残存するビタミン C 量はそのまま冷蔵したものより少ない．食塩処理すると無処理に比べ，還元型ビタミン C 量が 1 日後に急激に減少し，酸化型ビタミン C 量が増加した．なかでも食塩の結晶をまぶしたものより食塩溶液に漬けたものの減少が大きい．その原因はアポプラストの膜に結合しているアスコルビン酸オキシダーゼが食塩で可溶化され，還元型ビタミン C をより多く酸化するためであると考えられる．

漬物にすることの利点　漬物は一般的に野菜類を主材料として，各種の副材料（塩，しょうゆ，みそ，こうじ，酒かす，酢など）に漬けたものをいい，漬物の素材は野菜類のほかに果実，畜肉，魚肉類などが用いられる．野菜類などは，塩やみそなどの副材料に漬けることにより生鮮物固有の特色を失い，副材料の香味や，酵素作用など

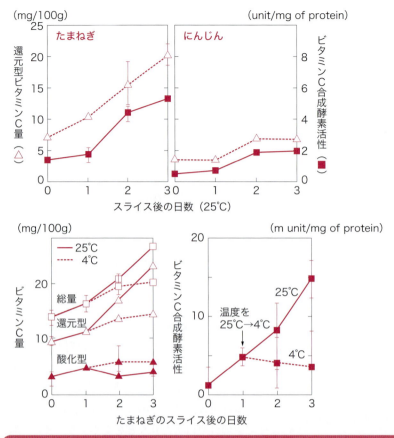

図 5-18 ◆ 野菜の切断・放置に伴うビタミン C 量およびその合成酵素活性の変化

によって生成されたアミノ酸，糖，有機酸などの特殊成分が野菜類の細胞壁を通過して内部に浸透し，独特の調和した風味をもつようになる．

　漬け床に使用される米ぬか，酒かす，みそ，こうじなどには，アミラーゼ，マルターゼ，プロテアーゼ，そのほか各種の加水分解酵素が含まれている．原料野菜は細胞が死ぬと酵素の作用を受けやすくなり，野菜中のでん粉やたんぱく質などがこれらの酵素によって一部加水分解され，さまざまなペプチドやアミノ酸などを生じ，うま味成分が増加する．また，野菜中の細胞壁や繊維なども分解して柔軟になる．野菜類の細胞中には各種の酵素が含まれており，一方細胞内にはこれらの酵素の基質となる糖質，たんぱく質や有機酸が含まれているので当然自己消化が進み香味が醸成される．ザウアークラウト，ぬか味噌漬けやキムチ漬けなどのように微生物の発酵作用によって香味を醸成するものが多い．

　漬物の栄養・機能面の利点としては，ぬか中のビタミン B 群が野菜に浸透したり，キムチのとうがらしの成分が野菜に浸透し，これらが生体にとって有益な機能性を示すことがあげられる．また，漬物に含まれる乳酸菌が腸内細菌叢を改善することも期待されている．

2) 果 実 類

(1) 栄養機能成分

多くの果実の水分量は，野菜と同様に 80〜90％であるが，糖質が 100 g 当たり 10〜15 g 含まれるので甘味が強い．そのため，デザートとして生食される場合が多い．

クエン酸，リンゴ酸，酒石酸などの有機酸や香気成分(アルコール類，アルデヒド類，エステル類，テルペン類)などの量はほかの食材よりも多い．エネルギーは 100 g 当たり 40〜60 kcal で，野菜よりは多いが，ほかの食品に比べるとかなり少ない．炭水化物(糖質)は 100 g 当たり 10〜15 g 含まれる．たんぱく質，脂質はごくわずかしか含まれない．ミネラルは野菜類と同様に，カリウムが多い(数百 mg/100 g)．カルシウム量は数 mg〜数十 mg/100 g である．ビタミン類は，ビタミン A，C，E の抗酸化ビタミンが含まれる．ビタミン A はみかん，すいか，かきに多く含まれる．ビタミン C は果実に含まれる代表的なビタミンであり，みかんやレモンのようなかんきつ類(35〜60 mg/100 g)，いちご(62 mg/100 g)やかき，キウイフルーツ(70 mg/100 g)に多く含まれる．

機能性成分 栄養機能面ではビタミン C やミネラルの供給源として，また，生理機能面では，抗酸化成分などの疾病予防機能をもつさまざまな成分(ビタミン A，C，ポリフェノール，ペクチン)が含まれている．嗜好食品的な部分を楽しむだけでなく，健康維持に必須の食材である．疫学調査でもかんきつ類の多量摂取者に心臓疾患，がん，糖尿病の発生が少ないという結果がでている．かんきつ類に含まれる生理機能成分のうち重要な成分の 1 つにポリフェノールのフラボノイドがある．その代表的な成分はナリンギンとヘスペリジンである．前者はグレープフルーツ，なつみかん，レモンに，後者はうんしゅうみかん，オレンジ，レモンなどに含まれる．

グレープフルーツやライムにはベルガモティン(図 5-19)が含まれる．これは薬物代謝に関与する P450 を破壊する働きをもつ．たとえば，ベルガモティンにより P450 の活性が著しく低い状態にある人が血圧降下薬を服用した場合，その血中濃度が異常に上昇し，血圧が下がりすぎ，生命にかかわる恐れがある．グレープフルーツジュースは，薬と同時に摂取することを控える必要がある．

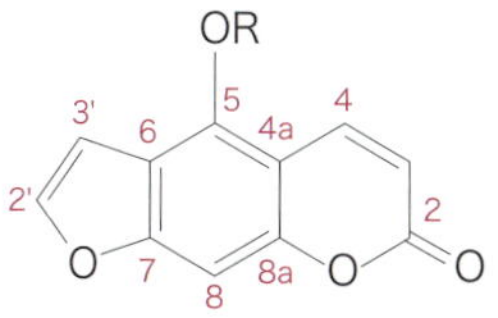

$R: CH_2CH=C(Me)CH_2CH_2CH=C(Me)_2$

図 5-19 ◆ グレープフルーツに含まれるベルガモティン

料理に使うかんきつ類にはクエン酸が多く含まれる．レモン，かぼす，すだち，ゆずなどは 5〜7％，普通のかんきつ類は 0.7〜1.2％と，クエン酸のよい供給源である．クエン酸には乳酸の代謝を早める効果があるので，激しい運動をしたあと(筋肉に乳酸が蓄積)や，疲労時には酸っぱいかんきつ類をとるようにするとよい．

「果物には糖分があるので，食べすぎるとエネルギーの過剰摂取になる．とくに果糖のとりすぎには注意しましょう」というようなことを聞いたことがある人も多いだろうが，でん粉性食品のカロリーと比較するとポテトチップスやミルクチョコレートの1/10以下，食パンの1/5〜1/6のカロリーである．果物の機能性から考えると，おおいに摂取することを推奨したい．

4 きのこ類・藻類の栄養と調理性

1) きのこ類

日常よく使われるきのこは，しいたけ，えのきたけ，しめじ，なめこ，きくらげ，マッシュルーム，まつたけである．

きのこ類の主成分は水分90%，炭水化物5.0%，たんぱく質2〜3%，脂質0.4%，ミネラル0.7%である．ビタミン類で比較的多いのはビタミンB_1，B_2，ナイアシンである．プロビタミンDであるエルゴステロール(紫外線の作用でビタミンDに変化)は乾燥きのこに約0.2%含まれる．

栄養機能面ではビタミンDを除いては高くないが，食物繊維(セルロース，リグニン，ペクチン様成分)のよい供給源である．血中LDL低下作用をもつ成分や抗酸化成分，抗がん性成分(ペプチドやヘテロ多糖質)も含まれる(**表5-9**)．しいたけに含まれるエルタデニンはコレステロールを低下させることが知られている．

表5-9◆きのこの機能性成分の作用

機能性成分	作 用
食物繊維	体調調節，糖尿病予防，血清コレステロール低下
ペプチド	抗腫瘍，抗酸化
多糖類($β$-グルカン)	抗腫瘍，免疫賦活化
含硫化合物(レンチオニン)	抗がん作用

独特な香りや味など嗜好的に優れているきのこのうま味成分はグルタミン酸，アラニンのほか，トリコロミン酸やイボテン酸のような強いうま味を呈する特殊なアミノ酸や有機酸である．また，核酸関連物質の5′－グアニル酸も含まれている．乾しいたけは10℃以下の冷水で戻して加熱すると5′－ヌクレオチドの蓄積が顕著に多くなり，おいしくなる(**図5-20**)．

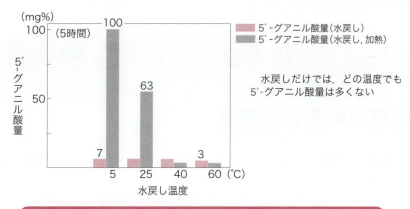

図 5-20 ◆ 5´-グアニル酸量に及ぼす乾しいたけの水戻し温度の影響
（菅原龍幸：きのこ，p.69，農村漁村文化協会，1989 より改変）

香味成分としては，しいたけのレンチオニン，まつたけのマツタケオール，ケイヒ酸メチルなどがある．味を重視する調理は汁物や鍋物がよく，香りを生かす場合は焼くとよいが，焦がさないように注意する．

2) 藻　類

わが国で食用にしている藻類は約 50 種類あるが，全国的に流通しているのは，のり，こんぶ，わかめ，ひじきなどである．藻類はたんぱく質と脂質が少なく，炭水化物，ミネラルに富む．生の状態で水分が約 92％，炭水化物 4％，ミネラル約 5％である．

炭水化物には難消化性多糖類が多く，アルギン酸，ラミニン，マンニトールなど糖質多糖を含むが，その多くは食物繊維である．

海藻は海水中のすべての元素を蓄積しているので，きわめて優れたミネラルの供給源でもある．日本人の食物繊維の 1 日の摂取量は 15 g 前後である．25 g の摂取が望ましいとされるので，藻類は，不足している食物繊維のよい供給源である．また，こんぶにはうま味成分のグルタミン酸が多く含まれ，最大で約 1.5％にもなる．だしをとるための必須材料である．加熱したときの粘質物はアルギン酸で，素干しこんぶの白い粉は甘味を有するマンニトールである．

B 動物性食品の栄養と調理性

1 肉類の栄養と調理性

　肉類は獣鳥肉類をさすが，日常的によく食べる獣肉（家畜の肉）は，牛肉，豚肉と家禽の鶏肉などである．

1) 肉類の組織構造と熟成および食肉の部位

　食肉として利用しているのは，家畜，家禽を屠殺後一定期間熟成した筋肉組織である．骨格筋に内臓類や脂肪組織も含めることがある．筋肉組織は主として筋細胞が集まってできている（図5-21）．この筋細胞（筋繊維とも呼ばれる）は細長い円柱状（直径20〜150μm）の細胞で，筋内膜で覆われている．これが多数集まり筋周膜で束ねられ筋繊維の束を形成し，さらにこれらが束ねられて筋肉を構成する．筋内膜や筋周膜は結合組織で構成され，主要なたんぱく質はコラーゲンである．肉の皮や腱，靭帯，血管壁を構成する結合組織のたんぱく質はおもにエラスチンである．筋繊維は筋原繊維たんぱく質と筋形質（筋漿）たんぱく質からなる．筋原繊維たんぱく質を構成する主要たんぱく質はアクチンとミオシンである．脂質は，骨格筋の結合組織に存在する脂肪細胞に蓄積され，第1次筋周膜などに脂質が均一に蓄積する場合を脂肪交雑といい，脂肪が細かく網目状に分散した霜降り肉は加熱をしても肉の収縮は小さく，風味がよいとして，商品価値が高い．

　私たちが購入する肉類は，屠殺後死後硬直を経て，適度に熟成されて，肉質が軟化し，保水性が出てきて，風味や呈味性が増したものである（図5-22）．

　おもな肉の種類と特徴を表5-10に示した．

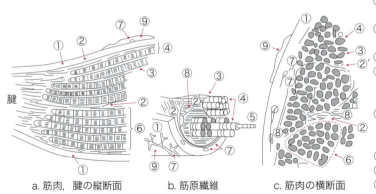

① 外筋周膜
② 第一次内筋周膜（①が血管神経を伴って筋肉内に入ったもの）
②′第二次内筋周膜（筋線維の小束を含む）
③ 筋内膜（個々の筋線維を包む）
④ 筋線維（筋原線維と筋形質が存在し，筋鞘によって取り巻かれている）
⑤ 筋原線維（径1〜2μm，横紋がある．筋原線維が束になり，筋線維を形成している）
⑥ 筋小束（…内）　⑦ 毛細血管
⑧ 神経
⑨ 脂肪（結合組織に沈着して血管に沿って筋肉内に入る）

図5-21◆筋肉の模式図（a，b：藤田，1975，c：Potter，1970）
（下村道子，橋本慶子 編：調理科学講座5 動物性食品，p.4，朝倉書店，1993 より）

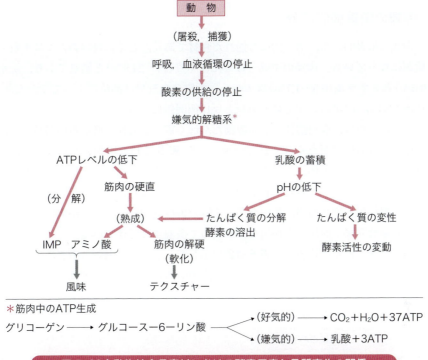

図 5-22 ◆ 動物性食品素材における酵素反応と品質変化の関係
（島田淳子・下村道子 編：調理科学講座 1 調理とおいしさの科学, p.33, 朝倉書店, 1993 より）

表 5-10 ◆ おもな肉の種類と特徴

		牛 肉	豚 肉	鶏 肉
体 重(kg)		和牛 400〜500	大 350 中 200〜250	3.5〜4.0
肉質	色 彩	鮮赤褐色, 子牛は淡赤色	淡紅色, 灰白色	淡肌色, 淡褐色
	肉のきめ	繊 細	繊 細	繊 細
	脂肪交雑	筋間に白色脂肪多い, 霜ふり	筋間に脂肪多い	脂肪が少ない
	臭 気	特有の芳香	牡は牡臭	淡味で特有の芳香
脂肪	色 沢	白色, 淡黄色	白 色	黄 色
	粘 り	硬 靱	柔 軟	柔 軟
	溶けやすさ	溶けにくい	溶けやすい	溶けやすい
	溶融点(℃)	42〜49	36〜48	30〜32
	凝固点(℃)	37〜40	27〜30	―
皮		かたい	かたい	やわらかい, 食用
部位・肉名		ネック, 肩ロース, リブロース, サーロイン, ランプ, そともも, うちもも, ヒレ, 肩, 肩バラ, ともバラ, しんたま, すね	肩, 肩ロース, ロース, ヒレ, そともも, うちもも, もも, バラ	か, ささみ, 手羽, むね, もも

2) 肉類の栄養機能成分

　肉類は栄養的にも，嗜好的にも優れた食材であり，とくに良質のたんぱく質や脂質の供給源になっている．肉類の主成分はたんぱく質（11〜24.9％）と脂質であり，炭水化物（0〜0.6％）とミネラル（0.5〜1.1％）は少ない．脂質の含有量は部位によって差が大きく（鶏胸肉1.5〜牛ばら肉50％），水分の含有量と反比例関係にある．

　たんぱく質は，塩可溶性の筋原線維たんぱく質，水溶性の筋形質（筋漿）たんぱく質および塩不溶性の肉基質たんぱく質に分類される（**表5-11**）．肉類のたんぱく質の栄養価は非常に優れており，人体への消化吸収性も優れている．たんぱく質を十分摂取していると，血管壁に柔軟性が与えられ，脳卒中が起こりにくくなるといわれている．また，肉類のたんぱく質の免疫増強効果，牛肉たんぱく質の抗疲労効果，そのほか肉類由来のオリゴペプチドの鎮痛効果や血圧降下作用などが改めて重視されてきている．

　肉類に含まれる脂質組成を**表5-12**に示した．これまで肉類の脂質については飽和脂肪酸が多い点ばかりが強調されてきたが，肉類や内臓に含まれるアラキドン酸から生成され

表 5-11◆食肉構成たんぱく質の特性

種　類	筋肉に占める割合（％）			特　性	含まれるおもなたんぱく質
	魚介		畜肉		
	ぶり	いか			
筋原線維たんぱく質	60	77〜85	50	筋運動の主体	ミオシン，アクチン，トロポミオシン
筋形質（筋漿）たんぱく質	32	12〜20	30	筋細胞に存在する可溶性のたんぱく質	ミオゲン，ミオグロビン，ヘモグロビン
肉基質たんぱく質	3	2〜3	10	筋肉組織を高濃度の塩溶液で抽出した残渣 組織の支持組織	コラーゲン，エラスチン

表 5-12◆肉類の脂質の脂肪酸組成と融点

			牛	豚	鶏
脂肪酸（％）	ラウリン酸	$C_{12}:0$	0〜0.2	—	—
	ミリスチン酸	$C_{14}:0$	2〜2.5	1	0.1
	パルミチン酸	$C_{16}:0$	27〜29	25〜30	24〜27
	ステアリン酸	$C_{18}:0$	24〜29	12〜16	4〜7
	オレイン酸	$C_{18}:1$	43〜44	41〜51	37〜43
	リノール酸	$C_{18}:2$	2〜3	6〜8	18〜23
	リノレン酸	$C_{18}:3$	0.5	1	—
	アラキドン酸	$C_{20}:4$	0.1	2	—
飽和脂肪酸　（％）			53〜61	38〜47	28〜34
不飽和脂肪酸（％）			46〜48	50〜62	55〜66
脂肪の融点　（℃）			40〜50	33〜46	30〜32

るアナンダマイド(anandamide)は満足感，至福感を与えることがわかってきた．アラキドン酸(p.146 図 5-26 参照)はこれまで血小板の凝集や血栓形成作用が強調されていたが，アナンダマイド生成による血管収縮抑制作用が注目され，肉類のもつ抗ストレス効果に関心が高まっている．

また，肉類に含まれるヘム鉄は吸収がよい(吸収率約 25%，野菜に含まれる非ヘム鉄の吸収は約 5%)．ヘム鉄やビタミン C は非ヘム鉄の吸収を促進する効果があるので肉と野菜を一緒に食べると鉄分の吸収性を高める．

さらに，肉類にはほとんどのビタミンが含まれる．とくに豚肉に含まれるビタミン B_1 は 0.7〜1.01 mg/100 g で，牛肉や鶏肉の約 10 倍にもなる．豚肉を 100 g 食べると 1 日の必要量の約 80% を摂取することができる．ビタミン A は肝臓(1,100 μg/100 g)に多く含まれるが，肉類にはほとんど含まれない．ナイアシンは比較的多く，鶏胸肉には 10.6〜11.6 mg/100 g 含まれており，100 g 食べると 1 日の必要量の約半分を摂取できることになる．

3) 肉の加熱および酢処理による変化

肉類は加熱により色，香り，テクスチャー，風味が変化して嗜好性を増す．肉を加熱すると筋原線維たんぱく質の変性が 40〜50 ℃で開始し，60 ℃くらいで繊維状に収縮する．筋形質たんぱく質はそれよりやや高温でかたまる．コラーゲンは 65 ℃くらいで元の長さの 1/3〜1/4 に収縮する．保水性の減少や重量の減少を伴う．60 ℃以下では肉の収縮は小さいが，70 ℃で増加し，100 ℃で約 20% 収縮する．図 5-23 に肉の加熱によるせん断力の変化を示した．低い温度で焼いた肉のほうがやわらかい．

肉の色はミオグロビン(色素たんぱく質)の状態によって決まる．生肉は赤色であるが，加熱によりグロビンたんぱく質が変性してメトミオクロモーゲンとなり，灰褐色になる．肉の味はアミノ酸(アラニン，グルタミン酸，グリシンなど)，核酸関係物質(IMP)，炭水化物(グリコーゲン)，脂質，乳酸などによって構成される．屠殺直後の肉はやわらかいが，死後硬直が起こりかたくなる．そののち，時間の経過とともに肉の軟化が起こり，風味に

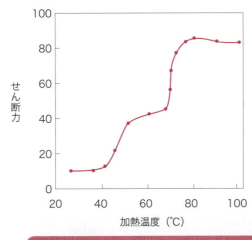

2か所で急にせん断力の上昇がある．これらは収縮たんぱく質とコラーゲンの変性温度と関係がある
せん断力の数値は，目安として表されている

図 5-23 ◆ 加熱による牛肉のせん断力の変化

(田村咲江 監修：食品・調理・加工の組織学，学窓社，p.110, 1999 より)

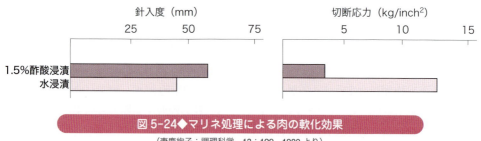

図5-24◆マリネ処理による肉の軟化効果

(妻鹿絢子：調理科学, 13：199, 1980より)

富んだ肉となる．

　適度に熟成した肉を選択して最初強火で加熱し，その後弱火で適度に加熱するとうま味が増強する．生肉では，細胞内に存在した水溶性エキス成分が加熱により細胞外に滲出するためである．油脂も加熱によって溶出するので，肉汁のうまみはつよくなり，「こく」を増す．マリネには肉の軟化効果のあることが知られているが，その効果の実験例を図5-24に示した．

2　魚介類の栄養と調理性

1）魚体の構造と鮮度の鑑別

　動物性たんぱく質の供給源としてわが国では古来から魚介類への依存度が高い．一般に魚肉は良質なたんぱく質，生理機能をもつ脂質，脂溶性ビタミン，ミネラルのよい供給源となっている．しかし，死後硬直の持続時間が短く，変質，腐敗しやすいので，鮮度の維持が大切である．

魚体の構造　魚体の構造と主要な筋肉を図5-25に示した．筋節は筋繊維が薄い結合組織の筋角腹で仕切られている．

鮮度の鑑別　死後硬直(死後数十分から数時間)により肉質がかたくなり，歯ざわりがよくなる．魚介類の特徴を活かしおいしく調理するには，鮮度の見極めが重要である．人間の五感による鮮度の判定は，機器分析に勝ることもあるので，官能評価のポイントを表5-13に示した．また，化学的判定として以下の3つがある．

・揮発性塩基窒素(VBN)：魚肉100g当たり30mg以上で初期腐敗．
・トリメチルアミン(TMA)：魚肉100g当たり5mg以上で初期腐敗．
・K値：魚の死後ATPはIMPを経てヒポキサンチン(Hx)へと分解される．ATPの総分解物量に対するイノシン(HxR)とHxの合計量の割合がK値である．生鮮魚のK値は，即殺魚(活魚)が約5％，すし種や刺し身は20％以下，市販生鮮魚は40〜60％である．40％以上は加熱調理用の目安となる．

$$K値(\%) = \frac{HxR(イノシン)+Hx(ヒポキサンチン)}{ATP+ADP+AMP+IMP(イノシン酸)+HxR+Hx} \times 100$$

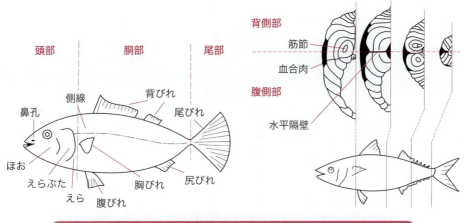

図 5-25◆魚体の構造と血合肉の部位

(井上四郎 編著：基礎食品材料，建帛社，p.113，1992 より)

表 5-13◆魚類の鮮度の官能評価におけるチェックポイント

項　目	部　位	評　価	
		新　鮮	初期腐敗
外　観	体　表	みずみずしい光沢がある．鱗がしっかりついている．	光沢がなくなる．鱗の脱落が多い．
	眼	混濁がない．血液の浸出が少ない．	白く混濁し，眼窩の中へ落ち込む．血液の浸出が多い．
	鰓	鮮やかな桃赤色をしている（氷蔵魚では脱色されていることがある）．	周辺から灰色を帯びるようになる．しだいに暗緑灰色になる．
	腹　部	腹切れがない．	腹部が切れて内臓が露出したり，肛門から腸内容物が出てくるようになる．
匂　い	全　体	異臭を感じない（魚種によっては特有の匂いをもつものがある）．	不快な生ぐさ臭がある．
	鰓	ほとんど匂いがない．	不快臭を帯びるようになる．
硬　さ	背・尾部	指圧をかけると弾力が感じられる．	弾力が乏しくなる．
	腹　部	内臓がしっかりしていて弾力がある．	軟化し始める．指圧をかけると肛門から腸内容物が容易に出るようになる．
粘質物	体　表	指でなでても粘質物が気にならない．	粘液が粘着性を増す．

(須山三千三・鴻巣章二 編：水産食品学，p.134，恒星社厚生閣，1987 より)

2) 魚介類の栄養機能成分

　魚類の成分は季節，餌料生物，漁獲場所，年齢，雌雄などの影響を受けて変動が大きく，水分 70～80％，たんぱく質 15～20％，脂質 1～10％，炭水化物 0.1～1.0％，ミネラル 1.0～1.5％の範囲にある．

　魚類のエネルギーは最低 100 g 当たり 58 kcal（あんこう），最高で 558 kcal（養殖あゆの内臓焼き）である．

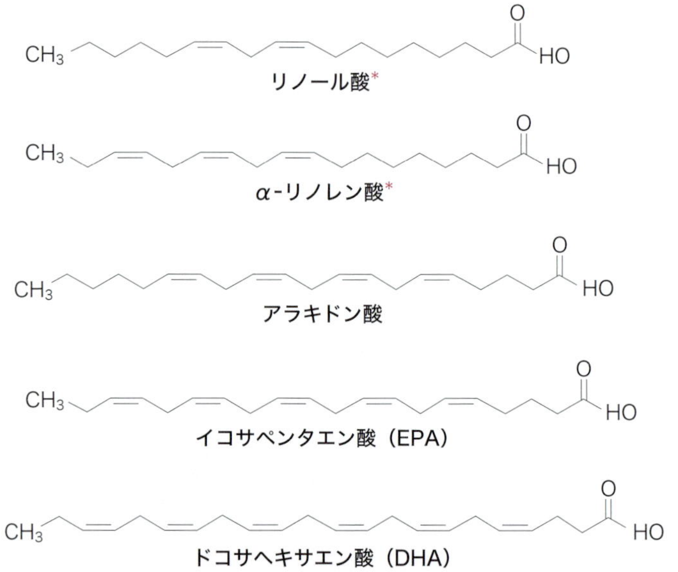

[図: リノール酸、α-リノレン酸、アラキドン酸、イコサペンタエン酸（EPA）、ドコサヘキサエン酸（DHA）の構造式]

図 5-26 ◆ 必須脂肪酸と EPA・DHA の構造

*必須脂肪酸は人間の体内で合成できないため外部から摂取する必要がある脂肪酸で，リノール酸とα-リノレン酸がある．アラキドン酸を含める場合もある

　たんぱく質のほとんどは筋原線維たんぱく質と筋形質たんぱく質である．魚肉たんぱく質組成は，肉類のたんぱく質と比較すると筋原線維たんぱく質が多く，肉基質たんぱく質が少ない．生の魚肉では，まぐろやかつお類にたんぱく質が多く含まれる．

　脂質は，とくに季節や年齢による変動が大きく，魚肉 100 g に含まれる脂質は 0.1 g～30 g 程度である．魚類の脂質の特徴は，イコサペンタエン酸（EPA，C_{20}：5n-3）やドコサヘキサエン酸（DHA，C_{22}：6n-3）などの n-3 多価不飽和脂肪酸が多く含まれていることである（**図 5-26**）．

　大部分の魚類に含まれるミネラルは，100 g 当たり 1.0～1.4 g であるが，くろまぐろの赤身（1.7 g）からは比較的多くとることができる．1 匹まるごと骨や内臓も食用にするいかなご（3.0 g），どじょう（3.6 g），ししゃも（3.1 g），めざし（3.4 g）などからは多量に摂取できる．

　ビタミン A のレチノールは，うなぎ，ぎんだらに 100 g 当たり 1,000 μg 以上含まれ，十分なビタミン A 源となる．ビタミン D，E も含まれているが，ビタミン K はほとんど含まれない．水溶性のビタミン B_1，B_2，B_{12} も比較的多く含まれる．葉酸やパントテン酸も含まれるが多くない．魚卵にはビタミン E，D，B_{12} が含まれるが，一般的にはコレステロール含量が多い．

　EPA, DHA よく吸収され，血清脂質の低下，抗血栓作用などを示すことから，動脈硬化症，心筋梗塞，脳梗塞などの心血管系疾患の予防効果や，抗炎症作用，がん細胞の発生，増殖，転移を抑制することによる抗がん作用をもつとされる．DHA は EPA とは異なり血液脳関門を容易に通過することができ，脳神経細胞のシナプスの膜に取り込まれ，その流動性を維持向上させたり，情報伝達物質の入っているシナプス小胞を増やし

たりして，記憶学習能など脳機能を維持向上させる機能があるといわれる．認知症の改善や知的能力の向上が認められている．

タウリン 含硫アミノ酸のタウリンは，あらゆる臓器に存在し，生命活動に不可欠なものであるが，その大部分は食品から摂取している．1日当たり50〜300 mg摂取しているとされるが，1日の必要量は明らかではない．コレステロール上昇抑制効果，疲労回復作用，血圧低下作用，脳および視覚機能維持作用を示すことが明らかになっている．しかし，タウリンは加熱調理により減少し，焼魚では生の7割に，煮魚では生の半分になるといわれる．

アスタキサンチン 脂溶性の色素の1つで，さけやますなどの魚肉や魚卵，きんき，さくらだいなどの魚皮，えびやかにの殻や身に豊富に含まれる．強い抗酸化作用があり，動脈硬化予防，ストレス性の免疫低下抑制効果，抗がん作用などが期待されている．なお，アスタキサンチンは熱に強く水で溶出しにくいため，さまざまな調理加工を行っても赤い色素を含む油の流出がなければ，その強力な抗酸化作用が期待できると考えられている．

3）魚介類の調理性

魚介のたんぱく質は畜肉に比べて筋原線維たんぱく質が多く，肉基質たんぱく質が少ないため，やわらかい刺し身にすることができる．生でやわらかい肉質が加熱によってかたくなるが，もろく，割れやすく，さらにほぐれやすくなるという特徴がある．

刺し身とあらい 刺し身は鮮度の高い生の魚介を食べやすい形に切り整え，しょうゆなどの調味料をつけて食べる料理であり，生の魚肉特有のテクスチャーを賞味する．魚介の種類によって組織・物性が異なるので，それらの特性を効果的に生かすために切り方を工夫する．肉質の比較的やわらかい魚種はやや厚めの平づくり，角づくり，引きづくりなどにし，比較的かたい魚種は，糸づくり，そぎづくりなど，細くまたは薄く切ることが多い．

あらいは，刺し身の一種で，死後硬直を起こす前の新鮮な魚をそぎ切りまたは糸切りにして，氷水中で洗って脂質や異臭を除き，筋肉を収縮させて，そのテクスチャーを賞味する．たい，こい，すずきのように筋収縮の大きい魚種があらいに適する．

魚肉のすり身 魚肉に食塩を加えてすりつぶすと，粘稠なペースト状のすり身になる．魚肉だんごとして加熱し，煮物や椀種に用いる．また，すり身はかまぼこやちくわの原料として利用される．魚肉のアクチン，ミオシンは1.7〜5.8％の食塩水に溶ける性質があるので，魚肉に約3％の食塩を加えてすりつぶすと，アクトミオシンが形成され，ペースト状のすり身になる．さらに，加熱すると弾力性のある網目構造ができ，魚肉だんごやかまぼこができる．図5-27にかまぼこ製造の各過程におけるたんぱく質分子の挙動を示した．

4）加熱調理による栄養機能成分の変化

魚皮コラーゲンは牛皮コラーゲンより消化されやすく，加熱により容易にゼラチン化する．煮魚の煮汁を放置し冷えたときゼリー状になる．これを"煮こごり"とよぶが，ゼラチ

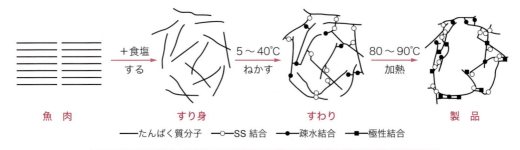

図5-27◆かまぼこ製造の各過程におけるたんぱく質分子の挙動
(丹羽栄二:ジャパンフードサイエンス,1982-12, 41より)

ンがゲル化したものである.

　EPAやDHAは家庭用冷凍庫での長期保存,干物やくん製などの加工,煮たり焼いたりなどの調理により微量が酸化分解するが,加熱による分解はほとんど認められない.しかし,EPAやDHAは魚類の脂質に含まれているので,脂質が調理中に流出すると減少し,摂取量が少なくなる.しかし,煮魚や焼き魚では生(鮮魚)の8割,水煮缶詰やみそ煮缶詰でも生の8割は摂取できる.また,冷凍品や干物でもほぼ生のものと同等のEPAやDHAを摂取することができる.ただし,から揚げや天ぷらにすると,魚類の脂質が揚げ油に流出してしまうため,生の5割程度に減少する.

3 卵類の栄養と調理性

　市販卵としては鶏卵,うずら卵,あひる卵などがあるが,食用として最も利用されているのが鶏卵である.鶏卵は養鶏技術の進歩によって生産量が多く,日本では年間一人当たりおよそ310個で,ほぼ毎日1個食べていることになる.動物性食品の中でも保存性は高く,流動性があり,食材として調理性に最も優れている.

1) 卵の構造と鮮度

　卵は卵殻,卵白,卵黄の3部分からなり,重量比はおよそ1:6:3である.卵の断面を図5-28に示した.卵殻は厚さ0.25〜0.35 mmで炭酸カルシウムを主成分とする.表面には多数の気孔があり,放卵後,時間が経つにつれて,鈍端部の内外卵殻膜のあいだに水の放散と入れ替わりに空気が入り,気室が大きくなる.卵白は外水様卵白,濃厚卵白,内水様卵白,カラザからなる.卵黄は卵黄膜に覆われ,カラザにより卵の中心に位置づけられている.卵黄表面の中央には胚がある.

　鶏卵の鮮度は保存中の温度の影響を受けるので,鮮度の低下を抑えるために購入後ただちに冷蔵保存する.品質の判定法には,外観検査と割卵して内容物を判別する割卵検査がある.

(1) 外観検査
外観:鶏卵の形,卵殻の色,汚染,亀裂の有無などを確かめる.
透視法:光を当て,気室の大きさ,卵黄の位置,異物の混入などを観察する.

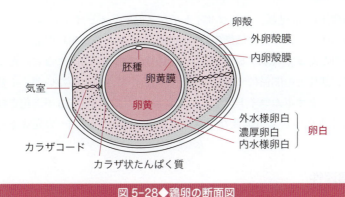

図 5-28◆鶏卵の断面図

（菊池榮一 編著：動物タンパク質食品，p.100，朝倉書店，1994 より）

比重法：新鮮卵は 10％食塩水に沈むが，古い卵は気室が増大するので浮いてくる．

(2) 割卵検査

卵白の pH：新鮮卵の卵白の pH は約 7 であるが，古くなると pH9.5 程度まで上昇する．卵黄の pH は 6 前後で，鮮度による変化はあまりない．

濃厚卵白率：全卵白に占める濃厚卵白の割合を示す濃厚卵白率で鮮度を求める．

ハウ・ユニット：濃厚卵白の高さ〔H(mm)〕と殻付卵重〔W(g)〕から，次式により求める．

ハウ・ユニット(H.U.)
$$= 100 \cdot \log(H - 1.7W^{0.37} + 7.6)$$

卵の新古の判定には，国際的に HU 法が使用されている．

卵黄係数：卵黄の高さ(mm)を卵黄の直径(mm)で除した値．

2) 卵の栄養機能成分

鶏卵はビタミン C を除くすべての栄養素を含み，牛乳とならんで最も栄養的に優れた食品である．

たんぱく質の栄養価は，卵白，卵黄ともにきわめて高く，ほかの食品たんぱく質の基準になっている．卵白の主要成分は約 90％の水分を除くと，ほとんどがたんぱく質である．卵黄たんぱく質の主要なものはリポたんぱく質であり，脂質含量の高い低密度リポたんぱく質と低い高密度リポたんぱく質(リポビテリン)からなる．

卵黄には固形分が多く，たんぱく質を上回る量の脂質が存在する．卵黄中の脂質のほとんどはたんぱく質と結合してリポたんぱく質として存在する．卵黄脂質の主成分はトリアシルグリセロールとリン脂質であり，そのほかにはコレステロールとカロテノイドが少量存在する．卵黄中のコレステロールの量はさまざまな食品のなかでも著しく多いが，健康人については 1 日 1〜2 個程度の卵の摂取は血中コレステロール濃度にほとんど影響しないことが認められている．卵黄にはビタミン B_1，B_2 や脂溶性ビタミンが含まれており，よい供給源である．ミネラルの量も多い．

卵白には 40 種類以上のたんぱく質が存在するが，その 54％を占めるのが糖たんぱく質のオボアルブミンである．オボアルブミンを構成するアミノ酸やペプチドに抗酸化機能や

生体調節機能(動脈弛緩,ファゴサイトーシス促進,オピオイドペプチドなど)がある.そのほかの構成たんぱく質には微生物の発育阻止にかかわる生理機能をもつものが多い.

卵白中のたんぱく質がアレルギーの原因物質(アレルゲン)になる.たんぱく質の構造とアレルゲン活性との関係については十分に明らかにされていないが,主要アレルゲンはオボアルブミンとオボムコイドである.アレルゲンは加熱しても不溶化されにくいが,凝固卵白をよく水洗いして可溶性たんぱく質を除くとアレルギーの発症を抑制できる(p.168参照).

3) 卵の調理性

卵白は高濃度のたんぱく質溶液であるため,食品たんぱく質の特性であるゲル形成,凝固,泡立ち性などの調理加工特性に優れている(表5-14).卵黄に存在する低密度リポたんぱく質は卵黄の乳化性に重要な役割をはたす.

表5-14◆鶏卵の調理特性と調理例

調理特性		具体的操作		調 理 例
生卵	流動性 粘着性	○他の材料にからめたり味をよくする ○他の材料のつなぎになる		すきやき,とろろ汁 ハンバーグステーキ,卵とじ コロッケ,フライ
	希釈性	○任意の濃度に水・だし汁・牛乳で希釈する		茶わん蒸し,卵豆腐 カスタードプディング
熱凝固性		○各種濃度での凝固が可能である ○液体→半熟状→全熟とさまざまな段階に凝固できる	●殻つきのまま ●殻を割り,そのまま ●割りほぐす ●卵液を希釈する	ゆで卵,半熟卵,温泉卵 目玉焼き,ポーチドエッグ フライドエッグ 卵焼き,炒蛋,オムレツ いり卵,スクランブルエッグ 卵豆腐,茶わん蒸し カスタードプディング
起泡性(卵白)		○卵白を撹拌すると薄い膜となって空気を包む		メレンゲ,スポンジケーキ
乳化性(卵黄)		○卵黄のレシチンが乳化剤となり,エマルションをつくる		マヨネーズソース

表5-15◆ゆで卵の通常の加熱条件と卵白・卵黄の凝固状態

	通常の加熱条件	卵白・卵黄凝固状態
半熟卵	①沸騰後5～6分加熱 ②蓋つきどんぶり(500 mL)に卵1個を入れ,熱湯をいっぱいに入れ,蓋をして15分おく	卵白……ほぼ固まっている 卵黄……周辺部が固まりかけ,内部は流動性である
全熟卵	沸騰後10～12分加熱	卵白 卵黄 } しっかり固まっている
温泉卵	65～70℃(68℃前後)で約30分加熱	卵白……白くて半流動性である 卵黄……ほぼ固まっている

卵白，卵黄ともに加熱によって凝固する．この性質がさまざまな調理に応用されている．ゆで卵の加熱条件と卵白・卵黄の凝固状態を表 5-15 に示した．

4 乳類の栄養と調理性

1) 牛乳の性状と栄養機能成分

牛乳は，動物性たんぱく質やカルシウムを含み，栄養上のバランスに優れ，しかも消化吸収されやすい状態となっていることから，卵とともに完全栄養食品といわれる．乳製品には，牛乳を原料にしたクリーム，バター，チーズ，ヨーグルト，アイスクリーム，乳酸菌飲料，粉乳などがある．

牛乳は乳糖およびミネラル，ビタミンなどの水溶液に，直径 $0.1 \sim 10 \mu m$ の脂肪球と直径 $0.03 \sim 0.05 \mu m$ のカゼインミセルが分散している水中油滴型(O/W 型)のコロイド溶液である．図 5-29 に牛乳成分の性状を示した．牛乳が白く見えるのは，脂肪球やカゼインのコロイド粒子が光を散乱するためであり，わずかな黄色や蛍光色を有するのはカロテノイドやリボフラビンに起因する．牛乳のおもな栄養成分は水分 87.4％で，たんぱく質 3.3％，脂質 3.8％，炭水化物 4.8％，ミネラル 0.7％である．

牛乳の 86〜88％は水分である．脂質は，脂肪，リン脂質，糖脂質および脂溶性ビタミンなどから構成され，無脂固形分は，糖質，たんぱく質，ミネラルおよび水溶性ビタミンなどから構成されている．乳汁成分は哺乳動物ごとに量と質が異なり，人乳はたんぱく質とミネラルの量が少なく，糖質の量が多い．したがって，赤ちゃんがたんぱく質含量の多い牛乳を飲むと，牛乳アレルギーが起きたり，乳糖を分解できない大人が乳糖不耐症を起こすことがある．

牛乳のたんぱく質は約 3％であるが，主成分は pH4.6 で沈殿するカゼインである．可溶性の乳清たんぱく質は牛乳たんぱく質の約 20％を占め，α-ラクトアルブミンやβ-ラクトグロブリン，免疫グロブリンなどが存在する．

牛乳の脂質は，トリグリセリドが約 98％を占め，そのほかリン脂質，ステロール，脂溶性ビタミンを含む．この脂質の約 95％は脂肪球のかたちで存在し，水中油滴型エマルショ

①脂肪球
　(径$0.1 \sim 10 \mu m$，2×10^9個/ml牛乳)
　　a：トリグリセリド，脂溶性ビタミン
　　b：リン脂質，たんぱく質，コレステロール
②カゼインミセル
　(径$0.05 \sim 0.3 \mu m$，2×10^{13}個/ml)
　カゼイン，カルシウム，マグネシウム，リンを含む
③乳清たんぱく質，ラクトース，ミネラル
　(ナトリウム，カリウム，塩素など)，
　水溶性ビタミン

図 5-29◆牛乳成分の状態の模型図

(川端晶子 編：調理学，p.232，学建書院，1997 より)

表 5-16◆ミルク中の生理機能性因子

顕在的因子	<そのまま体内に取り込まれて生理機能を発現する因子>	
	ガストリン放出ペプチド（ボンベシン）	乳
	造血ホルモン（エリスロポエチン）	乳
	上皮生長因子（FGF）	乳
	ペルオキシダーゼ（制癌）	乳
	ラクトフェリン（鉄結合，静菌）	乳
	免疫グロブリン（抗体提供）	初乳
	シスタチン（抗菌，抗ウイルス）	初乳
	ビフィズス菌活性化オリゴ糖	人乳
	ガングリオシド（抗エンテロトキシン）	人乳
潜在的因子	<消化によって顕在化し，その後取り込まれて機能を発現する因子>	
	オピオイドペプチド	カゼイン
	繊維芽細胞成長因子	カゼイン
	カルシウム吸収促進ペプチド	カゼイン
	食細胞の貪食を促進させるペプチド	カゼイン
	血圧降下ペプチド	カゼイン
	血小板凝集阻害ペプチド	カゼイン
	ビフィズス因子（糖鎖）	人乳カッパーカゼイン

（千葉英雄，荒井綜一：化学と生物，26：34-40，1998 より改変）

ンとして分散している．残りの脂質はリポたんぱく質として存在する．牛乳の主要構成脂肪酸は，パルミチン酸とオレイン酸である．牛乳の脂肪酸組成の特徴は，C_4〜C_{10}の短鎖脂肪酸（酪酸，カプロン酸およびカプリン酸など）が，人乳のそれと比べて多く，リノール酸やリノレン酸などの不飽和脂肪酸が少ないことである．

乳類に含まれる炭水化物の約 99％はラクトース（乳糖）であり，牛乳中には約 4.4％，人乳中には約 7.1％含まれる．牛乳を摂取すると，ラクトースは小腸でラクターゼによってグルコースとガラクトースに分解される．ラクターゼ活性が低いか欠損している大人が牛乳を摂取すると，ラクトースが分解されず腸管に蓄積される．そして，腸内細菌によって二酸化炭素，水および短鎖有機酸に分解され，腹痛および下痢などを起こす．この症状を乳糖不耐症とよぶ．日本人の成人の 20〜25％が乳糖不耐症である．

牛乳に含まれるミネラルの種類は多く，量は約 0.7％である．牛乳中のカルシウムは，ほかの食品より吸収率がよい．牛乳中のミネラルは人乳（0.2％）に比べて 3.5 倍も多いので，育児用調製粉乳はミネラルの量を人乳に近づけている．牛乳中にはすべてのビタミンが含まれているので，ビタミンの供給源としても優れている．

牛乳は，栄養的にとくに優れているだけでなく，機能性を示す多くの成分が見いだされている．そのまま生体に取り込まれて生理機能を発現するもの（顕在的因子）と，消化によって顕在化し，その後取り込まれて機能を発現するもの（潜在的因子）がある（**表 5-16**）．

牛乳および乳製品には感染防御機能を発揮する免疫グロブリンやラクトフェリン，リゾチームなどが含まれる．ラクトフェリンは鉄の吸収を促進する働きもある．また，牛乳は良質なカルシウム供給源であるので骨粗しょう症予防効果があるほか，吸収されたカルシ

ウムが副交感神経に働きかけて精神安定化作用を発揮し，過度のストレスから人体を守ると考えられる．乳成分は腸内微生物を活性化させ，食物の消化吸収や老廃物の排出という生理機能に良好な条件をもたらすため，美容効果と老化防止につながるとも考えられる．

2）牛乳の調理性

牛乳の飲用習慣を保つとともに，調理に積極的に使用したい．調理に用いると，①料理を白く仕上げる，②焼き色と香気をつける，③乳脂肪によりこくと粘性，風味をつける，④脱臭効果，⑤低メトキシルペクチン系ゲルのゲル化を促進，⑥果汁，野菜類との調理におけるカゼインの酸凝固，⑦じゃがいもの軟化抑制，⑧加熱による皮膜形成，などがみられるので，使用する食材の特性を把握して調理する．

3）乳製品の調理性

クリーム　牛乳の脂肪球を集めたものであり，市販のクリームには乳脂肪のみ，乳脂肪と植物性脂肪を混合した混合クリーム，植物性脂肪のみの3タイプがある．また，脂肪含量20％前後のクリーム（ライトクリーム）と45～50％のクリーム（ヘビークリーム）がある．後者には起泡性があり，撹拌すると空気を抱き込んだ気泡表面のたんぱく質が変性し皮膜が形成され，さらに皮膜の周りに脂肪粒子が凝集し，安定な状態になる．気泡クリームは可塑性がある．撹拌したクリームが空気を含む割合をオーバーランという．

バター　牛乳に含まれる乳脂肪を凝集させて固めたものである．牛乳から分離したクリームを撹拌するチャーニングを行うと，水中油滴型エマルションが油中水滴型エマルションに転相し，バターとなる．発酵バター（酸性）と非発酵バター（甘性）があり，わが国の生産の主流は非発酵バターで，加塩バターと無塩バターがある．

チーズ　世界には1,000種類以上のチーズがあり，種類，製法が多様である．ナチュラルチーズとプロセスチーズに大別され，熟成の度合いにより風味，うま味，食べごろに差がある．

ナチュラルチーズは，牛乳を乳酸発酵またはレンニンなどの酵素で凝固処理してできた凝乳から乳清を除いて固形状にし，熟成させたもので，熟成の度合いによって性質が変化する．

ヨーグルト　牛乳などの全乳あるいは脱脂乳などを原料とし，ヨーグルト用乳酸菌を加え，発酵させてつくる．乳酸発酵により，牛乳が酸性となりカゼインが沈殿凝固した発酵乳である．牛乳に比べたんぱく質やカルシウムが消化吸収されやすい状態になっており，また乳糖の一部が乳酸に変化しているため，牛乳で下痢をしやすい乳糖不耐症の人でも食べられる．

4）液状食品の粘度

液状食品には，比較的低分子物質が水に分散しているスープやシロップ，牛乳や豆乳のようなコロイドといわれる乳白濁の分散液，また，生クリームやマヨネーズのような比較的大きい脂肪球が水に分散しているエマルションなどがある．流動特性がニュートンの法則に当てはまるものをニュートン流体，当てはまらないものを非ニュートン流体という．

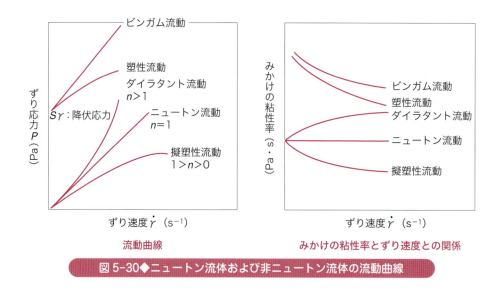

図 5-30◆ニュートン流体および非ニュートン流体の流動曲線

それらの流動曲線を図 5-30 に，各食品の粘度を図 5-31 に示した．また，異常粘性を示す食品もある．

液状食品の流動測定には，各種の回転粘度計が用いられている．

チキソトロピー トマトケチャップやマヨネーズは容器に入れたまま長く静置すると容器を傾けても流れにくいが，容器を激しく振り動かして傾けると容易に流れる．また，長く放置すると構造の回復がみられ流動しにくくなる．このような現象をチキソトロピーという．これは撹拌により，流体のみかけの粘度(粘性率)が減少するためである．

曳糸性 納豆や卵白，やまのいもをすりおろしたとろろ汁のように，糸を引く性質を曳糸性という．曳糸性は粘性と弾性の重なり合いにより起こる現象であるが，引きあげる速度によってその挙動は異なる．

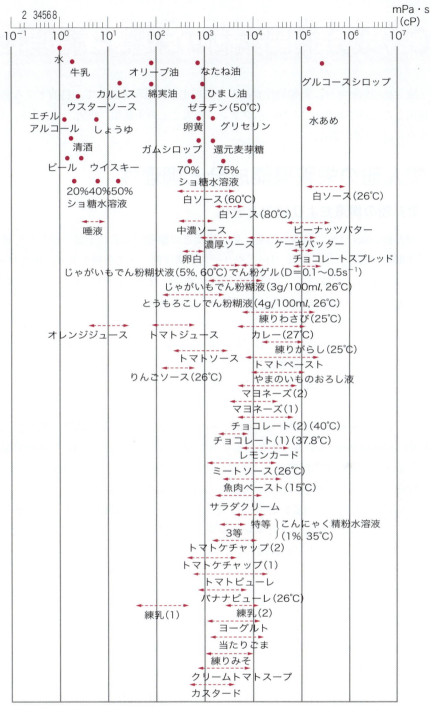

図 5-31 ◆ 各食品の粘度

*非ニュートン流動性食品をゾル状食品ともいう
(川崎種一：*New Food Industry*, 23(1): 84, 1981 より)

C 成分抽出素材の栄養と調理性

　成分抽出素材とは，動植物性食品から物理化学的処理を施して，目的とする素材を精製抽出したものである．でん粉，ペクチン，寒天などの多糖類，油脂，ゼラチン，（大豆・小麦たんぱく）等がある．

1 でん粉の栄養機能成分と調理性

1) でん粉の構造および糊化と老化

　でん粉(Starch)は，植物の種実，茎，根などの細胞内に水に不溶の粒として存在する貯蔵多糖類である．でん粉は，D-グルコースを構成糖とする多糖であり，アミロース(グルコースが α-1,4 グルコシド結合で直鎖状に連なった分子)とアミロペクチン(直鎖のところどころに α-1,6 結合で分岐している分子)から構成されている．アミロースの重合度は約千グルコース単位，アミロペクチンは数十万グルコース単位である．(p.117 図 5-1 参照)．でん粉を主とするおもな食品は穀類，いも類であるが，それらに含まれる生でん粉は水も入ることができない緻密な構造をしている．したがって，生でん粉はエックス線回折で微結晶構造(ミセル構造)を有するが(図 5-1，5-2 参照)，消化酵素(アミラーゼ)による消化ができない．

　でん粉に水を加えて加熱すると吸水，膨潤し粒の崩壊が起こり糊状に変化する．これを，糊化(gelatinization)という．少なくとも 30％以上の水分が存在し，60 ℃前後の温度に加熱されるとでん粉の糊化が始まり，急激な粘度上昇が起こり透明度が増す．

　糊化したでん粉は保存により，分散した分子が収束して離しょうする．この現象を老化(retrogradation)という(図 5-2 参照)．水分が 30〜60％，温度 0〜5 ℃のとき顕著に進行する．糊化した直後に水分をとばす熱風乾燥や凍結乾燥処理(水分 15％以下)を行ったり，温度を 60 ℃以上に保つと老化は進行しない．

2) でん粉の調理性

　でん粉の調理への利用は，化学的な味よりも，むしろ物理的な特性である．生での粉体，糊化時のゾル，老化時のゲルなどがあげられる．これらの機能特性について以下に示した．

粉末での使用　粉末でのでん粉は，水に不溶であり，吸湿性もある．粒の大きさは数 μm から数十 μm である．調理への利用は，①つなぎの材料(肉団子)，②水分の吸着(から揚げ)，③粘りつきを防止(もちの打ち粉)，④糊化でん粉の皮膜で食品を覆い，成分流出を防止する(から揚げなど)．

ペースト状(でん粉ゾル)での利用　でん粉濃度として 1〜数％くらいの範囲で水とともに加熱するとでん粉粒が崩壊し，水のなかにでん粉分子が分散する．このとき透明または半透明になり粘度が出て，糸を引くようになる．濃度やでん粉の種類により，粘度も異なる．調理への利用は，この粘度，透明度，付着性，曳糸性を利用したものが多い．

調理としては，うすくず汁，くず湯，酢豚などに用いる．

ゼリー状(でん粉ゲル)での利用 加熱糊化後のでん粉ペーストを室温または冷蔵するとでん粉の老化が起こり，ゲル化するのを利用する．ブラマンジェ，くずざくら，ごま豆腐などがある．

栄養学的にみると，加熱によるでん粉の糊化はでん粉の消化性(糖への分解)を向上させ，腸から吸収されてエネルギー源となるための必須の調理操作である．

2 油脂の栄養機能成分と調理性

1) 油脂の種類と栄養機能成分

動植物性食品中にはさまざまな油脂類が含まれている．油脂は融点により分けられ，常温(20〜25℃付近)で液体のものを油(oil)，固体のものを脂(fat)という．含量の多い食品から油脂を抽出し，精製または加工したものを食用油脂という．食用油脂の種類を**表5-17**に示した．

天然の油脂成分はほとんどが3分子の脂肪酸と1分子のグリセロールがエステル結合したトリグリセリド(またはトリアシルグリセロール)である．また，油脂のなかの脂肪酸の種類や組成により油脂の性質が大きく異なる．脂肪酸は炭素鎖の二重結合を含まない飽和脂肪酸と二重結合を1つ以上含む不飽和脂肪酸とに分類される．不飽和脂肪酸は二重結合部位の炭素鎖の折れ曲がり方により，シス(cis)型とトランス(trans)型に分かれるが，天然の場合は，ほとんどがシス型，加工脂(ショートニング，マーガリンや業務用調理油など)はトランス型が多い(**図5-32**)．

表5-17◆食用油脂の種類

種類		用いられる油脂
動物油脂	動物油(魚油)	いわし油，まぐろ油
	動物脂(獣鳥類)	豚脂(ラード)，牛脂(ヘット)，鶏油(脂)，乳脂肪，バター，羊脂
植物油脂	植物油	だいず油，とうもろこし油，オリーブ油，ごま油，なたね油，落花生油，サフラワー(紅花)油，ひまわり油，米ぬか油，綿実油，小麦はいが油
	植物脂	やし油，パーム(核)油，カカオ脂
加工油脂	植物性(油)	MCT(中鎖脂肪)
	植物性(脂)	ショートニング，マーガリン，カカオ脂代用脂

図5-32◆シス型とトランス型

不飽和脂肪酸のメチル基側の炭素鎖から数えて3番目から二重結合があるものをn-3系，6番目からのものをn-6系として大別分類されている．各系列の油脂は近年，脂質の栄養面からみて重要な生理機能をもつことが明らかにされている．青魚中の高度不飽和脂肪酸のドコサヘキサエン酸(DHA)，イコサペンタエン酸(IPA)などn-3系の生理機能について健康維持機能の面から注目されている．(p.145 魚介類の栄養機能成分を参照)

2) 油脂の調理性

高温調理の熱媒体　第4章 p.99 3）揚げる の項を参照．

風味・テクスチャーの付与　油脂は食品に濃厚でまろやかな風味を与え，原料由来の風味を活かす．利用される油脂の種類とその風味は，その地域の食文化と関係が深い．日本料理では大豆油やなたね油，西洋料理ではバターやオリーブ油，中国料理ではラードやごま油が用いられる．

接着防止（疎水性）　油脂は水に溶けず，水を含む食品と混ざらない．サンドイッチなどパンの間に具をはさむとき，パンに塗るバターはパンへの水分のしみこみを防止する．

可塑性　可塑性とは，粘土のように外から加えられた力によって自由に成型できる性質をいう．成型は固体脂指数（SFI：Solid Fat Index）と温度の影響を受ける．可塑性のある油脂で，口中で溶解可能なバター，マーガリンなどは食味になめらかさを与える．

クリーミング性　固形油脂を撹拌したとき，油脂のなかに空気を抱き込ませることのできる性質のことである．細かい気泡が入ると変形が容易で，ソフトな食感となる．

ショートニング性　可塑性のある固形油脂を小麦粉と合わせて焼き上げたとき，歯もろさ，サクサク感などのテクスチャーを与える性質のことである．歯もろさそのものはショートネスという．

乳化性（エマルション）　たがいに溶解，分散しにくい油脂と水に乳化剤を添加し撹拌すると，どちらかが細粒（滴）となり乳濁（混ざる）する性質のことをいう．乳化剤に卵黄を使用し，連続相の酢（水溶性）のなかに分散相（細かくなった滴）として油が混合されたものがマヨネーズである．卵黄中のリポプロテインやレシチンは親水基と疎水基の両方をもつため乳化剤のはたらきをする．これは，水中油滴型(O/W)エマルションである．逆に，バターやマーガリンのように分散相が水で連続相が油脂の場合を油中水滴型(W/O)エマルションという（図5-33）．

3) 油脂の変敗と品質判定法

油脂，とくに不飽和脂肪酸の含量の多いものは炭素鎖の二重結合部位が不安定なため，直射光，長期保存，加熱調理により影響を受ける．油脂は，粘度増加，着色，揚げ物時の発煙や白い泡の増大などの特徴がみられ，不快な異臭が発生し，食味が低下する．また，健康上にも害を及ぼす．油脂の変敗を表す指標として表5-18に示した化学的な試験法がある．

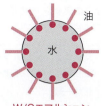

①乳化剤は，1分子の水に溶ける親水基と油に溶ける親油基をもっており，油と水を同時に引きつけることができる
②油が粒子（分散相）になって水の中（連続相）に存在する乳濁液を水中油滴型（oil in water）エマルションという
③分散相が水で，連続相が油のものを油中水滴型（water in oil）エマルションという

図 5-33◆エマルションの模式図

表 5-18◆油脂の保存・調理課程における化学的変化を測る試験法

測定法	特徴
酸価 AV（Acid value）	この数値が低いほど油脂の品質はよい
過酸化物価 POV（Peroxide value）	油脂中に存在する過酸化物の量を測定
カルボニル価 COV（Carbonyl value）	油脂の不快臭の原因になるカルボニル化合物の生成量を測定
チオバルビツール酸価 TBA 値（Thiobarbituric acid value）	過酸化度を知る指標
ヨウ素価 IV（Iodine value）	油脂中の脂肪酸の不飽和度を測定

3 ゲル化素材の栄養と調理性

　ゲル状食品とは，食品に含まれる高分子炭水化物やたんぱく質が水にコロイド分散してゲル状の性質を示す食品である．ゲル化素材には，動物性たんぱく質のゼラチン，植物性多糖の寒天，カラギーナン，ペクチンなどがある．いずれも水を加えて加熱すると，流動性のあるゾルとなり，冷却するとゲルになる．熱可逆的な反応である．

1）ゲル化素材の種類と栄養機能成分

　ゲル状食品の素材とその例を**表 5-19** に，おもなゲル化素材の種類と調理機能を**表 5-20** に示した．

　ゼラチンは，動物の結合組織に含まれるたんぱく質の1つであるコラーゲンを加水分解したものである．ゼラチンのアミノ酸構成はリジン，グリシン，プロリンなどの含量が多く，必須アミノ酸のトリプトファンが少ない．消化吸収がよいので乳幼児食，病人食，高齢者食として利用されている．カロリーもほかのたんぱく質と同様である．

　植物性ゲル化素材の寒天の主成分は多糖類のアガロース（70％），アガロペクチン（30％）であり，カラギーナンの主成分は多糖類のガラクトースとその透導体よりなる．κ, ι, λ の3種類があり，ゲル化に利用されるのはκ-タイプのものである．

　ペクチンはガラクチュロン酸を主体とする複合多糖類である．プロトペクチン（不溶性），

表 5-19◆ゲル状食品の素材とその例

	素　材	ゲル状食品の例
高分子炭水化物	でん粉	くずもち，蒸しようかん，ブラマンジェ
	寒　天	練りようかん，水ようかん，きんぎょくかん，泡雪かん，牛乳かん
	カラギーナン	ゼリー類
	ペクチン	ペクチン，ゼリー
	こんにゃくマンナン	こんにゃく
たんぱく質	ゼラチン	ババロア，ゼリー類
	卵	たまご豆腐，カスタードプディング，蛋白糕(ダヌバイガオ)，蛋黄糕(ダヌホワンガオ)
	牛　乳	バター，チーズ
	魚　肉	かまぼこ，魚肉ソーセージ
	だいず	大豆たんぱく質，エマルションカード，大豆たんぱく質入りソーセージ

ペクチニン酸(可溶性，狭義のペクチン)，ペクチン酸(可溶性)に大別できる．ペクチンのゲル化には主鎖ガラクチュロン酸の官能基の種類と量が関係している．ペクチニン酸はそのメトキシル基含量から，高メトキシル(HM)ペクチン(メトキシル基含量が7％以上)と低メトキシル(LM)ペクチン(メトキシル基含量が7％以下)に分かれる．これらのゲル化素材は，カロリーはほとんどなく難消化性の食物繊維である．

(1) ゼラチン

市販されているゼラチンには，粉状，粒状，板状がある．製造法により酸処理とアルカリ処理ゼラチンがあり，溶解度などが異なる．ゼラチンの基本構造は，約1,000個のアミノ酸が細長い鎖状に並んでいるが，溶解したものを冷却すると，仲間同士が引き寄せ合って細かい網目構造をつくる．図5-34にコラーゲンからゼラチンゼリーへの基本構造の変化を示した．ゼラチンのゲル化の性質を利用して，ババロア，ゼリーなどに用いられるとともに，アイスクリームやシャーベットの安定剤，マシュマロなどに用いられている．ゼラチンの溶解温度は40〜50℃なので，湯せんして溶解させる．ゼラチンの凝固温度は低いので，濃度にもよるが，冷蔵庫か氷水中で冷却する．

ゼラチン液に酸味の強い果汁を加えるとゲル化が妨げられるので，混合のタイミングや温度などに配慮する．たんぱく質分解酵素を含む生のパインアップル，パパイヤ，キウイフルーツ，いちじくはゲル化を弱めるので，加熱して酵素を失活させてから加えるのがよい．ゼラチンゲルは透明度が高く，やわらかい粘稠なゲルである．ゲル形成がよく離水は少ない．付着性があるので，添加物の内容を替えて2色や3色ゼリーなどがつくられる．

(2) 寒　天

てんぐさ，おごのりなどの紅藻類に含まれる粘性物質を煮出して冷却凝固し，凍結，融解，乾燥を繰り返して水分を除いてつくられる．寒天は消化しにくく，エネルギー源としての価値はないが，腸の蠕動運動を助け整腸作用がある．図5-35に寒天のゾル-ゲル転移とゲルの接合領域の模式図を示した．寒天ゲルは弾力のある歯切れのよい食感をもつが，保存が進むにつれて，もろさが増す．ゲルの付着性が劣るので多層ゼリーには適さない．

表 5-20◆おもなゲル化素材の種類と調理機能

	動物性	植物性		ペクチン	
	ゼラチン	寒天	カラギーナン	HMペクチン[*1]	LMペクチン[*2]
成分	たんぱく質 アミノ酸が細長い鎖状に並んだもの	糖質(多糖類) ガラクトースとその誘導体が細長い鎖状に並んだもの		糖質(多糖類) ガラクチュロン酸とその誘導体が細長い鎖状に並んだもの	
原料	動物の骨や皮(主として,うし,ぶた)	海藻(てんぐさなど)	海藻(すぎのりなど)	果実,野菜(かんきつ類,りんごなど)	
所在と機能	細胞間質 組織の保持	細胞壁 細胞の保持		細胞壁,細胞間質 細胞の保持	
抽出方法	熱水				
製品の形状	板状,粉状	板状,糸状,粉状		粉状	
溶解の下準備	水に浸して膨潤させる	水に浸して吸水させる		砂糖とよく混合しておく	
溶解温度(℃)	40〜50	90〜100	60〜100	90〜100	
ゲル化条件 濃度(%)	1.5〜4	0.5〜1.5			
ゲル化条件 温度	要冷蔵[*3]	室温で固まる			
ゲル化条件 (pH)	酸にやや弱い(3.5〜)	酸にかなり弱い(4.5〜)	酸にやや強い(3.2〜)	酸にかなり強い(2.7〜3.5)	酸にやや強い(3.2〜6.8)
ゲル化条件 その他	たんぱく質分解酵素を含まないこと		種類によっては,カリウム,カルシウムなどによりゲル化	多量の砂糖(55〜80%)	カルシウムなど(ペクチンの1.5〜3.0%)
ゲルの特性 口当たり	○やわらかく独特の粘りをもつ,口の中で溶ける	△粘りがなく,もろいゲル,ツルンとしたのどごしをもつ	△やや粘弾性をもつゲル	△かなり弾力のあるゲル	△種類によって,粘りや弾力性が異なる
ゲルの特性 保水性	○保水性が高い	×離水しやすい	△やや離水する	△最適条件からはずれると離水する	
ゲルの特性 熱安定性	×夏期にくずれやすい	○室温では安定			
ゲルの特性 冷凍耐性	×冷凍できない		○冷凍保存できる		
ゲルの特性 消化吸収	○消化・吸収される	×消化されない			

[*1] 高メトキシルペクチン
[*2] 低メトキシルペクチン
[*3] 10℃以下

(河田昌子:お菓子「こつ」の科学,p.244, 245,柴田書店,1987 より一部改変)

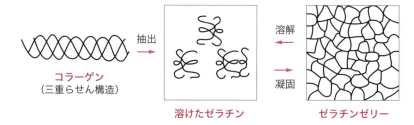

図 5-34 ◆ コラーゲンからゼラチンゼリーへの基本構造の変化

ゼラチンの溶けた溶液が冷却されると，ゼラチンが細かい網目構造を呈し独特の弾力性をもつゼラチンゼリーができあがる．可逆性があり，温度によって凝固と溶解を繰り返す

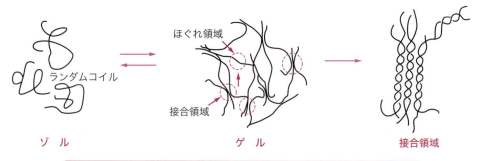

図 5-35 ◆ 寒天のゾル-ゲル転移とゲルの接合領域の模式図

(川端晶子：食品物性学, p.27, 建帛社, 1989 より)

(3) ペクチン

HM ペクチン，LM ペクチンともに抽出精製された粉末は水への分散性が悪く，だまになりやすいので，砂糖などと混ぜたあと，水を少しずつ入れて分散し，加熱溶解(90〜100℃)する．室温でゲル化するが，ゲル化機構が HM ペクチンと LM ペクチンで異なる．

HM ペクチンは，HM ペクチン-糖-酸の条件がそろったときゲル化する．ペクチン 0.5〜1.5%，糖 50〜70%，pH3 前後である．

LM ペクチンは，LM ペクチン-多価金属イオン-水系によるゲルである．カルシウムのような 2 価の金属イオンが必要であるので，水のかわりに牛乳が用いられる．

2) ゲル状食品の粘弾性

ゲル状食品は粘弾性を備えているので，基礎的レオロジー的性質を求めるためには，静的または動的粘弾性や破断特性を測定する．静的粘弾性測定法の 1 つであるクリープ測定から得られたクリープ曲線と 4 要素粘弾性模型を図 5-36 に示した．ゲルに一定の応力を加えたときに生じるひずみの時間変化を測定するものであるが，図 5-37 に示したように各種食品のクリープ曲線からゲルの物性の特徴を読みとることができる．すなわち，ひずみの小さいものはかたく，大きいものはやわらかい傾向にある．

また，動的粘弾性については，嚥下食の物性条件として貯蔵弾性率，動的粘性率，損失正接($\tan\delta$)を求めて，図 5-38 に示すように「嚥下食の動的モデル」がある．

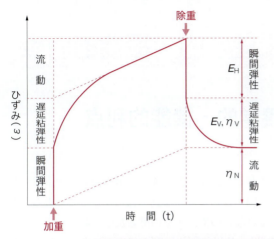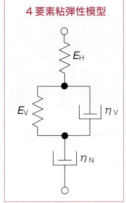

図5-36◆クリープ曲線と4要素粘弾性模型（応力：一定）
（川端晶子：食品物性学, p.166, 建帛社, 1989より）

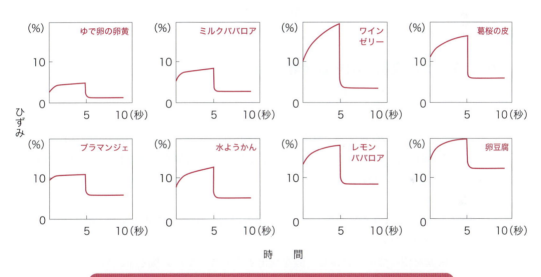

図5-37◆各種食品ゲルのクリープ曲線
（茂木美智子：調理科学, 8：28, 1975より）

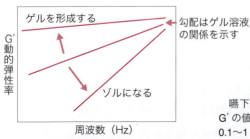

嚥下食の物性として望ましい条件は G' の値は $10〜10^3$/Pa, $\tan\delta = G''/G'$ は $0.1〜1$ の範囲であること

図5-38◆嚥下食の動的モデル
（金谷節子：フードデザイン21（荒井綜一，川端晶子ほか 編集），p.170, サイエンスフォーラム, 2002より）

D 調理操作による栄養学的・機能的利点

1 非加熱調理による栄養学的・機能的利点

1）酵素反応の利用および抑制

　調理の目的は，さまざまな調理操作をとおして食品のもっている栄養価を高め，おいしさを引き出し，さらには人間の生理機能を向上させるような食べ物にすることである．非加熱調理中は食品素材中の酵素が失活していないので，多くの酵素反応が起こっていることを念頭におく必要がある（2 章 p.39 参照）．乾燥穀類や豆類の浸漬中に非常に多くの酵素反応が進む．米の浸漬中にはでん粉の分解が起こり糖が生成されるし，たんぱく質の分解によるアミノ酸の生成，さらにはグルタミン酸から血圧降下作用の強い GABA（γ-アミノ酪酸）が生成されるなどの酵素作用による変化が明らかになっている．したがって，まだ未解明の無数の反応が起こっている可能性があると思われる．

2）ビタミンの変化に関する酵素

（1）ビタミン B_1 分解酵素

　ビタミン B_1 を分解する酵素，チアミナーゼ（アノイリナーゼともいう）は，しじみ，あさり，はまぐりなどに存在する．食塩やしょうゆの存在により B_1 の分解が抑制されるといわれている．わらび，ぜんまい，つくしなどにも B_1 の分解酵素が含まれているとされるが，十分に究明されていない．

（2）ビタミン C 分解酵素

　ビタミン C（アスコルビン酸）の分解経路の最初のステップを触媒する酵素として次の 3 つが考えられている．
　　① 酸素を使ってアスコルビン酸を酸化するアスコルビン酸オキシダーゼ．
　　② H_2O_2 を要求するアスコルビン酸ペルオキシダーゼ．
　　③ ポリフェノールオキシダーゼがフェノールをキノンに酸化し，そのキノンがアスコルビン酸を酸化する場合．これらの酵素はほとんどすべての野菜に含まれている．
　したがって生食調理過程では，これらの酵素作用を抑制することがわかっている食塩やクエン酸を使うと，調理後の減少を少なくできる．

3）食べ物の安全性を高める

　食べ物の安全性を高めることも，栄養価や嗜好性の向上とともに調理の重要な目的の 1 つである．われわれが口にする食材は農産物，水産物，畜産物であるが，農産物の生産性を高めるために，過去 30～40 年間多量の農薬が使用されてきた．また，輸入食品の増大に伴い，食品の輸送中の変質を防ぐために用いられる防カビ剤の汚染も問題になっている．一方，食の外部化が進み，保存料などの食品添加物の使用も多くなっている．大腸菌 O157

の汚染，狂牛病(BSE)の発生や食品表示の偽装などの事実が明らかになり，食の安全性に対する不安が増大している．食品の生産や流通にかかわる人々は，食べる者の立場に立って食品の安全性に対して責任をもっていただきたいと願う．しかし，無意識のうちに毒物の汚染を免れない場合もあることは事実である．

洗　浄　調理の最初の操作は材料を洗浄することである．洗浄は，食品に付着している農薬や防カビ剤などの有害物質，病原菌や一般の汚れなど好ましくないものを除去し，食品を衛生的で安全な状態にするために行われる最初の操作である．

皮剝・切除　皮をむいたり，傷や褐変したり腐敗している部位を除去する．植物は1か所に固定して生育するので，病害虫に侵されたり，傷害を受けたりすると，2次代謝産物（直接的には生命維持に関係しないが，周辺環境に適応するために生合成される化合物）を生成する．じゃがいもが光に当たって緑変した皮や芽に多量に蓄積するグリコアルカロイド（ソラニンやチャコニン，図 5-39）も植物の2次代謝産物である．動物にとっては神経毒であり，下痢，吐気を引き起こし，死に至ることもある．加熱調理ではほとんど減少させることができないので，毒素が含まれる部分を切除することがグリコアルカロイドの最も有効な除去方法である．

また，魚の調理に際し，えらや内臓などの不可食部を除去するのが普通であるが，ふぐ毒が存在する内臓を除去する操作は，微量で毒性が強いだけに完全に除去することが必須の操作である．一般に加熱調理によって微生物は殺菌されるが，熱に安定な毒素など有害物が多く存在することを念頭におくことも大切である．

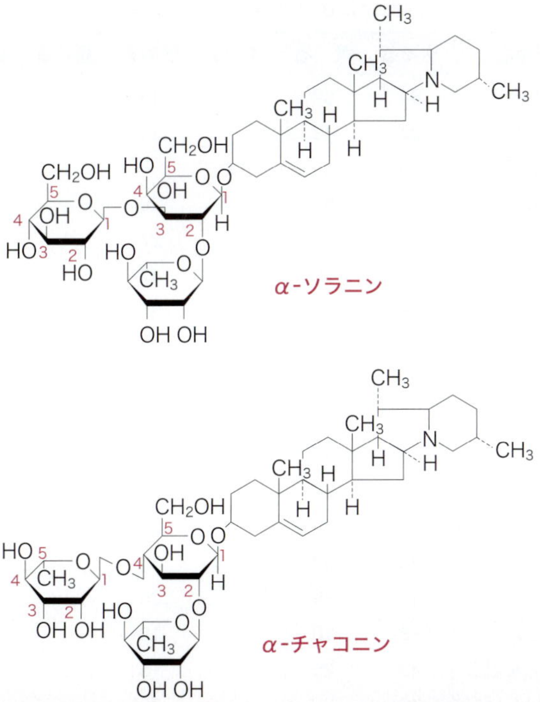

図 5-39◆じゃがいもに含有されるおもなグリコアルカロイド(GA)の構造

2 加熱調理による栄養学的・機能的利点

1) 食品中のおもな抗酸化成分の変化

　老化やがんをはじめとする生活習慣病は，生体内で生成したフリーラジカル（活性酸素種を含める）が脂質膜を構成している不飽和脂肪酸や低密度リポたんぱく質（LDL）を酸化したり，遺伝子（DNA）の塩基部分やたんぱく質などを損傷させることが引き金の1つになっていると考えられている．したがって，生体内で発生したフリーラジカル類を消去すること，つまり，酸化を防ぐ成分，抗酸化成分を多く含む食べ物を積極的に摂取して，活性酸素傷害から生体を守ることが健康維持や疾病予防に重要であるとの考え方が一般化している．生体内の活性酸素を消去する作用があるとして注目を集めているものに抗酸化ビタミン類，ポリフェノール類などがある．

(1) 加熱操作とビタミンC

　抗酸化ビタミン（A，C，E）のうちビタミンCは水溶性であり，調理過程での損失が最も大きいのでその損失を防止する観点からビタミンCについてみる．

　食材や調理操作によってビタミンCの損失割合は異なる（表5-21）．炒めたり揚げるほうが，ゆでたり煮るよりも損失割合は少ない．いも類のビタミンCは加熱後の残存率が高い．

　じゃがいもを最適加熱時間で加熱したあとにビタミンC残存率を比較すると，電子レン

表5-21◆各種調理操作によるビタミンCの損失割合（％）

野菜名	ゆでる	煮る	蒸す	炒める	揚げる	漬物
ほうれんそう	44	52		18		
キャベツ	37	42		25		23
カリフラワー	35		12			
はくさい	43	53		26		60
きょうな	35			27		87
もやし	42	36		47		
ねぎ	48	37		21	4	
たまねぎ	34	33		23	30	
なす	47			23		
かぼちゃ	29	37		17		
じゃがいも	15	45	12	30	10	
さつまいも	17	30	26	20	4	
れんこん	35	29		28		
だいこん	33	32		38		
かぶ	17	39		25		
にんじん	18	10		19		
さやえんどう	43	25		16		
さやいんげん	48			32		

（吉田企世子：野菜と健康の科学（日本施設園芸協会 編），p.53，養賢堂，1994 より）

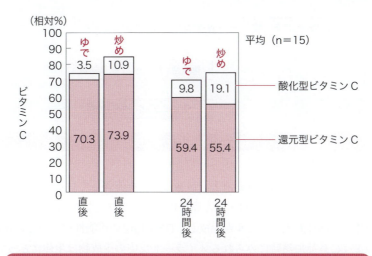

図 5-40◆ビタミン C 残存率
15 種類の野菜のゆで加熱，炒め加熱の直後および 24 時間冷蔵後の値
生のビタミン C 量を 100% として相対 % で表した
（大羽和子ほか：日食科工誌 58；499-504，2011 より）

ジ加熱が最も高く（96%），ついで蒸し加熱（67%）とオーブン加熱（62%）が高く，ゆで加熱が最も低い（28%）．また，いもをオーブンや電子レンジで加熱する際，1 個を丸のままで加熱するとビタミン C 残存率は高いが，細かく切断して加熱すると低くなる．加熱方法，大きさがビタミン C 残存率に大きく影響する．市販の冷凍じゃがいもの利用も多く，フライドポテトの材料として使用される頻度は高い．事実，秋から春にかけて貯蔵された冷凍じゃがいもは貯蔵した生いもよりビタミン C 量が多かったので，冬から初春にじゃがいもを利用する場合は，冷凍じゃがいもを利用するとビタミン C をより多く摂取することができる可能性がある．

　15 種類の野菜をゆでたり炒めたりしたあとのビタミン C の残存率の平均値を図 5-40 に示した．加熱直後はゆでるよりも炒めたもののほうがビタミン C の残存率は高かったが，炒めたもので酸化型ビタミン C の割合が多く，冷蔵中にすべての野菜の酸化型ビタミン C 量が増えた．また，市販惣菜のビタミン C は調理直後の野菜のビタミン C の 51%，還元型ビタミン C は 31% と少なかった．一般に市販惣菜のビタミン C は，調理後すぐ食する場合に比べて少ない．

(2) 加熱による抗酸化性ポリフェノール類の増大

　野菜に含まれるポリフェノール類は加熱調理すると溶出されやすくなり，ラジカル消去能が上昇するという研究結果が多くなっている．生野菜で食するよりも加熱後，汁と一緒に食することが推奨される根拠にもなっている．

(3) 加熱によるメラノイジンの生成

　糖などのカルボニル基とアミノ酸などのアミノ基をもつ化合物からアマドリ転移生成物を経て最終生成物である褐色高分子のメラノイジンとなるメイラード反応がよく研究されている（図 5-41）．グエンらはグルコースとグリシンからのモデルメラノイジンとともにコーヒー，しょうゆ，みそ，黒ビール，麦茶，食パンなどの食品から褐色色素を分離し，

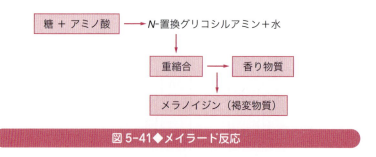

図5-41◆メイラード反応

それらに抗変異原性や活性酸素消去能があることを発表している．一方，食品の加熱（とくに動物性食品）時の変異原物質・がん原性のヘテロ環アミンや芳香成分のヒドロキシフラン誘導体から活性酸素ラジカルが生成し，DNA損傷の可能性があるとの報告もある．

このように食品加熱時にみられるメイラード反応の生成物は生体にとってマイナス面とプラス面がある．一般的にその初期生成物には変異原性が高いが，最終生成物である高分子のメラノイジンはラジカル消去能や抗変異原性を示すと考えられる．

2）食品の低アレルゲン化

現在，食物アレルギー患者の発症率が上昇し続けていることが深刻な問題となっている．その原因食品の第一位に卵（鶏卵）があげられている．卵黄のアレルゲン活性は卵白のアレルゲン活性に比べて著しく低い．卵白には20種類以上のたんぱく質が存在するが，そのなかで主要アレルゲンの第一候補は卵白のたんぱく質の11％を占めるオボムコイド（OM）であろうと考えられるに至っている．分子量28,000のシアル酸を含有する糖たんぱく質であり，186アミノ酸残基からなるポリペプチドは9個のS-S結合と約5％の糖鎖を有し，よく似た構造をした3つのドメインから構成されている．このような特異な分子構造のために，加熱や化学処理，消化酵素に対する抵抗性もきわめて高い．

加藤らは，19種類の卵料理や卵添加加工品を調製し，可溶性OM量を特異抗体を用いて測定した（**表5-22**）．卵添加加工食品のうち，小麦粉以外の添加物（主原料）を用いたものとして，コーンスターチが共存物である卵ボーロ，魚肉すり身に卵を加えたかまぼこ，寒天を加えた泡雪かん中の可溶性OM量はまったく減少しなかった．一方，小麦粉に卵が添加されている加工品のうちクレープ，ホットケーキに含まれる可溶性OM量はほとんど減少しなかったが，ドーナツ，カステラ，クッキーでは可溶性OM量は，それぞれ1/500，1/300および1/100となった．さらに，各加工品の卵含有量，成人1回の摂取量を設定し，それらのアレルゲン活性を計算するとそれぞれ生卵の1/5,000，1/1,500および1/500となった．

卵アレルギー患者に対する食事指導時に「卵料理のアレルゲン強弱表」が用いられることもある．加藤らのアレルゲン強弱表を**表5-23**に示した．

小麦粉に卵白を添加した加工食品のうち，ドウを形成させて調製するパンとパスタに含まれる可溶性OM量は，パンの発酵，ねかせ過程ではほとんど減少しないが，焼き上げたあとは顕著に減少した．そのOMの不溶化現象は，加熱温度が高く，時間が長いほど顕著であった．パスタの場合は十分な混捏がOMを不溶化させる必須の条件であった．デュラ

表 5-22 ◆ 卵料理およびその加工品の 1 回の摂取量(成人)に含まれる可溶性オボムコイド量

卵 料 理	摂取量/回	卵使用量*1	可溶性 OM 残存比率	可溶性 OM 量/回*2
生卵(基準)	1 個	1 個	1	1
半熟卵	1 個	1 個	1	1
固ゆで卵	1 個	1 個	1/10	1/10
半熟ポーチドエッグ	1 個	1 個	1/10	1/10
固ポーチドエッグ	1 個	1 個	1/10	1/10
半熟揚げ卵	1 個	1 個	1/5	1/5
固揚げ卵	1 個	1 個	1/100	1/100
茶碗蒸し	1 個	1/2 個	1	1/2
カスタードプディング	1 個	1/2 個	1/2	1/4
オムレツ	1 個	1 個	1	1
厚焼き卵	1 個	1 個	1	1
炒り卵	1 個	1 個	1	1
クレープ	2 枚(40 g)	1/5 個	1	1/5
ホットケーキ	1 枚(40 g)	1/10 個	1/30	1/300
ドーナツ	65 g	1/10 個	1/500	1/5,000
カステラ	1 切れ(50 g)	1/5 個	1/300	1/1,500
クッキー	45 g	1/5 個	1/100	1/500
卵ボーロ	40 粒(20 g)	1/5 個	1/2	1/10
かまぼこ	2 切れ(25 g)	1/5 個	1	1/5
泡雪かん	1 切れ(30 g)	1/5 個	1	1/5

*1 1 回の摂取量に含まれる卵量(個)を示す
*2 1 回に摂取する卵料理およびその加工品に含まれる可溶性オボムコイド(OM)量を生卵に対する比率として表す
　　可溶性 OM 量/回＝可溶性 OM 残存比率×1 回の摂取量に含まれる卵量(個)より求めた

(加藤保子,日調科誌,35;84-90,2002 より)

表 5-23 ◆ 卵料理およびその加工品のアレルゲン強弱表

最 強	生卵,半熟卵,半熟揚げ卵,茶碗蒸し,カスタードプディング,オムレツ,厚焼き卵,炒り卵,クレープ,かまぼこ,泡雪かん
強 い	固ゆで卵,半熟ポーチドエッグ,固ポーチドエッグ,卵ボーロ
中	固揚げ卵,ホットケーキ,クッキー,カステラ
弱 い	ドーナツ

可溶性オボムコイド残存量から求めた
1 回の摂食量中に含まれる可溶性オボムコイド量
　最　　強：生卵と同等
　強　い：生卵の 1/5～1/10
　　中　：生卵の 1/100～1/500
　弱　い：生卵の 1/5,000

(加藤保子,日調科誌,35;84-90,2002 より)

ム粉同様,薄力粉および強力粉でパスタを調製しても可溶性 OM 量を同様に減少させ,かつ患者血清を用いたアレルゲン活性も低減化した.一方,通常の方法で調製したクッキーでは可溶性 OM 量が 1/30 程度にしか減少しなかったが,バッターを 15 分間撹拌し,180 ℃で 15 分間加熱すると約 1/3,000 に減少した.加藤らはこの結果から,グルテンと OM とのあいだで-SH と S-S の交換反応が生じて OM が不溶化されたためと考えている.また,小麦たんぱく質とのあいだで生じた-SH, S-S の交換反応によって,不溶化された OM

が消化されやすくなり，消化物のアレルゲン活性が低下する可能性についても言及している．

3 調味操作の栄養学的・機能的利点

食材はそれ自身味をもっているが，調味料や香辛料を使って味つけすることにより素材を多様に利用でき，かつ，いっそう魅力ある食べ物とすることができる．調味料は基本的には，素材に甘味，塩味，酸味，うま味などを与え，香辛料は少量で芳香や刺激性の味などアクセントとなる風味を与える特徴をもつ．

1) 調味料の風味増強効果

食べ物をおいしく食べて，身体に必要な成分を十分に取り込むために調味料や香辛料の利用は不可欠である．家庭で使われている調味料の種類も年々増加しているが，伝統的な調味料を含む基本的なものは日常の生活に定着している．各調味料はそれぞれがもっている味を食品に付与するだけでなく，異なる味の成分間で相互作用が起こり，一方の味を強める対比効果や，抑制効果，相乗効果などが現れ，食べ物の風味をいっそう引き立てている．**表 5-24** におもな調味料の呈味特性を示した．

食酢，しょうゆ，みそ，酒類などの醸造調味料は，発酵中に生成されたそれぞれ特有の香気を有し，魚肉臭を抑えたり取り込むほか，好ましい香味を付与したり食材本来の香味を引き出す効果をもっている．

2) 調味料の生体調節機能

食塩は生体の恒常性を維持するうえで不可欠であるが，とりすぎると高血圧の原因となるので減塩の保健政策が進められている．一方で，毎日みそ汁を摂取した場合は，まったく摂取しない場合と比べて明らかに胃がんによる標準化死亡率が低いという疫学的研究が得られている．このように調味料は毎日欠かさず摂取されることから，良くも悪くも私たちの健康とは切り離せない関係にある．

(1) しょうゆとみその抗腫瘍性・抗酸化性

4-ヒドロキシ-2(or 5)-エチル-5(or 2)-メチル-3(2H)-フラノン（HEMF，**図 5-42**）はしょうゆや米みそ，麦みそより重要香気成分として分離・同定された化合物である．HEMF の投与で前胃（食道に近い部分）の腫瘍数の抑制効果が認められた．調味料として使うしょうゆやみその量を考えると，実際の効果はまだ明らかではないが，継続して毎日摂取するものであり，今後の研究成果が待たれる．

みそが食品において強い抗酸化活性をもつことはよく知られている．最近，さらに，肝臓内での脂質の過酸化防止作用が認められた．ラットに熟成したみそを与えると，肝臓の過酸化脂質量が低くなり生体内抗酸化作用が認められた．その効果は未熟成のみそでは小さく，熟成して着色したものが大きかった．また，**表 5-25** に示すように，みそやしょうゆは活性酸素消去能が高いことが認められた．この要因はだいずに由来するサポニンやメイラード反応中間体であるアマドリ転移生成物などによることも明らかにされた．これら

表 5-24◆おもな調味料の呈味特性

調味料	呈味の種類	特性	対比または抑制効果，相乗効果
食塩	塩味	おいしく感じる食塩濃度の範囲が狭い（0.8〜1.0%）	・少量添加により砂糖の甘味を強める ・うま味を強める ・酢の酸味を抑制
砂糖	甘味	温度が変化しても甘味度の変化がなく安定	・異性化糖に 10〜30%添加すると相乗効果がある
食酢	酸味 甘味 うま味	酢製造原料により有機酸組成が異なり，酸味の質も異なる pH2.0〜3.5 酸度 4〜5%	・食塩濃度 0.3〜2%のとき，少量の食酢添加は塩味を強める ・脂っこさを抑制する ・食酢は砂糖の甘味を抑制する ・酸味は塩から味を抑制する
うま味調味料 （グルタミン酸 ナトリウム）	うま味	家庭用は核酸系調味料を 1.5〜2.5%混合し，うま味が強化されているものもある	・核酸系調味料との相乗効果がある ・食塩を 20〜30%減らしてもうま味によりおいしさは変化しない
しょうゆ	塩味 甘味 うま味	塩分濃度 17〜19% 全窒素成分 0.5〜1.9% （うま味に関与）	・しょうゆ中のうま味成分により，しょうゆに感じる塩味が強化されている
みそ	塩味 甘味 うま味	塩分濃度 5〜13% 手前みそのたとえどおり，製品によりみその風味は多種多様	・グルタミン酸を多く含むトマトやチーズの味と調和し，うま味を増強
酒類	甘味 酸味 渋味	エタノール濃度 12〜15 vol% みりんは糖類を約 40%含み，上品な甘味を付与する pH3.2〜5.5（酸性）	・こくみの増強

(久保田紀久枝：21世紀の調理学 4 食品調理機能学(田村真八郎，川端晶子 編著)，p.259〜289，建帛社，1998 より)

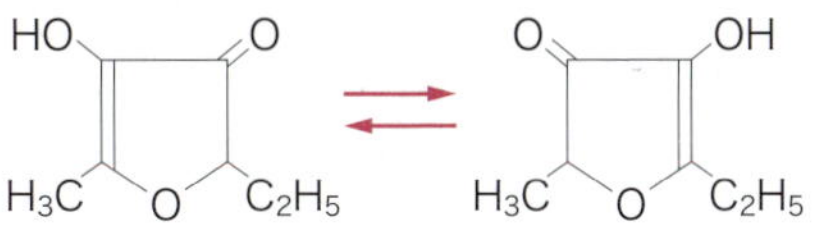

図 5-42◆4-ヒドロキシ-2(or 5)-エチル-5(or 2)-メチル-3(2H)-フラノン(HEMF)

の結果は，みそががんなどの疾病や老化の予防になんらかの効果を発揮することを期待させるものといえよう．

(2) 赤ワインの抗酸化性

調味料として加える赤ワインの抗酸化性ポリフェノール(t-resveratrol)はデミグラスソース，ホワイトソースでは 30%程度残存し，食材中のたんぱく質(肉，卵，小麦粉，牛乳)などに吸着し，不溶化するが，80%エタノールで溶出されるので生体内では有効に働く可能性があると推察される．

表 5-25 ◆ みそ，しょうゆと市販飲料の活性酸素消去能

	過酸化水素	ヒドロキシラジカル
み そ	＞100	―
しょうゆ	66.0	＞70
コーヒー	21.2	11.2
ビール	12.0	16.4
ヨーグルト	10.4	―
乳酸飲料	7.2	7.2
栄養ドリンク	5.7〜0.2	12.0〜0.4
ウーロン茶	5.6	16.8
コーラ	1.4	1.2
紅 茶	1.1	1.3
牛 乳	0.5	1.0
酒	0.5	0.6

(大久保一良：みそサイエンス最前線―MISO NEWS LETTER, p.57, みそ健康づくり委員会，1995 より)

3) 調味料に用いる香辛料の抗酸化性

　香辛料は高い抗酸化性や抗菌作用をもつことが明らかになってきた．香辛料を，抗酸化性を主目的として調理に用いることはほとんどないが，調理によっては香辛料を使った副次的な効果としてその抗酸化性が大きな役割をはたしている場合もある．

　わが国でも香辛料はカレーをはじめとして，さまざまなかたちで食卓に登場している．とくにカレーソースは香辛料を多用したソースである．カレー特有の風味は，さまざまな香辛料を混合することによって生じる．わが国で市販されているカレー粉に入っている香辛料の配合割合とラジカル消去活性の一例を**表 5-26** に示した．カレーパウダーのラジカル消去活性に比べて，カレーパウダーからカレールウをつくり，さらに，肉や野菜を入れて加熱し調製したカレーソースのラジカル消去活性のほうが高くなった．カレーソースは香辛料の含量が多く，抗酸化性の高い調理品であるといえる．

　中華料理では豚肉を長時間煮てスープをとる湯菜があり，その際しょうがを入れる．豚肉を水煮すると脂質が溶け出て水中に分散し，自動酸化により酸化されるが，しょうがを 5％添加しただけで 4 時間後でも脂質の過酸化物価(POV)の値は未加熱油脂に近いという報告がある(**図 5-43**)．

表 5-26◆カレーパウダー（A 社製品）の香辛料含有割合と
DPPH ラジカル捕捉活性に対する寄与率（%）

香 辛 料	含有割合	寄与率
ターメリック	18	13
コリアンダー	17	4
クミン	11	6
フェネグリーク	10	3
レッドペッパー	6	1
ディル	6	2
シナモン	4	14
ブラックペッパー	3	1
フェンネル	3	1
陳 皮	3	1
カルダモン	3	2
スターアニス	3	6
サボリ	3	11
ジンジャー	2	1
ナツメグ	2	2
クローブ	2	22
甘 草	1	1
オールスパイス	1	3
ローレル	1	3
セージ	1	4

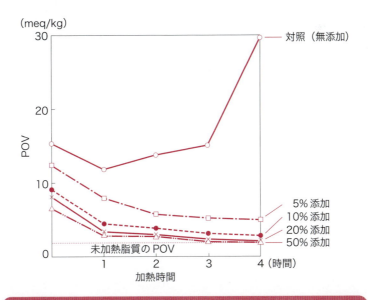

図 5-43◆しょうが添加脂身水煮における POV の変化

（河村フジ子，加藤和子：家政誌，39：655, 1988 より）

■ 参考文献

1) 種谷真一，林　弘道，川端晶子：食品物性用語辞典，養賢堂，1996
2) 日本咀嚼学会 監修，川端晶子，斎藤　滋 責任編集，サイコレオロジーと咀嚼，食べ物のおいしさ－その文化と科学，建帛社，1995
3) 森　友彦，川端晶子：食品のテクスチャー評価の標準化，光琳，1997
4) 川端晶子 編集：食品とテクスチャー，光琳，2003
5) 西成勝好，中沢文子，勝田啓子，戸田　準 編集：食感事典，サイエンスフォーラム，2001
6) 荒井綜一，川端晶子，茂木信太郎，山野井昭雄 編集：フードサイエンス 21，サイエンスフォーラム，2002
7) 田村真八郎，川端晶子 編集：食品調理機能学(21世紀の調理学 4)，建帛社，1997
8) (財)日本規格協会：官能検査通則　JISZ9080
9) 日科技連官能検査委員会 編：新版官能検査ハンドブック，日科技連出版社，1973
10) 香川芳子 監修，川端輝江，山中由起子 著：食事摂取基準早わかり 献立かんたんガイド，女子栄養大学出版部，2006
11) 河田昌子：お菓子「こつ」の科学，柴田書店，1987
12) 川端晶子，大羽和子，森髙初惠 編：時代とともに歩む新しい調理学，学建書院，2011
13) 渋川祥子，畑井朝子 編著：ネオエスカ 調理学 第2版，同文書院，2010

第6章
食品成分表の理解

「日本食品標準成分表」は，われわれが日常摂取する食品の標準的な栄養素の成分値を収載したものである．現在，最も新しい標準成分表として平成22年（2010）に公表された「日本食品標準成分表2010」がある．「日本食品標準成分表準拠アミノ酸成分表2010」によるアミノ酸成分表，「五訂増補日本食品標準成分表―脂肪酸成分表編（2005）」や関連の文部科学省科学技術・学術審議会資源調査分科会により公表された主要なデータについてもよく理解し，その活用法について学ぶ．

A 日本食品標準成分表 2010 の構成と内容

1 食品成分表の目的

　食品は人間の生命，健康を支える基本的物質であり，国民が日常摂取する食品の成分を明らかにすることは，国民の健康の維持・増進のために不可欠である．最新の食品成分表は日本食品標準成分表 2010(以下，食品成分表 2010)で，先に公表された五訂増補日本食品標準成分表(以下，五訂増補成分表)を一部見直したものである．食品成分表 2010 はわが国における食品成分の基礎データを提供するものであり，国民の栄養調査や食料需給表における栄養価の算定などの行政面や，研究・教育面において活用されるほか，学校給食や病院などの栄養管理・栄養指導面，また，国民の栄養・健康への関心の高まりから，一般家庭における食生活面でも広く利用されることを目的としている．

2 食品成分表の特徴

　食品成分表における原則的な収載条件をまとめると以下のようになる．
① 原材料的食品から加工食品まで，わが国において日常摂取される食品を対象とする．
② 成分値は標準成分値(1 年を通じて普通に摂取している食品についての全国的な平均値)とする．
③ 1 食品 1 標準成分値とする．
④ 廃棄部位を除いた可食部 100 g 当たりの成分値を収載する．

　食品成分は，原材料的食品の場合，品種，生産条件等の各種の要因によって，また加工食品の場合，原材料の配合割合，加工方法により，さらに調理食品についてはその調理方法により成分値に差異が生ずる．そのため収載成分値は，日本人にとって平均的とされた食品の分析値を学識経験者らが検討した値で，1 食品 1 標準成分値として収載している．ただし，季節や生産条件などにより著しく成分値が異なる場合は，区別した成分値が収載されている．

　これまでに食品成分表は 1950(昭和 25)年に初版が発刊されて以来，時代の食嗜好などに応じて，対象とする食品数，成分項目などの改訂を繰り返してきた(**表 6-1**)．

3 日本食品標準成分表 2010 の概要

① 収載食品数は，五訂増補成分表と同じ 1,878 品(**表 6-1**)．
② 成分項目は，ヨウ素，セレン，クロム，モリブデンおよびビオチンを加え，50 項目とした．

表 6-1◆収載食品数および成分項目数の変化

	初 版 1950（昭和 25）	五 訂 2000（平成 12）	五訂増補 2005（平成 17）	2010 2010（平成 22）
収載食品数	540	1,882	1,878	
1 穀　類	55	143	138	
2 いも及びでん粉類	8	40	40	
3 砂糖及び甘味類	21	23	23	
4 豆　類	22	73	73	
5 種実類	12	37	37	
6 野菜類	118	326	326	
7 果実類	48	156	157	
8 きのこ類	9	36	36	
9 藻　類	20	47	47	
10 魚介類	73	388	388	
11 肉　類	43	244	244	
12 卵　類	10	20	20	
13 乳　類	11	52	52	
14 油脂類	12	22	22	
15 菓子類	56	120	120	
16 し好飲料類	22	55	55	
17 調味料及び香辛料類	―	84	84	
18 調理加工食品類	―	16	16	
成分項目数	14	36	43	50

③「アミノ酸組成によるたんぱく質」を付加した．

「アミノ酸組成によるたんぱく質」とは，たんぱく質量をアミノ酸組成から求めたものをいう．これまで，たんぱく質量は，窒素－たんぱく質変換係数を乗じた量のみを収載していた．今回，FAO の技術ワークショップ報告書〔以下，FAO 報告書（2003）〕において推奨されている方法を取り入れ，同時に改正された日本食品標準成分表準拠アミノ酸成分表 2010 に収載されている食品に限り，成分値を収載した．

④ トリアシルグリセロール当量を付加した．

五訂増補日本食品標準成分表脂肪酸成分表編の各脂肪酸量からトリアシルグリセロールに換算した量として算出したもの．

トリアシルグリセロール当量

$$= \left\{ 可食部 100\,g 当たりの各脂肪酸の量 \times \frac{(その脂肪酸の分子量 + 12.6826)}{その脂肪酸の分子量} \right\} の総量$$

12.6826＝グリセロールの分子量×1/3－（エステル結合で失われる）水の分子量

これまで，ジエチルエーテルなどの溶媒で抽出した物質を重量法によって分析したものを脂質の成分値として収載してきたが，食品成分表 2010 では，FAO 報告書（2003）が推奨する方法も採用した．

表 6-2 ◆日本食品標準成分表 2010 の成分項目と表示単位

項　　目			単位	最小表示の位	数値の丸め方など
廃棄率			%	1 の位	10 未満は小数第 1 位を四捨五入，10 以上は元の数値を 2 倍し，10 の単位に四捨五入で丸め，その結果を 2 で除する
可食部 100 g 当たり	エネルギー		kcal kJ	1 の位	小数第 1 位を四捨五入
	水　分 たんぱく質 アミノ酸組成によるたんぱく質 脂　質 トリアシルグリセロール当量 炭水化物 灰　分		g	小数第 1 位	小数第 2 位を四捨五入
	無機質	ナトリウム カリウム カルシウム マグネシウム リ　ン	mg	1 の位	整数表示では，大きい位から 3 桁目を四捨五入して有効数字 2 桁．ただし，10 未満は小数第 1 位を四捨五入．小数表示では最小表示の位の一つ下の位を四捨五入
		鉄 亜　鉛		小数第 1 位	
		銅 マンガン		小数第 2 位	
		ヨウ素 セレン クロム モリブデン	μg	1 の位	
	ビタミン	A（レチノール，α-カロテン，β-カロテン，β-クリプトキサンチン，β-カロテン当量，レチノール当量）	μg	1 の位	整数表示では，大きい位から 3 桁目を四捨五入して有効数字 2 桁．ただし，10 未満は小数第 1 位を四捨五入．小数表示では最小表示の位の一つ下の位を四捨五入
		D		小数第 1 位	
		E（α-トコフェロール，β-トコフェロール，γ-トコフェロール，δ-トコフェロール）	mg	小数第 1 位	
		K	μg	1 の位	
		B_1 B_2	mg	小数第 2 位	
		ナイアシン		小数第 1 位	
		B_6		小数第 2 位	
		B_{12}	μg	小数第 1 位	
		葉　酸		1 の位	
		パントテン酸	mg	小数第 2 位	
		ビオチン	μg	小数第 1 位	
		C	mg	1 の位	
	脂肪酸	飽　和 一価不飽和 多価不飽和	g	小数第 2 位	小数第 3 位を四捨五入
	コレステロール		mg	1 の位	大きい位から 3 桁目を四捨五入して有効数字 2 桁．ただし，10 未満は小数第 1 位を四捨五入
	食物繊維	水溶性 不溶性 総　量	g	小数第 1 位	小数第 2 位を四捨五入
	食塩相当量				

（文部科学省科学技術・学術審議会資源調査分科会：日本食品標準成分表 2010 より）

4 収載成分項目と配列

1）項目とその配列

　成分項目は，廃棄率から備考まで，表 6-2 に示す順に配列されている．本成分表の各成分値は，可食部 100 g 当たりの数値で示し，各成分の表示単位および表示方法が決められている．

① 無機質の成分項目の配列は，ナトリウム，カリウム，カルシウム，マグネシウム，リン，鉄，亜鉛，銅，マンガン，ヨウ素，セレン，クロムおよびモリブデンの順である．

② ビタミンは，脂溶性ビタミンと水溶性ビタミンに分けて配列され，脂溶性ビタミンはビタミン A，ビタミン D，ビタミン E，およびビタミン K の順で，このうち，ビタミン A の項目はレチノール，α-および β-カロテン，β-クリプトキサンチン，β-カロテン当量ならびにレチノール当量の順である．また，ビタミン E の項目は，α-，β-，γ-および δ-トコフェロールである．水溶性ビタミンについてはビタミン B_1，ビタミン B_2，ナイアシン，ビタミン B_6，ビタミン B_{12}，葉酸，パントテン酸，ビオチンおよびビタミン C の順に配列されている．

③ 脂肪酸の項目は，飽和脂肪酸，一価不飽和脂肪酸および多価不飽和脂肪酸である．

④ 食物繊維の項目は，水溶性，不溶性，総量である．

2）廃棄率および可食部

　廃棄率は，原則として通常の食習慣において廃棄される部分を食品全体あるいは購入形態に対する重量の割合(%)で示し，廃棄部位を備考欄に記載された．可食部は，収載食品から廃棄部位を除いたものである．各成分値は可食部 100 g 当たりの数値である．

5 数値の表示方法

　表 6-2 に成分項目と表示単位，最小表示の位，数値の丸め方などを示した．

① 備考欄に記載された成分は原則として単位は g とし，小数第 1 位まで表示された．

② 数値の丸め方は，最小表示桁の 1 つ下の桁を四捨五入したが，整数で表示するもの(エネルギーを除く)については，原則として大きい位から 3 桁目を四捨五入して有効数字 2 桁で示された．

③ 各成分において「0」は食品成分表の最小記載量の 1/10 未満，または検出されなかったこと，「Tr」(トレース)は含まれているが最小記載量に達していないことをそれぞれ示す．ただし，食塩相当量の「0」は算出量が最小記載量(0.1g)に達していないことを示す．

④ 文献などにより含まれていないと推定される成分については，測定をしていないが，なんらかの数値を示して欲しいとの要望も強いことから「(0)」と表示された．同様に微量に含まれていると推定されるものについては「(Tr)」と記載された．

「いも及びでん粉類」,「野菜類」,「果実類」および「きのこ類」の脂肪酸組成については，一部の食品を除き測定をせずに「―」と記載された．マンガンについては，分析を行っていない食品が一部にあり，これらについても「―」と記載された．水溶性および不溶性食物繊維の分別定量が困難な食品では，それぞれ「―」とし，総量のみ記載された．

6 備考欄の記載事項

食品の内容と各成分値などに関連の深い重要な事項について，次の内容が記載されている．

① 食品の別名，性状，廃棄部位あるいは加工食品の材料名，主原料の配合割合，添加物など．
② 硝酸イオン，アルコール，酢酸，カフェイン，タンニン，テオブロミン，ショ糖などの含量．

B 食品成分表各項目の基本的な考え方

1 エネルギー

食品のエネルギー値は，可食部 100 g 当たりのたんぱく質，脂質，炭水化物の含有量(g数)に各成分別のエネルギー換算係数を乗じて算出された．また，表示単位は，キロカロリー(kcal)単位に加えてキロジュール(kJ)を併記し，それらの換算には，1 kcal＝4.184 kJ の式を用いている．

エネルギー換算係数の個別食品への適用は，次のとおりである．

① 穀類，動物性食品，油脂類，大豆および大豆製品のうち主要な食品については，「日本人における利用エネルギー測定調査」の結果に基づく係数が適用された．
② 上記以外の食品については，原則として FAO/WHO 合同特別専門委員会報告の個々の食品ごとのエネルギー換算係数が適用された．
③ 適用すべきエネルギー換算係数が明らかでない食品については，Atwater の係数(1 g 当たり炭水化物 4 kcal，脂質 9 kcal，たんぱく質 4 kcal)が適用された．
④ 複数素材からなる加工食品については，Atwater の係数が適用された．
⑤ アルコールを含む食品については，アルコールのエネルギー換算係数として FAO/WHO 合同特別専門委員会報告に従い，7.1 kcal/g が適用されている．
⑥ 酢酸を多く含む食品については，酢酸のエネルギー換算係数として 3.5 kcal/g が適用された．
⑦ 「いも及びでん粉類」のきくいも，こんにゃく，「きのこ類」,「藻類」および「し好飲料」の昆布茶については，四訂成分表では，「日本人における利用エネルギー測定調

査」の結果において，被験者ごとのエネルギー利用率の測定値の変動が大きいことなどにより，エネルギー換算係数を定めにくかったことから，エネルギー値は算出されなかった．しかし，目安としても，これらの食品のエネルギー値を示すことへの要望が非常に強いことから，「同測定調査」におけるたんぱく質，脂質，炭水化物の成分別利用率および食品全体としてのエネルギー利用率を勘案して検討した結果，暫定的な算出法として，Atwaterの係数を適用して，求めた値に 0.5 を乗じて算出することとされた．

2 一般成分

一般成分とは，水分，たんぱく質，脂質，炭水化物および灰分である．一般成分の測定法の概要を**表 6-3** に示した．

表 6-3◆一般成分の測定法

成　分	測　定　法
水　分	直接法もしくは乾燥助剤添加法の常圧または減圧加熱乾燥法による減量法．ただし，アルコール飲料は乾燥減量からアルコール分の重量を，食酢類は乾燥減量から酢酸の重量をそれぞれ差し引いた
たんぱく質	改良ケルダール法によって定量した窒素量に，「窒素—たんぱく質換算係数」（表 6-4）を乗じて算出．なお，茶類およびコーヒーはカフェインを，ココア類およびチョコレート類はカフェインおよびテオブロミンを別に定量し，これら由来の窒素を差し引いてから算出．また，野菜類はサリチル酸添加改良ケルダール法で硝酸態窒素を含む全窒素量を定量し，別に定量した硝酸態窒素を差し引いてから算出
アミノ酸組成によるたんぱく質	アミノ酸成分表 2010 の各アミノ酸量から，アミノ酸の脱水縮合物の量（アミノ酸残基の総量）として算出
脂　質	ジエチルエーテルによるソックスレー抽出法，クロロホルム—メタノール改良抽出法，レーゼ・ゴットリーブ法または酸分解法
トリアシルグリセロール当量	脂肪酸成分表の各脂肪酸量から，トリアシルグリセロールに換算した量として算出*
炭水化物**	差し引き［水分，たんぱく質，脂質および灰分の合計（g 数）を 100 g から差し引く］法．硝酸イオン，アルコール分，酢酸，タンニン，カフェインまたはテオブロミンを多く含む食品では，これらも差し引いた
灰　分	直接灰化法（550℃）

*｛可食部 100 g 当たりの各脂肪酸の量×（その脂肪酸の分子量＋12.6826）/その脂肪酸の分子量｝の総量．ただし，ショートニング（食品番号 14022）を除く．未同定脂肪酸は計算に含まない．
　12.6826 は，脂肪酸をトリアシルグリセロールに換算する際の脂肪酸当たりの式量の増加量〔グリセロールの分子量×1/3－（エステル結合時に失われる）水の分子量〕
**魚介類，肉類および卵類：アンスロン—硫酸法

表6-4◆窒素－たんぱく質換算係数

食品群	食品名	換算係数
1 穀類	アマランサス	5.30
	えんばく(オートミール),おおむぎ,こむぎ(玄穀,全粒粉),ライ麦	5.83
	こむぎ	
	小麦粉,フランスパン,うどん・そうめん類,中華めん類,マカロニ・スパゲッティ類,ふ類,小麦たんぱく,ぎょうざの皮,しゅうまいの皮	5.70
	小麦はいが	5.80
	こめ,こめ製品(赤飯を除く)	5.95
4 豆類	だいず・だいず製品(豆腐竹輪を除く)	5.71
5 種実類	アーモンド	5.18
	ブラジルナッツ,らっかせい	5.46
	その他のナッツ類	5.30
	あさ,えごま,かぼちゃ,けし,ごま,すいか,はす,ひし,ひまわり	5.30
6 野菜類	えだまめ,だいずもやし	5.71
	らっかせい(未熟豆)	5.46
10 魚介類	ふかひれ	5.55
11 肉類	ゼラチン,腱(うし),豚足,軟骨(ぶた,にわとり)	5.55
13 乳類	乳,チーズを含む乳製品,その他(シャーベットを除く)	6.38
14 油脂類	バター類,マーガリン類	6.38
17 調味料及び香辛料類	しょうゆ類,みそ類	5.71
	上記以外の食品	6.25

1）水　分

　　水分は，食品の性状を表す最も基本的な成分の1つであり，食品の構造維持に寄与している．人体は約60％が水で構成される．1日に約2Lの水を摂取し排泄している．この収支バランスを保つことにより，体の細胞や組織は正常な機能を営んでいる．通常，ヒトは水分の約1/2を食品から摂取している．

2）たんぱく質

　　たんぱく質はアミノ酸の重合体であり，人体の水分を除いた重量の1/2以上を占めている．たんぱく質は，体組織，酵素，ホルモンなどの材料，栄養素運搬物質，エネルギー源などとして重要である．

3）脂　質

　　脂質は，有機溶媒に溶ける食品中の有機化合物の総称であり，中性脂肪のほかに，リン脂質，ステロイド，ろう，脂溶性ビタミンなども含んでいる．脂質は生体内ではエネルギー

源，細胞構成成分などとして重要な物質である．成分値は脂質の総重量で示されている．ほとんどの食品では，脂質の大部分を中性脂肪が占めている．

4）炭水化物

炭水化物は，生体内でおもにエネルギー源として利用される重要な成分である．

四訂成分表では，糖質と繊維に分けられていたが，食物繊維の導入によりこれらの項目は廃止され，炭水化物とされた．炭水化物は，従来同様いわゆる「差し引き法による炭水化物」，すなわち，水分，たんぱく質，脂質および灰分の合計を 100 g から差し引いた値で示された．

ただし，魚介類，肉類および卵類については，一般的に炭水化物が微量に存在しているため，差し引き法で求めることが適当でないことから，原則として全糖の分析値に基づいた成分値とされた．また，硝酸イオン，アルコール，酢酸，タンニン，カフェインおよびテオブロミンを比較的多く含む食品は，これらの含量を差し引いて炭水化物の値とされた．本項目の炭水化物の成分値には食物繊維も含まれている．食物繊維については別項目としてその含量が掲載されている．

5）灰　分

灰分は，一般に食品を焼いて残る灰，すなわち無機質の総量と考えられているが，灰分と真の無機質とは必ずしも一致しない．灰分の測定は，550℃の電気マッフル炉を用いて，残存炭素がなくなり，恒量となるまで灰化する方法が用いられた．灰分は炭水化物の算出を行うために必要な成分である．

3 無機質

収載した無機質は，すべてヒトにおいて必須性が認められたものであり，ナトリウム，カリウム，カルシウム，マグネシウム，リン，鉄，亜鉛，銅，マンガン，ヨウ素，セレン，クロムおよびモリブデンを収載した．このうち成人の1日の摂取量がおおむね 100 mg 以上となる無機質は，ナトリウム，カリウム，カルシウム，マグネシウムおよびリン，100 mg に満たない無機質は，鉄，亜鉛，銅，マンガン，ヨウ素，セレン，クロムおよびモリブデンである．無機質の測定法を**表** 6-5 に示した．

1）ナトリウム

ナトリウムは，細胞外液の浸透圧維持，糖の吸収，神経や筋肉細胞の活動などに関与するとともに，骨の構成要素として骨格の維持に貢献している．一般に，欠乏症として疲労感，低血圧が，過剰症として浮腫，高血圧などが知られている．なお，腎機能低下によりナトリウム摂取の制限が必要となる場合がある．

2）カリウム

カリウムは，細胞内の浸透圧維持，細胞の活性維持などを担っている．食塩の過剰摂取

表 6-5 ◆ 無機質の測定法

成　　分	試料調製法	測　定　法
ナトリウム，カリウム	希酸抽出法または乾式灰化法	原子吸光法
鉄[*1]，亜鉛，銅[*2]，マンガン	乾式灰化法	原子吸光法
カルシウム[*3]，マグネシウム	乾式灰化法	干渉抑制剤添加－原子吸光法
リ　ン	乾式灰化法	バナドモリブデン酸吸光光度法または モリブデンブルー吸光光度法
ヨウ素	アルカリ分解法	ICP 質量分析法
セレン，クロム，モリブデン	マイクロ波による酸分解法	ICP 質量分析法

[*1] 一部，1, 10-フェナントロリン吸光光度法
[*2] 微量の場合は，キレート抽出による濃縮後，原子吸光法
[*3] 一部，過マンガン酸カリウム容量法

や，老化によりカリウムが失われ，細胞の活性が低下することが知られている．必要以上に摂取したカリウムは，通常，迅速に排泄されるが，腎機能低下によりカリウム排泄能力が低下すると，摂取の制限が必要になる．

3）カルシウム

カルシウムは，骨の主要構成要素の1つであり，ほとんどが骨歯牙組織に存在している．細胞内には微量しか存在しないが，細胞の多くの働きや活性化に必須の成分である．また，カルシウムは，血液の凝固に関与しており，血漿における濃度は一定に保たれている．成長期にカルシウムが不足すると成長が抑制され，成長後不足すると骨がもろくなる．

4）マグネシウム

マグネシウムは，骨の弾性維持，細胞のカリウム濃度調節，細胞核の形態維持に関与するとともに，細胞がエネルギーを蓄積，消費するときに必須の成分である．多くの生活習慣病やアルコール中毒の際に細胞内マグネシウムの低下がみられ，腎機能が低下すると高マグネシウム血症となる場合がある．

5）リ　ン

リンは，カルシウムとともに骨の主要構成要素であり，リン脂質の構成成分としても重要である．また，高エネルギーリン酸化合物として生体のエネルギー代謝にも深くかかわっている．腎機能低下により摂取の制限が必要となる場合がある．

6）鉄

鉄は，酸素と二酸化炭素を運搬するヘモグロビンの構成成分として赤血球に偏在している．また，筋肉中のミオグロビンおよび細胞のシトクロムの構成要素としても重要である．鉄の不足は貧血や組織の活性低下を起こし，鉄剤の過剰投与により組織に鉄が沈着すること（血色素症，ヘモシデリン沈着症）もある．

7) 亜　　鉛

亜鉛は，核酸やたんぱく質の合成に関与する酵素をはじめ，多くの酵素の構成成分として，また，血糖調節ホルモンであるインスリンの構成成分などとして重要である．欠乏により小児では成長障害，皮膚炎が起こるが，成人でも皮膚，粘膜，血球，肝臓などの再生不良や，味覚および嗅覚障害が起こるとともに，免疫たんぱくの合成能が低下する．

8) 銅

銅は，アドレナリンなどのカテコールアミン代謝酵素の構成要素として重要である．遺伝的に欠乏を起こすメンケス病，過剰障害を起こすウィルソン病が知られている．

9) マンガン

マンガンは，ピルビン酸カルボキシラーゼなどの構成要素として重要である．また，マグネシウムが関与するさまざまな酵素の反応に，マンガンも作用する．マンガンは植物には多く存在するが，ヒトや動物に存在する量はわずかである．

10) ヨウ素

ヨウ素は，甲状腺ホルモンの構成要素である．欠乏すると甲状腺刺激ホルモンの分泌が亢進し，甲状腺腫を起こす．

11) セレン

セレンは，グルタチオンペルオキシダーゼの構成要素である．したがってセレンは体内の抗酸化作用に関与し，細胞膜での過酸化脂質の生成を抑制し，動脈硬化予防効果がある．通常の食事ではセレンの過剰摂取は生じない．土壌中のセレン濃度が極めて低い地域では，セレン欠乏が主因と考えられる症状がみられ，心筋障害が起こることが知られている（克山病）．

12) クロム

クロムは，糖代謝，コレステロール代謝，結合組織代謝，たんぱく質代謝に関与している．長期間にわたり完全静脈栄養を施行した場合に欠乏症がみられ，耐糖能低下，体重減少，末梢神経障害等が起こることが知られている．

13) モリブデン

モリブデンは，酸化還元酵素の補助因子としてはたらく．長期間にわたり完全静脈栄養を施行した場合に欠乏がみられ，頻脈，多呼吸，夜盲症などが起こることが知られている．

4 ビタミン

　脂溶性ビタミンのビタミンA（レチノール，α-およびβ-カロテン，β-クリプトキサンチン，β-カロテン当量ならびにレチノール当量），ビタミンD，ビタミンE（α-，β-，γ-およびδ-トコフェロール）およびビタミンK，水溶性ビタミンのビタミンB_1，ビタミンB_2，ナイアシン，ビタミンB_6，ビタミンB_{12}，葉酸，パントテン酸およびビタミンCが収載されている．新たに収載されたのは，水溶性ビタミンの葉酸およびパントテン酸である．

1）ビタミンA

　ビタミンAは，「五訂日本食品標準成分表―新規食品編―」まではレチノール，カロテンおよびビタミンA効力（国際単位：IU）の表示であったが，近年，ビタミンA効力に代え，レチノール当量（μgRE）の表示にする動向にある．したがって，五訂増補成分表以降，現在の食品成分表2010でも，レチノール当量で表示されている．

レチノール　レチノールは主として動物性食品に含まれる．生理作用は，視覚の正常化，成長および生殖作用，感染予防などである．欠乏症として，生殖不能，免疫力の低下，夜盲症，眼球乾燥症，成長停止など，過剰により，頭痛，吐き気，骨や皮膚の変化などが起こることが，それぞれ知られている．成分値は，異性体の分離を行わず，全トランスレチノール相当量を求め，レチノールとして記載された．

α-カロテン，β-カロテンおよびβ-クリプトキサンチン　α-およびβ-カロテンならびにβ-クリプトキサンチンは，レチノールと同様の活性を有するプロビタミンAである．プロビタミンAは生体内でビタミンAに転換される物質の総称であり，カロテノイド色素群に属し，主として植物性食品に含まれる．なお，これらの成分は，プロビタミンAとしての作用のほかに，抗酸化作用，抗発がん作用および免疫賦活作用が知られている．

　食品成分表2010では，原則として，β-カロテンとともに，α-カロテンおよびβ-クリプトキサンチンを測定し，次の式によってβ-カロテン当量を求めた．

　　β-カロテン当量（μg）
　　　＝β-カロテン（μg）＋1/2 α-カロテン（μg）＋1/2 β-クリプトキサンチン（μg）

　なお，五訂成分表（初版）においては，これをカロテンと記載されたが，五訂増補成分表から，そのままβ-カロテン当量と表示するとともに，五訂成分表（初版）では収載されていなかったα-およびβ-カロテンならびにβ-クリプトキサンチンの各成分値についても新たに収載されている．なお，一部の食品では四訂成分表の成分値を用いたものがあり，これらについては，α-およびβ-カロテンならびにβ-クリプトキサンチンを分別定量していないことから，これらの成分項目の成分値は収載されていない．

レチノール当量　レチノール当量の算出については，五訂増補成分表から，食事摂取基準2005年版がレチノール当量の算出方法を変更したことを踏まえ，これとの整合性の確保などの観点から，次式に基づきレチノール当量が算出された．

　　レチノール当量（μg）
　　　＝レチノール（μg）＋1/12 β-カロテン当量（μg）

なお，β-カロテン当量およびレチノール当量の算出に当たっては，測定値を用い，p.179 (5)数値の表示方法における②数値の丸め方に基づき成分値が決定された．したがって，β-カロテン当量およびレチノール当量は，食品成分表2010に示された成分値から算出した値と一致しない場合がある．

2) ビタミンD

ビタミンD(カルシフェロール)は，カルシウムの吸収および利用，骨の石灰化などに関与し，植物性食品に含まれるビタミンD_2(エルゴカルシフェロール)と動物性食品に含まれるD_3(コレカルシフェロール)がある．両者の分子量は異なるが，ヒトに対してはほぼ同等の生理活性を示す．ビタミンDの欠乏症として，小児のくる病，成人の骨軟化症がある．

なお，プロビタミンD_2(エルゴステロール)とプロビタミンD_3(7-デヒドロコレステロール)は紫外線照射によりビタミンDに変換されるが，小腸での変換は行われない．ビタミンDについてもビタミンAと同様に，近年の動向に従い重量(μg)で表示された．

3) ビタミンE

ビタミンEは，脂質の過酸化の阻止，細胞壁および生体膜の機能維持に関与している．欠乏症として，神経機能低下，筋無力症，不妊などがある．食品に含まれるビタミンEは，主としてα-，β-，γ-およびδ-トコフェロールの4種である．五訂成分表(初版)においては，項目名をそれまで用いていたビタミンE効力に代えてビタミンEとし，α-トコフェロール当量(mg)で示されていたが，食事摂取基準2005年版が，これまでのα-トコフェロール当量に代えてα-トコフェロールを指標にビタミンEの摂取基準を策定したことを踏まえ，食事摂取基準2005年版との整合性の確保などの観点から，五訂増補成分表ではビタミンEとしてトコフェロールの成分値を示すこととし，α-，β-，γ-およびδ-トコフェロールが収載された．

4) ビタミンK

ビタミンKには，K_1(フィロキノン)とK_2(メナキノン類)があり，両者の生理活性はほぼ同等である．ビタミンKは，血液凝固促進，骨の形成などに関与している．欠乏症として新生児頭蓋内出血症などがある．成分値は原則としてビタミンK_1とK_2(メナキノン-4)の合計値である．

5) ビタミンB_1

ビタミンB_1(チアミン)は，各種酵素の補酵素として糖質および分岐鎖アミノ酸の代謝に不可欠である．欠乏症として，倦怠感，食欲不振，浮腫などを伴う脚気およびウエルニッケ脳症，コルサコフ症候群がある．成分値はチアミン塩酸塩相当量で示された．

6) ビタミンB_2

ビタミンB_2(リボフラビン)は，フラビン酵素の補酵素の構成成分として，ほとんどの栄養素の代謝にかかわっている．欠乏症としては，口内炎，眼球炎，脂漏性皮膚炎，成長障

害などが起こる．

7) ナイアシン

　ナイアシンは，体内で同じ作用をもつニコチン酸，ニコチン酸アミドなどの総称であり，酸化還元酵素の補酵素の構成成分として重要である．生体中に最も多量に存在するビタミンである．欠乏症としては，皮膚炎，下痢および精神神経障害を引き起こすペラグラなどがあり，小児では成長障害が起こる．成分値はニコチン酸相当量で示されている．ナイアシンは，食品からの摂取以外に，生体内でトリプトファンから一部生合成される．なお，トリプトファンの活性はナイアシンの 1/60 である．

8) ビタミン B_6

　ビタミン B_6 は，ピリドキシン，ピリドキサール，ピリドキサミンなど，同様の作用をもつ 10 種以上の化合物の総称である．ビタミン B_6 は，アミノトランスフェラーゼ，デカルボキシラーゼなどの補酵素として，アミノ酸および脂質の代謝や神経伝達物質の生成などに関与する．欠乏症として皮膚炎，動脈硬化性血管障害，食欲不振などが知られている．成分値はピリドキシン相当量で示された．

9) ビタミン B_{12}

　ビタミン B_{12} は，シアノコバラミン，メチルコバラミン，アデノシルコバラミン，ヒドロキシコバラミンなど，同様な作用をもつ化合物の総称である．その生理作用は，アミノ酸，奇数鎖脂肪酸，核酸などの代謝に関与する酵素の補酵素として重要である．欠乏症として悪性貧血，神経障害などが知られている．成分値はシアノコバラミン相当量である．

10) 葉　　酸

　葉酸は，補酵素として，プリンヌクレオチドの生合成，ピリジンヌクレオチドの代謝に関与する．また，アミノ酸およびたんぱく質の代謝においてビタミン B_{12} とともにメチオニンの生成，セリン―グリシン転換系などにも関与している．欠乏症として巨赤芽球性貧血，舌炎，二分脊柱を含む精神神経異常などが知られている．

11) パントテン酸

　パントテン酸は，補酵素であるコエンザイム A およびアシルキャリヤーたんぱく質の構成成分であり，糖および脂肪酸の代謝における酵素反応に広く関与している．欠乏症として，皮膚炎，副腎障害，末梢神経障害，抗体産生障害，成長阻害などが知られている．

12) ビオチン

　ビオチンは，カルボキシラーゼの補酵素として，炭素固定反応や炭素転移反応に関与している．長期間にわたり生卵白を多量に摂取した場合に欠乏症がみられ，脱毛や発疹などの皮膚障害，舌炎，結膜炎，食欲不振，筋緊張低下などが起こる．

13）ビタミンC

ビタミンCは，生体内の各種の物質代謝，とくに酸化還元反応に関与するとともに，コラーゲンの生成と保持作用を有する．さらに，チロシン代謝と関連したカテコールアミンの生成や脂質代謝にも密接に関与している．代表的な欠乏症は壊血病である．食品中のビタミンCは，L-アスコルビン酸（還元型）とL-デヒドロアスコルビン酸（酸化型）として存在する．効力値は同等とみなされているので，成分値は両者の合計で示された．

5　脂肪酸，コレステロール

1）脂肪酸

脂肪酸は，炭化水素（$-CH_2-$）の鎖とカルボキシル基（$-COOH$）とをもつことが特徴である．油脂を構成している脂肪酸は化学構造上の違いにより分類すると，飽和脂肪酸と不飽和脂肪酸に大別され，両者ともにさらにその構成炭素の数により，短鎖（$C_{2\sim6}$），中鎖（$C_{8\sim10}$），長鎖（$C_{12\sim}$）に分類される．天然の油脂には長鎖脂肪酸のついた中性脂肪が多い．ココナッツには中鎖脂肪酸（MCT）が多い．

二重結合をもたないものを飽和脂肪酸，1つもつものを一価不飽和脂肪酸，2つ以上もつものを多価不飽和脂肪酸という．五訂増補成分表では，脂肪酸は脂肪酸組成に基づいて算出し，飽和，一価不飽和および多価不飽和脂肪酸に分けて表示されている．多価不飽和脂肪酸のうち，末端のメチル基の炭素原子から数えて3番目および6番目の炭素原子に二重結合がはじめて出現するものをそれぞれn-3系多価不飽和脂肪酸およびn-6系多価不飽和脂肪酸という．

これらのうち，動物体内では合成されず，食べ物から摂取しなければならない脂肪酸と

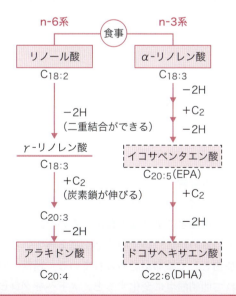

図6-1◆必須脂肪酸（n-6系，n-3系）

してリノール酸およびα-リノレン酸がある．これらを必須脂肪酸とよび，多くの生理活性物質の原料となる．図 6-1 に必須脂肪酸(n-6 系と n-3 系)を示した．必須脂肪酸が不足すると発育不全，皮膚の角質化などが起こる．現在，摂取脂肪酸の n-6/n-3 比の健康への重要性が検討されている．食生活では，4：1 程度が適正であると考えられている．

2) コレステロール

コレステロールは，食品中や体内では，遊離型と脂肪酸と結合したエステル型がある．体内でも合成され，細胞膜の構成成分として，また，胆汁酸や各種ホルモンの前駆物質として重要である．血液中では，リポたんぱく質として全身を移動し，合成されたコレステロールを末端組織に運搬する低比重リポたんぱく質(LDL)，余分なコレステロールを肝臓に運搬する高比重リポたんぱく質(HDL)などがある．血中コレステロール濃度が高いと脂質異常症や動脈硬化，胆石などが起こりやすくなるが，濃度が低いと貧血や脳出血などが起こりやすくなるので注意が必要である．

6 食物繊維，食塩相当量，硝酸イオン

1) 食物繊維

食物繊維は「ヒトの消化酵素で消化されない食品中の難消化性成分の総体」と考え，水溶性食物繊維，不溶性食物繊維，および両者の合計が総量として示されている．測定法は，酵素—重量法(プロスキー変法)で定量している．なお，動物性食品は，食物繊維の供給源としての寄与率は低いと判断され，収載されていない．

食物繊維は，消化管機能や腸の蠕動(ぜんどう)運動の促進，栄養素の吸収を緩慢にしたりするなどさまざまな生理作用が知られており，今後の研究の発展によりさらにその有用性が広がる可能性もある．水溶性食物繊維と不溶性食物繊維では生理作用に違いがあるといわれている．

2) 食塩相当量

食塩相当量は，ナトリウム量に 2.54 を乗じた値が示されている．ナトリウム量には食塩に由来するもののほか，グルタミン酸ナトリウム，アスコルビン酸ナトリウム，リン酸ナトリウム，炭酸水素ナトリウムなどに由来するナトリウムが含まれる．

3) 硝酸イオン

■ 硝酸イオンの健康への影響

五訂成分表(初版)から，野菜の備考欄に硝酸イオン(NO_3^-)の定量値が記載された．近年，硝酸イオンがヒトの健康にどのような影響があるのか，毎日食べる野菜にどのくらいの硝酸イオンが含まれているのかについての関心が高まっている．硝酸塩は，チーズ，清酒，食肉製品に食品添加物として添加が認められている．通常の摂取では人体に有害ではないが，体内で還元されて亜硝酸塩に変化すると，メトヘモグロビン血症や発がん性物質であるニトロソ化合物の生成に関与する恐れがあることが指摘されている．

FAO/WHO 合同食品添加物専門委員会（JECFA）は硝酸塩の1日の許容摂取量（ADI）を体重1 kg 当たりの硝酸塩として0～5 mg，硝酸イオンとして0～3.7 mg と推定している．野菜は硝酸塩の主要な摂取源であるが，どの程度血液に取り込まれるかのデータは得られていない．**表 6-6** に硝酸塩の許容摂取量に対する年齢別摂取量の比較を示した．

表 6-6◆硝酸塩の1日許容摂取量に対する年齢別摂取量の比較

	1～6歳 体重 15.9 kg	7～14歳 体重 37.1 kg	15～19歳 体重 56.3 kg	20～64歳 体重 58.7 kg	65歳以上 体重 53.2 kg
摂取量　（mg）	129	220	239	289	253
対 ADI 比（％）	218.5	160.1	114.8	133.1	128.4

硝酸塩の1日許容摂取量（ADI）＝3.7 mg/日/kg 体重（硝酸イオンとして）
（厚生労働省食品衛生調査会毒性・添加物合同部会・食品添加物1日摂取量点検調査会報告書，2000 より）

■ **調理と硝酸イオン**

次式により，野菜の硝酸イオンの残存率および除去率を算出できる．

硝酸イオン残存率(％)
$$=\frac{調理前\ 100\ g\ に対応する調理後重量当たりのイオン含有量}{調理前\ 100\ g\ の硝酸イオン含有量}\times 100$$

硝酸イオン除去率(％)＝100－硝酸イオン残存率

「ゆでる」ことにより，葉茎野菜，いわゆる「葉もの野菜」の約30～45％の硝酸イオンを除去できる．「湯きり（ゆでてザルにとる）」するだけよりも，「手しぼり」，「水冷やし，水きり，さらに手しぼり」と調理操作が多くなるほど硝酸イオンが多く除去できる傾向にある．根菜類はゆでることにより約20％の硝酸イオンが除去できる．漬物は，「塩漬け」では，「水洗い後，手しぼりする」ことで「葉もの野菜」で50％，根菜類のかぶの根で30％，「ぬかみそ漬け」では，「水洗い後，水きりする」ことで硝酸イオンを約30％除去できる[注1]．

注1）渡邊智子 ほか：栄養学雑誌，61：251～262，2003

C 食品成分表の活用に当たっての留意事項

1) 食品数と成分項目

食品成分表 2010 では，食品数が 1,878 食品で，五訂増補成分表の成分項目と同じである（**表 6-1** 参照）．健康課題などに照らし合わせて利用目的に応じて活用をはかる．集団給食の通常の献立づくりには，エネルギー，たんぱく質，脂肪の栄養量計算を行い，必要に応じてビタミン，ミネラルの項目の活用をはかる．

2) 1 食品 1 標準成分値

食品成分表 2010 に収載されている成分値は，年間をとおして普通に摂取する場合の全国的な平均値であり，「1 食品 1 標準成分値」が原則として収載されており，品種，生産環境，加工法および調理方法などによりその値に幅や差異が生じることに十分留意する必要がある．

ほうれんそうやかつおなど旬のある食品については季節による差異が明記されているので，季節の変動に留意して活用することが大切である．

図 6-2-a にほうれんそうに含まれるビタミン C の季節間差異を示したが，冬採りほうれんそうのビタミン C は，夏採りほうれんそうの 3 倍も含まれている．ほうれんそうのビタミン C 標準成分値は 35 mg であり，輸入ほうれんそうのビタミン C は 21 mg にすぎない．**図 6-2-b** にかつおの成分値の季節間差異を示したが，脂が乗っているといわれる秋捕りかつお（戻りがつお）の脂質は 6.2 g（可食部 100 g 当たり）で春捕りかつお（初がつお）の 0.5 g の 12 倍にものぼっている．

最も適した時期に生産，出荷される旬の食材は，栄養価が豊富で，出回り量が多く，比較的安い価格で入手可能であるので，旬の食材の活用をはかりたい．

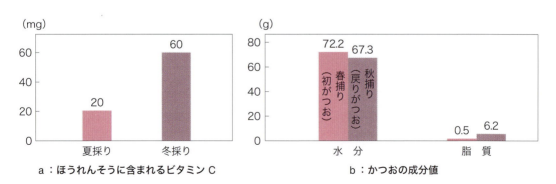

a：ほうれんそうに含まれるビタミン C　　　　b：かつおの成分値

図 6-2 ◆ 成分値の季節間差異（可食部 100 g 中）

3）新規食品などの活用法

　新規食品や聞きなれない食品については，成分表の資料「食品群別留意点」に各食品の品種や性状が記載されているので，その内容を確認して活用をはかることができる．

4）種類や部位，食べ方の留意点

　使用する食品については，原材料，原産地などを確認する．とくに肉類については，種類，部位，脂身の有無などに留意して活用する．また，野菜や果実類は，食習慣などによって利用法や食べ方が異なるので，実施に応じた活用をはかる．

5）調理による重量変化率

　五訂成分表（初版）からは調理による食品の重量変化率が示されており，調理による栄養成分の変化量を算出することができる．収載されている調理方法の概略に留意して活用をはかるとよい．

　食品の調理条件は，一般調理（小規模調理）を想定し条件を定めているが，五訂増補成分表から，加熱調理は，「ゆで」，「水煮」，「炊き」，「蒸し」，「焼き」，「油炒めおよび油揚げ」とし，非加熱調理は「水さらし」，「水戻し」，「塩漬けおよびぬか漬け」とした．使用する調味料の種類や量を定めにくいので，マカロニおよびスパゲッティのゆで，塩漬けおよびぬか漬けを除き，調味料の添加は行っていない．

　調理による食品の水さらしや加熱によって，食品中の成分は溶出したり，変化を伴う．一方で，調理に用いる水や油の吸着により食品の重量が増減する．成分表に示す調理した食品の成分値は，調理前の成分値との整合性を考慮し，原則として調理による成分変化率を求めてこれを調理前の成分値に乗じて算出した．

　栄養計算に当たっては「成分表の調理した食品の成分値」と「調理前の可食部重量」を用い，次式により調理された食品全重量に対する成分量が算出できる．

調理された食品全重量に対する成分量
$$= 調理した食品の成分値 \times \frac{調理前の可食部重量(g)}{100(g)} \times \frac{重量変化率(\%)}{100(g)}$$

　また，「成分表の廃棄率」と「調理前の可食部重量」から，廃棄部を含めた原材料重量が算出できる．

廃棄部を含めた原材料重量$(g) = \dfrac{調理前の可食部重量(g) \times 100}{100 - 廃棄率(\%)}$

　表6-7に食品の廃棄率の例を，表6-8に豚ロース（脂身つき）の調理によるおもな成分の変化を示した．

6）暫定エネルギー値

　こんにゃく，きのこ類のエネルギー値は，個人差が大きいことなどから四訂成分表では算出されていなかった．こんにゃく，きのこ類，藻類などのエネルギー値は，数値を示すことへの要望が高いことから，五訂成分表（初版）からは暫定値が算出されている．個人差

表 6-7 ◆ 食品の廃棄率の例 (%)

魚介類		野菜類		果実類	
あじ	55	アスパラガス	20	いちご	2
いわし	35	オクラ	15	うんしゅうみかん	20
かれい	50	かぶ	30	オレンジ	40
きす	50	きゅうり	2	キウイフルーツ	15
車えび	55	ごぼう	10	すいか	40
さば	40	西洋かぼちゃ	10	パインアップル	45
さんま	30	だいこん	10	びわ	30
舌びらめ	45	たまねぎ	6	ぶどう	15
たい	50	チンゲンサイ	15	りんご	15
まながつお	40	ふき	40	レモン	3

(日本食品標準成分表 2010 より)

表 6-8 ◆ 豚ロース (脂身つき) の調理によるおもな成分の変化

	たんぱく質 (g)	脂質 (g)	ビタミン B_1 (mg)	重量変化率 (%)
生	19.3	19.2	0.69	100
焼き	26.7	22.7	0.90	72
ゆで	23.9	24.1	0.54	77

表 6-9 ◆ こんにゃく, きのこ類, 藻類の暫定エネルギー値

食品名	可食部 100 g 当たり (kcal)	1 食当たりの目安 (kcal)	
こんにゃく (精粉)	5	(50 g)	2.5
しいたけ (生)	18	(30 g)	5.4
まいたけ (生)	16	(30 g)	2.6
マッシュルーム (生)	11	(30 g)	3.3
干しひじき	139	(5 g)	7.0
もずく (塩抜き)	4	(50 g)	2.0
こんぶ (つくだ煮)	84	(15 g)	12.6

の大きいことに留意して活用をはかりたい．**表 6-9** にこんにゃく, きのこ類, 藻類の暫定エネルギー値を示した．

7) 緑黄色野菜の取り扱い

　四訂成分表では可食部 100 g 当たりカロテン 600 μg 以上含有する有色野菜を緑黄色野菜として扱っているが, 栄養指導の際には, トマト, ピーマンなどカロテン含量が 600 μg 未満の野菜についても, 摂取量および頻度などを勘案して, 緑黄色野菜として扱ってきた. 有色野菜の分類は示されていないが, 緑黄色野菜の取り扱いについては, 五訂増補成分表より, 従来, 緑黄色野菜としてきたものに, 可食部 100 g 当たりカロテン含量 600 μg 以上

のものを追加して取り扱うこととされた.

8) 糖質は「炭水化物」表示

　五訂成分表（初版）から食物繊維が収載されたことに伴い，四訂成分表の「糖質および繊維」の項目が廃止され，「炭水化物」とされた．これに伴い，従来，国民健康・栄養調査などでエネルギーの栄養素別摂取構成比として示されてきた糖質についても，炭水化物として示すこととなった．

9) ビタミンAとDの単位

　ビタミンAについては，五訂成分表（初版）から，従来のビタミンA効力（国際単位：IU）表示からレチノール当量（μgRE）表示に変更された．ビタミンDについても，ビタミンD効力（国際単位：IU）表示から重量（μg）表示に変更されたことから，それぞれ重量単位（μg）として用いることとされた．

■参考文献
1) 科学技術庁資源調査会 編：科学技術庁資源調査所資料第 82 号「日本食品標準成分表の改訂に関する調査資料 ―日本人における藻類及びきのこ類の利用エネルギー測定調査結果―」，1980
2) 文部科学省科学技術・学術審議会資源調査分科会 報告：日本食品標準成分表 2010，2010
3) 食品成分研究調査会 編：五訂増補日本食品成分表，医歯薬出版，2006

第7章
食事バランスガイドと献立作成

　献立とは，食事の内容を構成する料理の種類とその組み合わせ，またはその順序を示したものである．すなわち，どのような食べ方をしたらよいかに応える食事の計画である．世界各地域に異なった食べ方があり，それぞれに合理的な裏づけがあって，食の文化の違いを物語っている．日常食では栄養的配慮が骨格をなし，それに文化的配慮が付加される．
　1日に必要な食事の摂取量とメニューがひと目でわかる「食事バランスガイド」が平成17年(2005)に公表されたが，その説明，内容および活用法についても解説している．

A 食品構成

1 食品構成とは

　食品構成とは，食事摂取基準を充足させるために，一人ひとりが1日当たり，どのような食品（食品群）をどのくらい食べたらよいかを，あらかじめ目安となる食品別の使用量を具体的に数値で示したものをいう．

1）おもな食品群の分類

　食品群は栄養成分の類似した食品を1つのグループとしてまとめ，いくつかの群に分類し整理したものである．**表7-1**におもな食品群の分類を示した．目的や利用法によってそれぞれの分類法を使い分けている．重宝され活用されているものに，「6つの基礎食品」と「3色食品群」（**表7-2**）がある．

表7-1◆おもな食品群の分類

分　　類	特　　徴
3色食品群 （3群）	・食品を含有栄養素の特徴により，赤・黄・緑の3群に分類し，食品の働きについて説明した ・比較的単純で理解されやすいので，初歩的な栄養指導に用いられる
4群点数法 （4群）	・食品を栄養的特徴により，4群に分類し，不足しがちな栄養素を含んだ食品を多くとるように強調したものである ・基礎食品の組み合わせにより献立作成を行う
6つの基礎食品 （6群）	・厚生労働省より栄養教育の教材として示され，食品を含有栄養素の種類によって6群に分類した ・毎日とらなければならない栄養素と，それらを含む食品の組み合わせを示した ・日常的な個々人や家族の食品構成に向いている
その他の食品群 　18食品群 　15食品群 　4群6表 　2群6表	日本食品標準成分表による分類（国民健康・栄養調査で用いる分類） 特定給食施設栄養報告（例：東京都）で用いる分類 糖尿病治療のための食品交換表 腎臓病食品交換表

　次に6つの基礎食品について述べる．

第1群　＜魚，肉，卵，大豆・大豆製品＞　この群に含まれる食品は良質のたんぱく質の供給源であり，また，脂肪，リン，鉄，ビタミンB_1，B_2なども多く含んでいる．一般に，この群の食品は献立をつくるときの中心となる大切な食品である．

第2群　＜牛乳・乳製品，藻類，小魚類＞　主としてカルシウムの供給源である．日本人の食事では，一般にカルシウムが不足しているので，この群の食品が不足し

表 7-2 ◆ 6 つの基礎食品と 3 色食品群

6 つの基礎食品				3 色食品群
食品群	食品	おもな成分	おもな作用	
1	魚・肉・卵 大豆・大豆製品	たんぱく質 脂肪 ビタミン B_2	筋肉や骨などをつくる エネルギー源となる	赤
2	牛乳・乳製品 藻類・小魚類	無機質（カルシウム） たんぱく質 ビタミン B_2 ヨウ素	骨・歯をつくる 体の各機能を調節	
3	緑黄色野菜	カロテン ビタミン C 無機質	皮膚や粘膜の保護 体の各機能を調節	緑
4	その他の野菜* 果実	ビタミン C 無機質	体の各機能を調節	
5	穀類・いも類 砂糖	炭水化物 ビタミン B_1	エネルギー源となる 体の各機能を調節	黄
6	油脂類 脂肪の多い食品	脂肪 ビタミン A ビタミン D	エネルギー源となる	

＊淡色野菜　　　　　　　　　　　　　　　　　　　（厚生労働省保健医療局作成）

ないように努めることが大切である．

第 3 群 ＜緑黄色野菜＞　カロテンを多量に含んでいる野菜類をさし，主としてビタミン A の豊富な供給源である．この野菜のなかには生食できるものが多く，また，ほうれんそう，かぶの葉，にんじん，トマトなどは，とくに栄養価のすぐれた食品である．

第 4 群 ＜淡色野菜，果物＞　主としてビタミン C の供給源である．とくにかんきつ類やキャベツはビタミン C が多く，また，ほかのビタミンも多いので，毎回の食事で欠かさないようにしたい．

第 5 群 ＜穀類，いも類，砂糖＞　でん粉質の食品が多い．主としてエネルギー源であり，同時にビタミン B_1 の供給源でもある．最近は，食生活の洋風化傾向や米離れなどが進み，脂肪エネルギー比の増加，糖質エネルギー比の減少が問題となっている．第 5 群の食品をしっかりとることは，PFC エネルギー比を適正に保持し，主食，主菜，副菜のバランスを保持するうえでも大切である．

第 6 群 ＜油脂類，脂肪の多い食品＞　油脂類はエネルギー源としての価値が高いばかりでなく，緑黄色野菜を油脂で調理すると，その中に含まれるビタミン A，D など脂溶性ビタミンの吸収率が促進されるなどの利点がある．

2 食品群別摂取目標量の算定

　個人の適正体重やそれに沿ったエネルギー量の目安，現状における過不足状態などをよく理解したうえで，食事摂取基準をみたすための食品構成により，食品の組み合わせを考えたい(p.64 第3章 日本人の食事摂取基準(2015年版)の概要 参照)．

　対象者の状況に応じた食事の種類と，それぞれにおける給与栄養目標量が設定されれば，それに沿って具体的な食事計画(献立作成)を行うことができる．最近では，献立作成の業務が電算化されてきて，1食または1日分，あるいはその両方の栄養量を瞬時に確認できることから，詳細な食品構成をあえて作成する必要が低くなった．

　表7-3に，年齢構成別食品群別摂取量(平成24年)を示した．

表7-3◆食品群別摂取量(平成24年)

(1人1日当たり：g)

食品群別	1～6歳	7～14歳	15～19歳	20～29歳	30～39歳	40～49歳	50～59歳	60～69歳	70歳以上
総　量	1,195.4	1,820.3	1,987.5	1,887.6	1,978.7	2,048.9	2,171.9	2,250.1	2,090.0
動物性食品	312.4	500.3	408.3	308.9	286.8	286.2	301.3	307.9	295.2
植物性食品	883.0	1,320.0	1,579.2	1,578.7	1,691.3	1,762.7	1,870.6	1,942.2	1,794.8
穀　類	261.5	435.8	543.1	467.4	466.6	468.3	449.7	436.3	419.2
米・加工品	193.9	335.7	427.6	345.7	343.7	347.9	330.4	317.0	324.9
小麦・加工品	65.0	94.3	111.5	115.5	115.0	112.9	108.8	109.2	84.9
いも類	38.3	63.0	55.1	49.7	48.5	50.4	54.3	56.0	61.5
砂糖・甘味料類	3.6	5.6	6.7	5.9	5.8	5.8	7.0	7.3	7.7
豆　類	28.9	46.8	44.9	47.4	49.7	54.0	65.1	72.1	68.2
種実類	1.0	1.6	1.4	1.3	1.3	1.8	2.8	2.6	2.8
野菜類	148.3	245.0	264.3	243.9	257.7	262.2	289.5	317.0	307.5
緑黄色野菜	50.0	73.4	81.4	69.7	80.7	80.0	87.7	101.4	104.9
その他の野菜	85.5	159.7	164.8	152.4	156.9	162.9	178.2	186.8	172.1
果実類	105.1	90.5	88.3	67.5	60.7	68.3	99.5	143.5	159.6
きのこ類	7.9	12.6	13.1	14.3	14.9	14.8	17.5	21.6	17.2
藻　類	5.4	7.9	8.5	7.4	8.8	9.2	10.5	12.2	12.0
魚介類	30.8	49.8	52.3	55.3	59.4	60.4	77.1	93.4	86.5
肉　類	54.8	103.7	145.5	116.1	104.0	105.6	93.0	76.0	58.3
卵　類	22.3	32.6	47.2	34.3	33.6	36.0	35.6	34.5	31.8
乳　類	203.3	312.8	161.9	101.8	88.4	82.8	94.3	103.2	117.9
油脂類	6.6	10.8	14.8	12.8	12.2	11.7	11.7	9.6	7.5
菓子類	33.5	37.1	34.6	28.2	25.8	23.4	25.1	24.8	23.8
嗜好飲料類	196.9	290.5	422.6	537.9	646.4	696.5	739.9	739.7	620.5
調味料・香辛料類	47.2	74.0	83.3	96.5	94.8	97.4	99.1	100.5	88.1

注1) 穀類の内訳は，米・加工品＋小麦・加工品＋その他の穀類・加工品．野菜類の内訳は，緑黄色野菜＋その他の野菜＋野菜ジュース＋漬け物．
　2) 特定保健用食品は，該当する食品群に含む．

(平成24年厚生労働省国民健康・栄養調査報告より)

B　食事バランスガイドの解説

　厚生労働省と農林水産省が合同で検討会を組織して，1日に必要な食事の摂取量とメニューがひと目でわかる「食事バランスガイド」を作成し，平成17年(2005)に公表された．平成12年3月に文部省(当時)，厚生省(当時)，農林水産省により「食生活指針」(p.50 **表 3-3** 参照)が策定されたが，この食生活指針を具体的な行動に移すためのものである．

1　食事バランスガイドのコマの説明

　「食事バランスガイド」は，「何を」「どれだけ」食べたらよいか，おおよその食事の目安を料理のイラストで把握できるようにした，視覚に訴えた教材である．**図 7-1** のようにコマの形をしていて，食事のバランスが悪くなるとコマが倒れてしまう．さらに，コマの回転が運動することを連想させて，回転(運動)することではじめて安定することを表している．
　コマのイラストの中には，1日の摂取量として望ましいメニューの例が「主食」「副菜」「主菜」「牛乳・乳製品」「果物」の5つのグループに分けて示されている．各料理区分ごとに，1日にとる料理の組み合わせとおおよその量を，「1つ」とか「SV(サービングの略．各料理の1回あたりの標準的な量)」を単位として表している．実際の食事内容とコマの中の料理を比較することで，おおよその過不足がわかる．

2　食事バランスガイドの内容

　「食事バランスガイド」の料理区分としては，主食，副菜，主菜，牛乳・乳製品，果物の5つとなっている．食生活指針にも「主食，主菜，副菜を基本に，食事のバランスを」という項目が挙げられているが，主食，主菜，副菜という分類は，ご飯を中心におかずを組み合わせるという伝統的な日本の食事パターンと一致する．食事バランスガイドの栄養素，食品，食事等の関連を**図 7-2** に，食事バランスガイドを構成する内容を**図 7-3** に示した．

3　食事バランスガイドの活用

　日々の食生活において，「食事バランスガイド」をどのように活かしていけばよいのか．具体例として，成人の一般向けを対象とした活用方法を考えてみる．
　① 自分の1日の活動量を知る(どんなライフスタイルなのか)．
　② 各料理区分の適量を把握する．
　③ 食事の目的と好みを考えて料理を選ぶ．
　④ 楽しく食事をする．
　⑤ 体重と腹囲の変化を知る(食事量と活動量のバランスを知る)．
　⑥ 毎日の食生活に活かす．

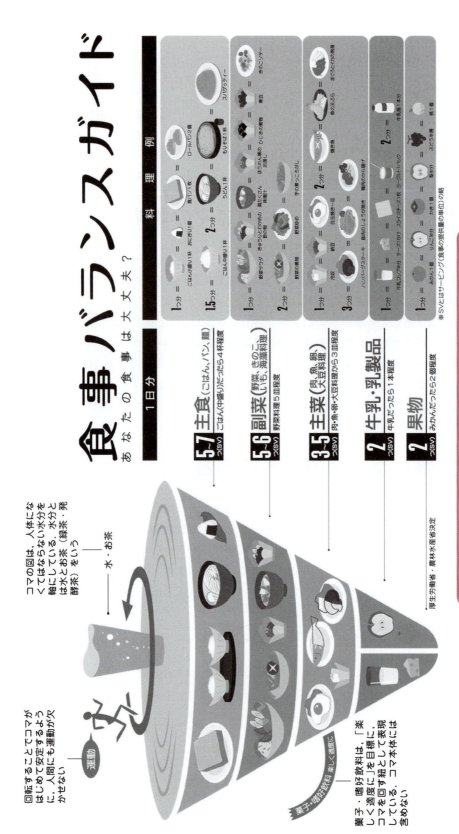

図7-1 ◆ 食事バランスガイド

栄養教育に用いられる要素			食品〜食品群		具体的な料理	食事バランスガイドでの区分（料理区分）
内容	エネルギー・栄養素	食品成分表	6つの基礎食品	3色分類		
	エネルギー	穀類	第1類（魚、肉、卵、大豆）良質たんぱく質の給源となるもので、毎日の食事で主菜となる。副次的にとられる栄養素として、脂肪、カルシウム、鉄、ビタミンA、ビタミンB₁、ビタミンB₂。	赤	ごはん パン 麺 →	主食 料理（主に炭水化物の供給源）
	炭水化物	いも及びでん粉類				
		砂糖及び甘味類			焼き魚 ハンバーグ 卵焼き 冷や奴 →	主菜 料理（主にたんぱく質の供給源）
	たんぱく質	豆類	第2類（牛乳、乳製品、骨ごと食べられる魚）良質たんぱく質、カルシウムを多く含むが、特にカルシウムの給源として重要である。その他、たんぱく質、ビタミンB₂の給源。小魚類は、たんぱく質、カルシウムを多く含み、また鉄、ビタミンB₂の給源。			
	脂質	種実類				
	ビタミンA ビタミンB₁ ビタミンB₂ ナイアシン ビタミンB₆	野菜類	第3類（緑黄色野菜）主としてカロテンの給源となる野菜。ビタミンCおよびカルシウム、鉄、ビタミンB₂の給源。	緑	サラダ 煮物 →	副菜 料理（主にビタミン、ミネラル、食物繊維の供給源）
		果実類				
		きのこ類				
	ビタミンB₁₂ 葉酸 パントテン酸 ビタミンC ビタミンD ビタミンE ビタミンK	藻類	第4類（その他の野菜、果物）主としてビタミンCの給源。その他、カルシウム、ビタミンB₁、ビタミンB₂の給源。		牛乳 ヨーグルト →	牛乳・乳製品 （主にカルシウムの供給源）
		魚介類				
		肉類		黄	りんご みかん →	果物 （主にビタミンC、カリウムの供給源）
	ミネラル、電解質 マグネシウム カルシウム リン クロム モリブデン マンガン 鉄 亜鉛 銅 セレン ヨウ素 ナトリウム カリウム	卵類	第5類（米、パン、めん、いも）糖質性エネルギー源となる食品。この類に分類されるものとしては、米、大豆や小麦などの穀類およびその加工品および砂糖、菓子類などがある。いも類は、糖質のほかにビタミンB₁、ビタミンCなども比較的多く含まれる。			
		乳類			チョコレート ケーキ ジュース ⇨	菓子・嗜好飲料 菓子・嗜好飲料（楽しく適度にとりたいもの）
		油脂類				
		菓子類				
		嗜好飲料類	第6類（油脂類）脂肪性エネルギー源となる食品。大豆油、米油などの植物油およびマーガリン並びにバター、ラードなどの動物脂およびマヨネーズ、ドレッシングなどの多脂肪性食品が含まれる。		揚げ物 佃煮 ⇨	油脂・調味料 調味料（調理形態によってはとり過ぎに注意）
		調味料および香辛料類				
		調理加工食品類				
食べる者の量的把握（一般人の場合）	目に見えない（栄養成分表示がされているものは含有量がわかる）		料理の中に分散しているので重量の把握が難しい		食卓、外食、惣菜など食べる時に見ている状態のもの。1回の食事で食べる量を、料理区分別に標準的な量（つ（SV））と比較することにより、適量か否かをおおよそ把握できる。生活の中で繰り返し、こうした情報にふれることで、感覚的にわかって使えるようになる可能性が大きい特別の学習をしなくとも、感覚的にわかって使えるようになる可能性が大きい
作る者の量的把握（一般家庭の場合、および一般食店、中食業者の場合）		食品成分表から把握できる 一般食店・中食業者（自治体の健康づくり協力店の実施状況から）	つくるときに、食材の重量を計算すれば、把握できる 一般食店・中食業者の重量的把握（管理栄養士の援助なしには難しい（自治体の健康づくり協力店の実施状況から）			1料理の提供量を標準的な量（つ（SV））と比較することができる。料理の細かい部分の違いは捨象して使うことができるので、一般飲食店が表示する場合にも、その日の食材の仕入れ状況に対応したメニュー変更が容易にできる。適切な量の提示がしやすくなる分表示では、これが難しいとも普及しにくいという課題がある。（栄養成分表示は、料理区分ごとの食事バランスガイド
健康の維持などの観点から望ましい摂取量の目安	食事摂取基準		食事摂取基準に基づく食品構成			食事バランスガイド 食事構成、食品構成などをふまえ、料理区分ごとの摂取の目安量を示す数値（つ（SV））で示される

図7-2 ◆ 栄養素、食品、食事等の関連について
（厚生労働省・農林水産省決定 食事バランスガイド、第一出版、2005）

料理区分	食品群	主材料の例	分類条件	サービングの基準	主な供給栄養素	
基本的な組合せ						
主食（ごはん，パン，麺など） 5〜7つ（SV）	米類（めし）	ごはん，もち，ビーフン	左記の主材料を2/3目安量を超えて含むもの	主材料に由来する炭水化物として40g	炭水化物 エネルギー	複合的料理
	パン（菓子パンを除く）類	食パン，ロールパン，お好み焼き				
	麺類	うどん，そば，そうめん，冷や麦，中華麺，即席麺，マカロニ，スパゲッティ				
	その他の穀類食品	シリアル				
副菜（野菜，きのこ，いも，海藻料理） 5〜6つ（SV）	野菜類	野菜（キャベツ，きゅうり，大根，たまねぎ，トマト，ほうれん草，レタス）	左記の主材料を2/3目安量を超えて含むもの	主材料の素材重量として70g	ビタミン ミネラル 食物繊維	
	いも類	いも，こんにゃく				
	大豆以外の豆類	あずき，いんげん豆，うずら豆				
	きのこ類	きのこ（しいたけ，しめじ，えのきたけ）				
	海藻類	海藻（海苔，わかめ，ひじき）				
	種実類	落花生・ナッツ類・栗				
主菜（肉，魚，卵，大豆料理） 3〜5つ（SV）	肉類	牛肉，豚肉，鶏肉 肉加工品	左記の主材料を2/3目安量を超えて含むもの	主材料に由来するたんぱく質として6g	たんぱく質 脂質 エネルギー 鉄	
	魚類	魚，貝，エビ，カニ，たこ，魚介加工品（さつま揚げ，かまぼこ，ちくわ）				
	卵類	卵				
	大豆・大豆製品	豆腐，大豆，納豆				
積極的にとりたいもの						
牛乳・乳製品 2つ（SV）	乳類	牛乳，飲むヨーグルト ヨーグルト，チーズ，粉乳	左記の主材料を2/3目安量を超えて含むもの	主材料に由来するカルシウムとして100mg	カルシウム たんぱく質 脂質	
果物 2つ（SV）	果実類	果実（みかん，りんご，いちご，すいか）	左記の主材料を2/3目安量を超えて含むもの	主材料として100g	ビタミンC カリウム	
楽しく適度に						
菓子，嗜好飲料	菓子類	菓子類，菓子パン				
	嗜好飲料	甘味飲料類，酒類				
水・お茶		※料理，飲み物として食事や間食などにおいて十分量をとる				

図7-3 ◆「食事バランスガイド」を構成する内容

（厚生労働省・農林水産省決定 食事バランスガイド，第一出版，2005）

C　献立作成の条件と手順

　献立とは，食事の内容を構成する料理の種類とその組み合わせ，また，その順序を定めることであり，献立書，献立表はそれを記したものである．献立あるいは献立表のことをメニュー，さらに，調味料や香辛料の量，調理の仕方など記載したものをレシピという．献立の「献」とは，饗宴で酒をすすめることをいい，「立」とは，膳立て，つまり膳の上に，料理を盛った食器を配置することを意味する．

1　食事の種類

　食事設計は献立で表現することができる．献立は食べ方のルールであり，各地各様の食文化によって特徴づけられている．多様化した食生活のなかでの食事の分類を試みたものを**表7-4**に示した．

表7-4◆食事の種類

目的別食事	食文化的様式別食事	特定給食施設別食事	疾患・病態別治療食
●日常食 　（ライフステージ別） 　乳幼児期 　学童期 　青年期 　高齢期 　妊婦・授乳婦 　スポーツ栄養食 ●供応食 ●行事食	●日本料理様式食事 　（和食） ●中国料理様式食事 　（中華食） ●西洋料理様式食事 　（洋食） ●その他の料理様式 　（エスニック食） 　（フュージョンディッシュ）	●事業所給食 ●病院給食 ●学校給食 ●児童福祉施設給食 ●老人福祉施設給食	●栄養障害食 　（肥満，栄養失調） ●代謝疾患食 　（糖尿病，脂質異常症など） ●循環器疾患食 　（高血圧，動脈硬化） ●アレルギー疾患食 ●骨粗しょう症食 ●便秘・下痢食

2　献立作成の基本理念

　最近の日本人の食生活は，健康・栄養についての適切な情報の不足，食習慣の乱れ，食料の海外依存，食べ残しや食品の廃棄の増加などにより，栄養バランスの偏り，生活習慣病の増加，食料自給率の低下，食料資源の浪費などの問題が生じている．適正な食生活実践のための目安として「食生活指針」（第3章参照）が策定されている．

1）健康的要素

　食べることの第一義は健康的意義である．人間は生きるために食べている．献立は栄養のバランスがとれていることが最も基本的な要素であり，さらに，生理的・心理的に満足

できることが望ましい．家庭の場合は，家族一人ひとりの健康状態，発育段階，身体活動レベルなど，きめ細かい対応が必要である．

2）文化的要素

人間が食べる営みは文化現象である．古典的な文化の定義では，「文化とは生物としての人間に遺伝的に組み込まれた行動ではなく，人間の集団のなかで後天的に習得した行動である」という．世界各地各様の食べ方の違いは文化の違いから生み出されたものである．

3）嗜好的要素

食べ物に対する基本的な欲求が食欲であり，それに対する好き・嫌いが嗜好性である．人間の好き・嫌いは食欲が基本になっているが，その要因には伝統的社会環境と個人的生活環境がある．「おいしさ」は食べる人に感動を与え，脳を活性化し，生きる歓びを与える．

4）経済的要素

食生活行動は消費生活の1つであり，その経済性を無視することはできない．食生活を消費生活のなかでどのように位置づけるかという価値観が大切である．

総務省の家計調査では，収入の多少にかかわらず，収入の20％前後が食費に費やされている．すなわち，食費の予算に合った内容になるように食品を計画的に購入する．

5）環境的要素

現在，わが国では世界各国から多くの食品を輸入して，豊かな食生活を営んでおり，日々の献立にも世界各地からの食品がみられる．私たちの食の営みは食品の価格に左右されるが，流通機構を認識しながら，価格の変動にも対応できる素養をもつ必要がある．食を取り巻く直接的な環境問題として，調理排水，使用済み油，廃棄物，残飯，食品関係の包装紙類などの問題があり，献立づくりの際には環境的要素も考慮しなければならない．

6）調理工程的要素

調理工程は，下ごしらえの工程，調理工程，仕上げ工程に大別できるが，全工程をとおして「安全」と「能率」は基本的要素である．安全には人間工学からみた安全性と衛生的安全性の二面がある．また，調理の能率化には，加工食品や調理済み食品などを利用したり，電子レンジ調理などを利用することも考慮する．すなわち，調理器具，熱源，調理時間などを考慮する．

3 献立作成上のポイントと手順

1）日常食の献立の基本型と献立構成

(1) 献立の基本型

食文化の違いによって世界各地の日常食の献立パターン（表7-5）は異なる．わが国の典型的な献立パターンは穀物/野菜・魚食型である．グローバル化した今日でも基本的には変

表7-5◆世界各国の献立パターン

献立パターン	おもな国
肉食型	オーストラリア，アルゼンチン
肉/野菜食型	アメリカ，イギリス，ドイツ
肉/魚食型	北欧諸国
肉/野菜・魚食型	フランス，スペイン，ポルトガル
穀物食型	インド，パキスタン，アフリカ諸国
穀物/野菜型	エジプト，地中海諸国
穀物/魚食型	フィリピン，南アジア諸国
穀物/野菜・魚食型	日本

（吉川誠次：週刊朝日百科，世界の食べもの，p.12, 276, 日本編，1983より）

わっていない．

日常食では，朝・昼・夕食の1日を単位として，栄養，嗜好，経済を考慮した食事計画に基づいて献立を作成する．わが国の現在の日常食は和風，中華風，洋風，さらにエスニック風も加えて，折衷または融合様式の食事構成が一般的である．朝食は主食の米飯とみそ汁，または主食のパンとコーヒーなどの飲み物に，主菜，副菜1〜2品，昼食は一品料理のめん類やどんぶり物ですませ，夕食は主食に主菜，副菜が3〜4品くらいの献立となっている．

和風の日常食 汁と菜が伝統的な日本料理様式の基本である．米飯と香の物を加えて4点となり，それに副食として菜の数を増やして献立を豊かにする．**表7-6**に日本料理様式の日常食の基本型を示した．

中華風の日常食 普通の家庭の日常食の献立は地域によっても異なる．中国北方地域の中流家庭の献立の基本を**表7-6**に示した．

洋風の日常食 洋風料理の日常食の基本型の代表として，英米式の例を**表7-6**に示した．

折衷または融合型 現在のわが国における日常食は，和風，中華風，洋風，エスニック風などの折衷または融合様式となっている．

表7-6◆日常食の基本型

	和 風	中華風	洋 風
朝 食	一汁一飯(飯，みそ汁，香の物)または一汁一菜一飯(飯，みそ汁，菜，香の物)	白がゆ，炒め物を主とした菜1〜2品，もち・まんとう，漬物	果汁，卵，加工肉料理，パン，バター，ジャム，または穀物料理，コーヒーまたは紅茶
昼 食	めん類，どんぶり物などの1品献立または一汁一菜〜一汁三菜	めん類，まんとう，しゅうまいなどの点心	昼食は一般に軽い食事である 2〜3品の料理，または一皿のランチスタイル
夕 食	一汁二菜〜一汁三菜または3品献立〜4品献立	一湯四菜*，白飯またはめん	前菜またはスープ，肉または魚介料理，野菜料理，デザート(菓子，果物，コーヒーなど)，パン，バター

*湯と菜が3〜4種

(2) 日常食の献立構成

献立構成とは，献立を構成している料理の種類とその組み合わせをいうが，それぞれの料理にはポジションが決まっている．たとえば，会席料理でいえば，前菜 →造り →吸物 →焼き物 →煮物 →酢の物 →飯・みそ汁・香の物 →水菓子となっている．そして，各ポジションにはどういう内容の料理を盛りつけるか，ほぼ方向づけがなされている．日常食の献立におけるポジションは，主食，副食からなり，副食は主菜と副菜2品，汁物1品を基本とする．それに味覚や心理的に満足感を与えるとともに，食事のしめくくりの役目をもつデザートも献立構成のなかに入れる．表7-7に日常食1食の献立構成を示した．

表7-7◆日常食1食の献立構成

献立構成		作成の順序	構成する食品群 （おもな食品は太字）		おもな食品の1食の適量(g) （ ）は1種類だけ使用する場合	
主食		1	**穀類** いも類		米・めん（乾物） パン	80〜90 60〜80
副食	汁物	4	**野菜類** **肉・魚・卵・豆類**	藻類 きのこ類	汁の実 汁の液量	10〜20 150 ml
	主菜	2	**肉・魚類** **卵類** **豆類**	油脂類 種実類 乳類	肉・魚介 卵 大豆・大豆製品	50〜80(100) 25(50) 20
	副菜 2品	3	**野菜類** 肉・魚・卵・豆類 藻類	油脂類 種実類 乳類 きのこ類	野菜類	100〜200
デザート		5	**果実類** **菓子類**	乳類 し好飲料	果物 菓子・飲料	50〜80 砂糖量として10

（三輪里子, 吉中哲子 編：あすへの調理, p.2, 弘学出版, 1998より）

2）予算と経済事情

食品材料費はどれだけなのか，予算の枠内で最大の栄養効果をあげることが望まれている．流動する経済事情のなかで，よい品質の食品素材を適正な価格で入手することができるよう，物価の動向を常に把握しておくことが大切である．

3）栄養素と食品構成

各食品にはそれぞれの栄養素が含まれている（第6章 日本食品標準成分表参照）が，対象となる人の食事摂取基準に対して過不足のないように食品構成を考える必要がある．一汁三菜の献立では，食品数もかなり豊富に使用でき，調理法も数種の組み合わせができるので，効果的な献立構成である．日常食や治療食では食事摂取基準の目安が最も大切であり，行事食や供応食では嗜好面に重点を置く．食品を上手に組み合わせる方法として食品群を念頭に置くと便利である．

4）食味構成と料理形態

　どんな味つけがなされ，どのような料理形態で献立のなかに登場するのか，非常に重要な問題である．調理によって食品本来の味を損わず，調味料や香辛料を用いて嗜好性を高める工夫が大切である．たとえば，塩味をうすくすることによって食品素材の個性的な本来のもち味を賞味することができ，また，激辛の香辛料を用いることによって活力と感動が与えられることもある．

　食品素材と調理法の組み合わせによってさまざまな「料理形態」ができ上がる．図7-4に料理形態解析の考え方を示した．料理形態の解析によって，①食品素材の使用頻度，共出現頻度，連関度，②調理法の出現頻度，連関度，③食品素材と調理法の連関度などを知ることができる．

　料理形態の分類や調理操作による栄養素の推移などの考察にも役立ち，今後の研究が期待されている．

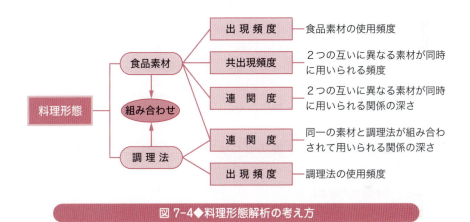

図7-4◆料理形態解析の考え方

5）献立作成の手順

（1）食事の種類を決める

　まず，食事の種類を決める．日常食では，朝・昼・夕食の1日を単位とし，1週間分，10日分，1か月分などの形式がある．

（2）だれが食べるか

　食事は年齢や個人によって生理状態や嗜好が異なるので，明確に認識する必要がある．そこで食事の対象者に見合う栄養量を決定する．ライフステージによる違いやスポーツ栄養食，また，生活習慣病の危険性のある人に対しては，予防の観点から危険因子を減らすことが必要で，特定の栄養素（エネルギー，脂質，ナトリウム，コレステロール，食物繊維）などに対して配慮する．とくに，対象者が個人の場合は個人の嗜好も尊重したい．

　次にいくつかの例をあげる．

スポーツをする人　運動量の多い練習のあとで筋肉の消耗を回復するためには，体重1 kg当たり1.5〜2.0 gのたんぱく質が必要である．ナトリウム，鉄，カル

シウムなどのミネラルはスポーツ時の発汗によって失われるので，多めに摂取する．ビタミン B_1，B_2 は体内のエネルギー代謝に関係するので，不足しないようにする．また，運動中の体内のエネルギーの利用度が高まると，水分も十分に補給しなければならない．

ダイエット中の人 標準体重を求め，実際に何 kg 減量するかを決め，1日にどのくらいのエネルギー量を減らせばよいかを決める．たんぱく質，そのほかの栄養素は相当する年齢の食事摂取基準の推奨量を十分に摂取できるようにする．極端に低いエネルギー量にすると，そのほかの栄養素が不足するので注意が必要である．

高齢の人 身体機能や嗜好を考慮に入れた献立の工夫が必要である．たんぱく質，ビタミン，ミネラルが不足しないように，魚，大豆製品を，また，咀嚼機能(p.211 **6) 高齢者の咀嚼機能と食べ物**参照)が低下していない場合には肉などから良質のたんぱく質を，緑黄色野菜，果物，牛乳などからビタミン，ミネラルを十分とるようにする．便秘予防のためには食物繊維を十分に摂取する．食事のおいしさ，楽しさを工夫する．

(3) 食品構成を決める

主食，主菜，副菜を念頭に置きながら食品構成を決める．**表 7-7** に示したように，主食→主菜→副菜→汁物→デザートの順に，構成する食品群を決める．予算の枠内で最大の効果をあげることが望まれるが，物価の動向を常に把握しておくことが大切である．

(4) 主食，主菜，副菜を決めるとともに，料理形態を決める

(5) 料理形態の選択

調理による栄養成分・組織・物性の変化(第2章参照)を考慮する．

(6) 献立内容の評価

作成した献立内容について，**表 7-8** に示したような項目について評価する．

表 7-8◆献立内容の評価

	評 価 項 目
I	① 食事の種類と特徴の確認 ② 対象者の栄養摂取量の確認，とくに考慮すべき項目があれば確認 ③ 食品構成について，各食品群が適量に使用されているか ④ 朝，昼，夕の3食の配分は適切か，偏りすぎていないか ⑤ 主食，主菜，副菜，汁物，デザートなどの確認
II	① 調味料・香辛料の確認，食味のバランスはよいか ② 食品と料理の組み合わせ，料理形態は適切か ③ 調理工程，調理機器の使用に無理はないか ④ 調理時間は適当か ⑤ 適温配膳ができるか
III	① 盛りつけの食器，料理の配色，食感は適切か ② 食後の満足度はどうか
IV	食事摂取基準についての評価 ① 各栄養素の充足率，② PFC 比率，③ アミノ酸スコア，④ 脂肪酸組成，⑤ 脂肪酸摂取量のうち，動物性・植物性・魚介類の脂肪酸の比率

6）高齢者の咀嚼機能と食べ物

　高齢になると食べ物の嗜好が変わることはよく知られているが，この嗜好の変化と栄養状態とは密接な関係がある．また，老化に伴う咀嚼機能低下も大きな意味をもっている．咀嚼とは，摂食行動の一部であり，食べ物を口腔に入れたあと，かむ，粉砕・磨砕し，唾液と混和して食塊をつくって嚥下するまでに行われる生理機能をいう．この一連の動作には，末端器官（口唇，歯，歯根膜，頬粘膜，咀嚼筋，舌など）から中枢神経までが関与し，お互いに協調することによって成立する咀嚼システムともいうべきものである．

　食べ物の嗜好の要素には，食材の好き・嫌いのほか，味つけ，かたさ，やわらかさ，口当たり，食材の組み合わせ，調理法，香り，外観などがあり，これらが総合して料理に対する嗜好が出来上がる．個人差は大きいが，一般に，高齢者は魚や野菜料理を好み，洋風料理，肉料理，油っこい料理は好まれないようである．高齢者にはさまざまな生理機能の低下や心理状態の変化もみられ，食べ物に対する新たな問題が生じてくる．健常高齢者が6種類の一口大の食品を食べたときの筋電図を解析した咀嚼の特徴を若年者と比べた結果を図7-5に示した．高齢者の咀嚼回数は若年者より多く（図7-5-a），咀嚼1回当たりの筋活動は明らかに低い（図7-5-b）．

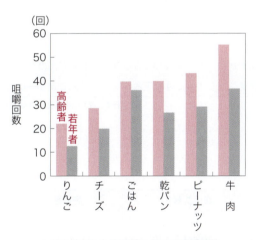

a：さまざまな食品咀嚼における咀嚼回数
（高齢者23名，若年者14名の平均値）

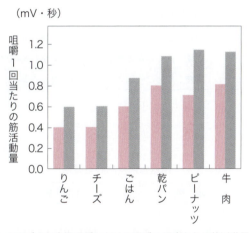

b：さまざまな食品咀嚼における咀嚼1回当たりの筋活動量
（高齢者23名，若年者14名の平均値）

図7-5◆高齢者の咀嚼の特徴

（神山かおる：多糖類食品の咀嚼量 咀嚼筋筋電図による定量的解析，FFIジャーナル，208(10)：843，2003より）

日本介護食品協会では，咀嚼・嚥下能力と調理形態についてまとめている(**表 7-9**)．なお，厚生労働省が従来，特別用途食品の中に定めていた「高齢者用食品」は，2009 年，新しいニーズに対応させる形として，「えん下困難者用食品」に改められた(**表 7-10**)．また，2013 年には，日本摂食・嚥下リハビリテーション学会において「嚥下調整食分類 2013」が作成された．これは国内の病院・施設・在宅医療および福祉関係者が共通して使用できることを目的とし，食事(嚥下調整食)およびとろみについて，段階分類を示したものである(**表 7-11**)．詳細は学会が発表した「嚥下調整食分類 2013」の解説を参照する．

表 7-9◆ユニバーサルデザインフードの区分表

区分		Ⅰ	Ⅱ	Ⅲ	Ⅳ
かむ力の目安		かたいものや大きいものはやや食べづらい	かたいものや大きいものは食べづらい	細かくやわらかければ食べられる	固形物は小さくても食べづらい
飲み込む力の目安		普通に飲み込める	ものによっては飲み込みづらいことがある	水やお茶を飲み込みづらいことがある	水やお茶を飲み込みづらい
形　状		容易にかめる	歯ぐきでつぶせる	舌でつぶせる	かまなくてよい
食品形態の目安	米	普通の米飯～軟飯	軟飯～かゆ	かゆ	ミキサーがゆ
	肉	豚の角煮	煮込みハンバーグ	テリーヌ	レバーペースト
	魚	焼き魚	煮魚	はんぺん煮	ムース
	卵	目玉焼き	厚焼き卵	温泉卵	やわらかプリン
	野菜	にんじんの煮物	にんじんのグラッセ	にんじんのおろし煮	にんじんのペースト
	果物	りんご一口大	りんごシロップ煮	りんごすり下ろし	りんごピューレ

(日本介護食品協議会，2003 より)

表 7-10◆えん下困難者用食品許可基準

規格	許可基準Ⅰ	許可基準Ⅱ	許可基準Ⅲ
硬さ(N/m^2) (一定速度で圧縮したときの抵抗)	$2.5×10^3～1×10^4$	$1×10^3～1.5×10^4$	$3×10^2～2×10^4$
付着性(J/m^3)	$4×10^2$ 以下	$1×10^3$ 以下	$1.5×10^3$ 以下
凝集性	0.2～0.6	0.2～0.9	―
常温および喫食の目安となる温度のいずれの条件であっても規格基準の範囲内であること．	均質なもの(たとえば，ゼリー状の食品)	均質なもの(たとえば，ゼリー状またはムース状等の食品)．ただし，許可基準Ⅰを満たすものを除く．	不均質なものも含む(たとえば，まとまりのよいおかゆ，やわらかいペースト状またはゼリー寄せ等の食品)．ただし，許可基準ⅠまたはⅡを満たすものを除く．

(厚生労働省：特別用途食品の表示許可等について，食安発第 0212001 号，2009 より)

表 7-11 ◆ 学会分類 2013（食事）早見表

コード		名称	形態	他の分類との対応
0	j	嚥下訓練食品 0j	均質で，付着性・凝集性・硬さに配慮したゼリー．離水が少なく，スライス状にすくうことが可能なもの	えん下困難者用食品許可基準I
	t	嚥下訓練食品 0t	均質で，付着性・凝集性・硬さに配慮したとろみ水．（原則的には，中間のとろみあるいは濃いとろみのどちらかが適している）	―
1	j	嚥下調整食 1j	均質で，付着性・凝集性・硬さ・離水に配慮したゼリー・プリン・ムース状のもの	えん下困難者用食品許可基準Ⅱ．UDF区分4（ゼリー状）
2	1	嚥下調整食 2-1	ピューレ・ペースト・ミキサー食など，均質でなめらかで，べたつかず，まとまりやすいもの．スプーンですくって食べることが可能なもの	えん下困難者用食品許可基準Ⅱ・Ⅲ．UDF区分4
	2	嚥下調整食 2-2	ピューレ・ペースト・ミキサー食などで，べたつかず，まとまりやすいもので不均質なものも含む．スプーンですくって食べることが可能なもの	
3		嚥下調整食 3	形はあるが，押しつぶしが容易，咽頭でばらけず嚥下しやすいように配慮されたもの．多量の離水がない	高齢者ソフト食．UDF区分3
4		嚥下調整食 4	硬さ・ばらけやすさ・貼りつきやすさなどのないもの．箸やスプーンで切れるやわらかさ	高齢者ソフト食．UDF区分2および1の一部

（日本摂食・嚥下リハビリテーション学会嚥下調整食分類 2013 より作成）

食べ物のかたさや粘っこさなどのテクスチャーを客観的に表現する手段として，実際の咀嚼動作を模した測定器（テクスチュロメーターなど）で得られるテクスチャー記録曲線（図 7-6）から算出されるかたさ，付着性，凝集性などがある．

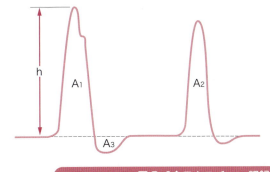

かたさ $H = h \cdot K$
付着性 $A = A_3 \cdot K$
凝集性 $C = A_2 / A_1$

h ：記録曲線の第一山目の高さ
A_1, A_2, A_3 ：面積
K ：ロード感度

図 7-6 ◆ テクスチャー記録曲線の模式図

特養ホームで提供している介護食の例を表 7-12 に，テクスチャー特性の測定値を図 7-7 に示した．図からわかるように，介護食をテクスチャーの面から分類すると「かたさ―付着性」，「かたさ―凝集性」の関係から 4 グループに分類することができる．高齢者の咀嚼機能に対応した食べ物の物性の研究がますます重要になってくる．

表 7-12 ◆ 介護食の料理例

形 態	料理名	粘稠性のおもな発現素材	主材料	対応する図中番号*
均質ゾル状	米ソース くず湯 ビシソワーズ	米でん粉 くずでん粉 ばれいしょでん粉	米 本くず粉 じゃがいも，たまねぎ，生クリーム	⑪ ⑫ ⑬
均質ゲル状	救命プリンA 救命プリンB 栄養プリンA 栄養プリンB 栄養ムース3種	ゼラチン 寒天 ゼラチン 寒天 低メトキシルペクチン	ゼラチン，牛乳 寒天，牛乳 ゼラチン，牛乳，バイタゲン 寒天，牛乳，バイタゲン 各種ムースのもと，牛乳	① ② ③ ④ ⑤〜⑦
不均質ゲル状	ほうれんそう寄せ そうめん寄せ にんじんゼリー 魚の煮こごり カステラプディング 鶏肉の蒸し物	寒天 寒天 ゼラチン ゼラチン 卵 卵，くずでん粉，小麦でん粉	ほうれんそう，寒天 そうめん，寒天 にんじん，ゼラチン 白身魚，ゼラチン カステラ，卵，牛乳 鶏ささみ，卵，牛乳，くず粉，小麦粉	⑨ ⑩ ⑧ ⑰ ⑭ ⑱
粘稠ゾル状 不均質粘稠ゾル状	マッシュポテト おかゆ	ばれいしょでん粉 米でん粉	じゃがいも，牛乳，マヨネーズ 米	⑮ ⑯
細胞組織＋ゾル状	蒸しなすのあんかけ さしみの山かけ	くずでん粉 とろろいも	なす，くず 白身または赤身のさしみ，やまのいも	未測定

*図 7-7 の図中の番号に対応する

（大越ひろ：介護食の形態とテクスチャー，介護ハンドブック（手嶋登志子 編），p.39，医歯薬出版，1999 より）

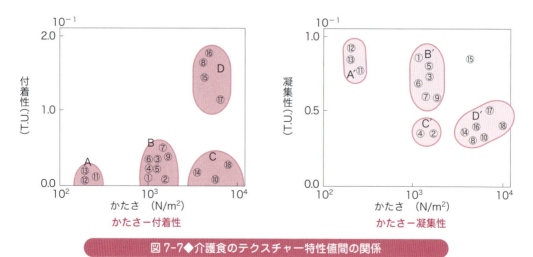

図 7-7 ◆ 介護食のテクスチャー特性値間の関係

T.U.＝テクスチュロメーター・ユニット
図中の番号は，表 7-12 の番号に対応する料理名を示す

4 献立作成の展開例

1）食品構成と食品の目安表

（1）80 kcal 1 点に相当する食品重量の活用法

80 kcal 1 点法 80 kcal 1 点法とは、6 つの基礎食品のそれぞれのグループから何点ずつとれば必要な栄養素量がみたせるかをわかりやすく示したものである。80 kcal としてあるのは、おもな食品の常用量が、ほぼ 80 kcal 単位に相当することから考えられたものである。毎日どれだけエネルギーなどをとったらよいかはすでに述べた「日本人の食事摂取基準」から判断できるが、それをどんな食品からどれだけ食べればよいかを決めることはむずかしい。

【例】卵 1 個 55 g　　　1 点　　　食パン 1 枚 60 g　1 点　　　木綿豆腐 1/3 丁 110 g　1 点
　　りんご小 1 個 150 g　1 点　　　魚（かれい）85 g　1 点　　　ごはん（茶わん 1 杯）145 g　1 点

6 つの基礎食品群別適正点数表 個人別にエネルギー量（点数）が決まり、これを 6 つの基礎食品による食品群に分配し栄養のバランスがとれるように考慮したのが、**表 7-13** に示した 6 つの基礎食品群別適正点数表である。

（2）対　象　者

　例として、対象者は女性 18～29 歳（学生）、身長 155 cm、摂取エネルギー目標値は 1,800 kcal、および男性 30～49 歳（事務職）、身長 170 cm、摂取エネルギー目標値は 2,000 kcal とした。**表 7-14** に食品構成と食品の目安表（例）を示し、この食品目安表を参考にして、**表 7-15** に 1 日の献立と栄養価一覧を示した。

表 7-13◆6 つの基礎食品群別適正点数（エネルギー）表　　　　（単位：点）

食品群＼点数／kcal	18	19	20	21	22	23	24	25	26	27	28	29	30	31	32	33	34	35	36	37	38	39	40
	1,440	1,520	1,600	1,680	1,760	1,840	1,920	2,000	2,080	2,160	2,240	2,320	2,400	2,480	2,560	2,640	2,720	2,800	2,880	2,960	3,040	3,120	3,200
1群　魚,肉,卵　大豆・大豆製品	4	4	4	4	4	4	4	4	4	4	4	4	4	4	5	5	5	5	5	5	5	5	5
2群　牛乳・乳製品　藻類,小魚類	2	2	2	2	2	2	2	2	2	2	2	2	2	2	2	2	2	2	3	3	3	3	3
3・4群　緑黄色野菜　淡色野菜,果物	2	2	2	2	2	2	2	2	2	2	2	2	2	2	2	3	3	3	3	3	3	3	3
5群　穀類,いも類　砂糖	8	9	10	11	12	13	14	15	16	17	18	19	20	20	21	21	21	22	22	23	24	24	25
6群　油脂類　脂肪の多い食品	2	2	2	2	2	2	2	2	2	2	2	2	2	2	3	3	3	3	3	3	3	4	4

注 1）1，2，3，4 群は、とくにたんぱく質、ビタミン、ミネラルの補給上不可欠のものであるから優先的に摂取し、不足しないようにする
　2）5，6 群を多くした食生活ではエネルギーはとれても身体の構成要素となる栄養素が不足する

使い方 個人別エネルギー量に従って、6 つの基礎食品の各群から点数に沿って食品を組み合わせてとれば、バランスのとれた食生活を送ることができる
（健康増進センターにおける技術指針，厚生労働省より）

表 7-14◆食品構成と食品の目安表（例）

働き	食品群	単位	目安 (1,800 kcal 前後 女性18〜29歳 学生 身長155cm)		単位	目安 (2,000 kcal 前後 男性30〜49歳 事務職 身長170cm)	
体をつくる食品	卵類	1	鶏卵	1個	1	鶏卵	1個
	肉類	4	鶏もも肉	50g	4	豚肉もも肉	60g
	魚介類		あじ（中1尾）	100g		さけ	100g
	大豆および大豆製品		豆腐	1/3丁		豆腐	1/3丁
			みそ	12g		みそ	12g
	牛乳および乳製品	1.5	牛乳	1本	2	牛乳	1本
						ヨーグルト	1カップ
体のバランスを整える食品	緑黄色野菜類	0.3	ほうれんそう	80g	0.3	ほうれんそう	80g
			にんじん	20g		にんじん	20g
			トマト	50g		トマト	50g
	淡色野菜類および藻類 きのこ類	0.7	キャベツ	70g	0.7	キャベツ	70g
			だいこん	50g		きゅうり	50g
			もやし	50g		だいこん	50g
			たまねぎ	50g		もやし	50g
			わかめ	2g		わかめ	2g
	果実類	1	みかん（大）	1個	1	みかん（大）	1個
			りんご	1/2個		りんご	1/2個
エネルギー・体温となる食品	穀類	10	ごはん	3杯	12	ごはん	4杯
			パン6枚切	1½枚		パン6枚切	1½枚
	いも類	1	じゃがいも（中）	1個	1	じゃがいも（中）	1個
	油脂類	2	植物油	15g	2	植物油	15g
			バター	5g		バター	5g
	砂糖および菓子類	1	砂糖	6g	1	砂糖	6g
			せんべい（大）	1枚		せんべい（大）	1枚
	アルコール飲料						

*1 多脂性食品　　*2 糖質の多い野菜は1単位として換算
注1）野菜類は重量で表示

表 7-14◆つづき

交換できる食品
1 単位＝80 kcal（80 kcal を 1 単位として換算した目安量）

鶏卵 1 個 53 g（廃棄量込み 62 g），うずらの卵 6 個 45 g，ピータン 1/2 個 37 g

とりささみ 76 g，皮なしもも 69 g，皮付もも 40 g，皮なし胸 75 g，皮付胸 42 g，手羽先 38 g，輸入牛ヒレ 60 g，和牛ヒレ 35 g，牛肉脂身なし輸入もも 57 g，和牛もも 42 g，輸入サーロイン 27 g，和サーロイン[*1] 16 g，肩ロース[*1] 20 g，リブロース[*1] 18 g，牛挽き 36 g，牛バラ和牛[*1] 15 g，輸入[*1] 22 g，豚ヒレ 70 g，豚肉もも 63 g，ロース脂身つき 40 g，豚肩ロース脂身つき 35 g，豚挽き肉 36 g，合い挽き肉 36 g，豚バラ脂身つき[*1] 21 g，牛レバー 61 g，豚レバー 63 g，とりレバー 72 g，牛タン 30 g，ウインナーソーセージ 2 本 25 g，プレス・ボンレスハム 4 枚 68 g，ロースハム 2 枚 41 g，ベーコン[*1] 1 枚 20 g，ショルダーベーコン 1 枚強 40 g

たら 104 g，かれい 1 切 84 g，まぐろ赤身 75 g，いか 1/2 ぱい 91 g，あじ 66 g（147 g），いわし 37 g（74 g），さば 40 g，さんま 26 g（37 g），ぶり 31 g，紅さけ 1/2 切 58 g，キングサーモン 40 g，塩ざけ 40 g，まぐろ刺身とろ 23 g，うなぎ 1/4 串 27 g，わかさぎ 5 尾 104 g，かき大 5 個 133 g，あじ干物小 1 枚 48 g，かまぼこ 5 切 84 g，ちくわ小 2 本 80 g

絹ごし豆腐 1/2 丁 143 g，木綿豆腐 111 g，焼き豆腐 91 g，なっとう 1/2 包 40 g，油揚げ 1 枚 21 g，あつあげ 1/2 枚 53 g，がんもどき 35 g，おから 72 g，干し湯葉 16 g，乾燥大豆 黒豆 19 g，ゆで大豆 44 g，豆乳（豆乳飲料）125 g，凍り豆腐 1 枚 15 g，きな粉 18 g

普通牛乳 119 g，低脂肪牛乳 174 g，無脂肪牛乳 242 g，プレーンヨーグルト 129 g，ヨーグルト（脱脂加糖）119 g，スキムミルク大さじ 4 杯 22 g，プロセスチーズ 24 g，カッテージチーズ 76 g，ピザ用チーズ 21 g

にんじん中 1 本 200 g，トマト中 1 個 150 g，ほうれんそう 1 束 300 g，こまつな 1 束 300 g，しゅんぎく 1 束 200 g，あしたば 1 束 200 g，にら 1 束 100 g，ブロッコリー 1 株 300 g，あさつき 1 束 3 g，オクラ 1 本 10 g，グリーンアスパラガス 1 束 150 g，さやいんげん 1 本 5〜10 g，だいこん葉，かぶ葉，ピーマン中 1 個 40 g，かぼちゃ 3 切 100 g[1 単位 163 g（179 g）]

キャベツ 1 枚 70 g，レタス 1 枚 30 g，だいこん大 1 切 100 g，きゅうり 1 本 100 g，たまねぎ 1 個 200 g，ながねぎ 1 本 100 g，はくさい 1 枚 100 g，なす 1 個 80 g，もやし 1 食分 50 g，生しいたけ 1 個 15 g，こんにゃく・生わかめ 1 食分 15 g
糖質の多い野菜：1 単位 80 kcal ありの重量　　　　　　　　　　　　　　　　　　　　　（ ）廃棄量込み重量
グリンピース 86 g，とうもろこし 87 g（174 g），とうもろこし缶（クリームタイプ）95 g，ミックスベジタブル（冷凍品）104 g，れんこん 121 g（151 g），くわい 63 g（79 g），ごぼう 123 g（137 g），ゆりね 64 g（76 g），にんにく 60 g（65 g）

りんご 148 g（174 g），みかん 2 個 174 g（218 g），甘夏みかん 200 g（364 g），オレンジ 205 g（342 g），グレープフルーツ 211 g（301 g），ぶどう 136 g（170 g），なし 186 g（219 g），いちご 235 g（240 g），バナナ 中 1 本 93 g（155 g），かき 中 1 個 133 g（146 g），すいか 216 g（360 g）　　　　　　　　　　　　　　　　　　　　　（ ）廃棄量込み重量

ごはん 48 g，赤飯 42 g，かゆ（全がゆ）113 g，もち 34 g，食パン 30 g，フランスパン 29 g，バターロール 25 g，クロワッサン 18 g，ゆでうどん 1/3 玉 76 g，ゆでそば 1/3 玉 61 g，スパゲッティ（乾）21 g，そうめん（乾）22 g

じゃがいも 105 g，さつまいも中 1/4 本 61 g，さといも中 3 個 138 g，やまのいも 74 g，ながいも 123 g

バター・マーガリン・マヨネーズ 11 g，サラダ油・オリーブ油・ごま油・コーン油・ラード 9 g，ドレッシング 20 g（バター・油類：小さじ 1 杯 4 g 大さじ 1 杯 12 g）　　（ドレッシング類：小さじ 1 杯 5 g 大さじ 1 杯 15 g）

砂糖 21 g（小さじ 1 杯 3 g 大さじ 1 杯 9 g），はちみつ 27 g（小さじ 1 杯 8 g 大さじ 1 杯 23 g），ジャム・マーマレード 31 g，ビスケット 19 g，だいふく 1/2 個 34 g，カステラ 1/2 切 25 g，あめ・キャラメル 18 g，せんべい 2 枚 21 g，チョコレート 14 g，ショートケーキ 23 g，シュークリーム 33 g，アイスクリーム（高脂肪）38 g，（低脂肪）44 g，シャーベット 63 g

ビール コップ 1 杯 200 cc，白赤ワイン 110 g，日本酒 73 g，うめ酒 51 g，しょうちゅう 25 度 55 g，35 度 39 g，ウイスキー・ブランデー 34 g，ウオッカ 33 g，ジン 28 g

（管理栄養士 瀬川陽子 作成 2003.10.1）

表7-15◆ある女子大生の1日の献立(食品目安表を参考にして)と栄養価一覧

	献立名	食品名	重量(g)	エネルギー(kcal)	たんぱく質(g)	脂質(g)	炭水化物(g)	カルシウム(mg)	鉄(mg)	レチノール当量(μg)
朝食	トースト	食パン・市販品	120	317	11.2	5.3	56.0	35	0.7	0
		有塩バター	4	30	0.0	3.2	0.0	1	0.0	20
	スクランブルエッグ 温野菜添え	鶏卵・全卵一生	50	76	6.2	5.2	0.2	26	0.9	75
		プロセスチーズ	9	31	2.0	2.3	0.1	57	0.0	23
		なたね油	3	28	0.0	3.0	0.0	0	0.0	0
		並塩	0.3	0	0.0	0.0	0.0	0	0.0	0
		キャベツ一生	50	12	0.7	0.1	2.6	22	0.2	2
		ブロッコリー・花序一ゆで	30	8	1.1	0.1	1.3	10	0.2	19
		オリーブ油	2	18	0.0	2.0	0.0	0	0.0	0
		レモン・果汁一生	2	1	0.0	0.0	0.2	0	0.0	0
		並塩	0.2	0	0.0	0.0	0.0	0	0.0	0
		りんご一生	70	38	0.1	0.1	10.2	2	0.0	1
	ミルクティ	普通牛乳	50	34	1.7	1.9	2.4	55	0.0	19
		紅茶・浸出液	100	1	0.1	0.0	0.1	1	0.0	0
		朝食合計	490.5	594	23.1	23.2	73.1	209	2.0	159
昼食(学食で)	ご飯	めし・はいが精米(水稲)	200	334	5.4	1.2	72.8	10	0.4	0
	焼き豚と焼きレバーの盛り合わせ 付け合わせ・トマト 粉ふきいも	ぶた・大型種・もも・赤肉一生	25	32	5.5	0.9	0.1	1	0.2	1
		ぶた・肝臓一生	30	38	6.1	1.0	0.8	2	3.9	3900
		こいくちしょうゆ	6	4	0.5	0.0	0.6	2	0.1	0
		かき油	3	3	0.2	0.0	0.5	1	0.0	0
		車糖・上白糖	3	12	0.0	0.0	3.0	0	0.0	0
		清酒・純米酒	3	3	0.0	0.0	0.1	0	0.0	0
		八角・桂皮	少々							
		根深ねぎ・葉、軟白一生	5	1	0.0	0.0	0.4	2	0.0	0
		しょうが・塊茎一生	5	2	0.0	0.0	0.3	1	0.0	0
		ごま油	3	28	0.0	3.0	0.0	0	0.0	0
		トマト・果実一生	50	10	0.4	0.1	2.4	4	0.1	23
		じゃがいも一蒸し	70	59	1.1	0.1	13.8	2	0.2	0
	豆腐サラダ	木綿豆腐	60	43	4.0	2.5	1.0	72	0.5	0
		もやし・りょくとうもやし一ゆで	50	6	0.8	0.0	1.2	9	0.3	1
		たまねぎ・赤たまねぎ・りん茎一生	20	8	0.2	0.0	1.8	4	0.1	0
		おかひじき・茎葉一ゆで	5	1	0.1	0.0	0.2	8	0.0	13
		ひじき・ほしひじき	2	3	0.2	0.0	1.1	28	1.1	5
		こいくちしょうゆ	4	3	0.3	0.0	0.4	1	0.1	0
		レモン・果汁一生	2	1	0.0	0.0	0.2	0	0.0	0
		オリーブ油	2	18	0.0	2.0	0.0	0	0.0	0
	フルーツヨーグルト	キウイフルーツ一生	80	42	0.8	0.1	10.8	26	0.2	5
		ヨーグルト・全脂無糖	100	62	3.6	3.0	4.9	120	0.0	33
		昼食合計	728	713	29.2	13.9	116.4	292	7.2	3981
夕食	ご飯	めし・はいが精米(水稲)	200	334	5.4	1.2	72.8	10	0.4	0
	焼き魚	あじ・まあじ一焼き	60	98	16.5	3.0	0.1	39	0.5	8
		並塩	0.4	0	0.0	0.0	0.0	0	0.0	0
		だいこん・根,皮むき一生	50	9	0.2	0.1	2.1	12	0.1	0
		すだち・果汁一生	2	0	0.0	0.0	0.1	0	0.0	0
	ほうれん草ごま和え	ほうれんそう・葉一ゆで(冬採り)	70	18	1.8	0.4	2.8	48	0.6	315
		えのきたけ一ゆで	20	4	0.6	0.0	1.6	0	0.2	0
		ごま一いり	5	30	1.0	2.7	0.9	60	0.5	0
		車糖・上白糖	3	12	0.0	0.0	3.0	0	0.0	0
		うすくちしょうゆ	3	2	0.2	0.0	0.2	1	0.0	0
	一夜漬け	はくさい・結球葉一生	30	4	0.2	0.0	1.0	13	0.1	2
		にんじん・根,皮むき一生	5	2	0.0	0.0	0.5	1	0.0	34
		ゆず・果皮一生	1	1	0.0	0.0	0.1	0	0.0	0
		並塩	0.3	0	0.0	0.0	0.0	0	0.0	0
	みそ汁	油揚げ	4	15	0.7	1.3	0.1	12	0.2	0
		さやいんげん・若ざや一ゆで	20	5	0.4	0.0	1.1	11	0.1	10
		豆みそ	12	26	2.1	1.3	1.7	18	0.8	0
		煮干しだし	150	2	0.2	0.2	0.0	5	0.0	0
		夕食合計	635.7	562	29.3	10.2	88.1	230	3.5	369
		1日合計	1854.2	1869	81.6	47.3	277.6	731	12.7	4509

表 7-15◆つづき

ビタミンD (μg)	ビタミンE (mg)	ビタミンK (μg)	ビタミンB_1 (mg)	ビタミンB_2 (mg)	ビタミンB_6 (mg)	ビタミンB_{12} (μg)	葉酸 (μg)	ビタミンC (mg)	コレステロール (mg)	食物繊維総量 (g)	食塩 (g)
0.0	0.72	0	0.08	0.05	0.04	0.0	38	0	0	2.8	1.6
0.0	0.06	1	0.00	0.00	0.00	0.0	0	0	8	0.0	0.1
0.9	0.55	7	0.03	0.22	0.04	0.5	22	0	210	0.0	0.2
0.0	0.099	0	0.00	0.03	0.00	0.3	2	0	7	0.0	0.3
0.0	0.555	4	0.00	0.00	0.00	0.0	0	0	0	0.0	0.0
0.0	0	0	0.00	0.00	0.00	0.0	0	0	0	0.0	0.3
0.0	0.05	39	0.02	0.02	0.06	0.0	39	21	0	0.9	0.0
0.0	0.51	45	0.02	0.03	0.04	0.0	36	16	0	1.1	0.0
0.0	0.152	1	0.00	0.00	0.00	0.0	0	0	0	0.0	0.0
0.0	0.002	0	0.00	0.00	0.00	0.0	0	1	0	0.0	0.0
0.0	0	0	0.00	0.00	0.00	0.0	0	0	0	0.0	0.2
0.0	0.14	0	0.01	0.01	0.02	0.0	4	3	0	1.1	0.0
0.2	0.05	1	0.02	0.08	0.02	0.2	3	1	6	0.0	0.1
0.0	0	6	0.00	0.01	0.01	0.0	3	0	0	0.0	0.0
1.1	2.888	104	0.18	0.45	0.23	1.0	147	42	231	5.9	2.8
0.0	0.8	0	0.16	0.02	0.18	0.0	12	0	0	1.6	0.0
0.0	0.075	1	0.24	0.06	0.08	0.1	1	0	17	0.0	0.0
0.4	0.12	0	0.10	1.08	0.17	7.6	243	6	75	0.0	0.0
0.0	0	0	0.00	0.01	0.01	0.0	2	0	0	0.0	0.9
0.0	0.003	0	0.00	0.00	0.00	0.1	0	0	0	0.0	0.3
0.0	0	0	0.00	0.00	0.00	0.0	0	0	0	0.0	0.0
0.0	0	0	0.00	0.00	0.00	0.0	0	0	0	0.0	0.0
0.0	0.005	0	0.00	0.00	0.01	0.0	3	1	0	0.1	0.0
0.0	0.01	0	0.00	0.00	0.01	0.0	0	0	0	0.1	0.0
0.0	0.144	0	0.00	0.00	0.00	0.0	0	0	0	0.0	0.0
0.0	0.45	2	0.03	0.01	0.04	0.0	11	8	0	0.5	0.0
0.0	0.07	0	0.04	0.01	0.13	0.0	15	11	0	1.3	0.0
0.0	0.36	8	0.04	0.02	0.03	0.0	7	0	0	0.2	0.0
0.0	0.1	2	0.02	0.02	0.01	0.0	17	1	0	0.8	0.0
0.0	0.02	0	0.01	0.00	0.03	0.0	5	1	0	0.3	0.0
0.0	0.05	18	0.00	0.01	0.00	0.0	4	1	0	0.1	0.0
0.0	0.022	6	0.01	0.02	0.00	0.0	2	0	0	0.9	0.1
0.0	0	0	0.00	0.01	0.01	0.0	1	0	0	0.0	0.6
0.0	0.002	0	0.00	0.00	0.00	0.0	0	1	0	0.0	0.0
0.0	0.152	1	0.00	0.00	0.00	0.0	0	0	0	0.0	0.0
0.0	1.04	0	0.01	0.02	0.10	0.0	29	55	0	2.0	0.0
0.0	0.1	1	0.04	0.14	0.04	0.1	11	1	12	0.0	0.1
0.4	3.523	39	0.70	1.43	0.85	7.9	363	86	104	7.9	2.0
0.0	0.8	0	0.16	0.02	0.18	0.0	12	0	0	1.6	0.0
1.1	0.36	0	0.07	0.14	0.31	0.4	7	0	66	0.0	0.2
0.0	0	0	0.00	0.00	0.00	0.0	0	0	0	0.0	0.4
0.0	0	0	0.01	0.01	0.03	0.0	17	6	0	0.7	0.0
0.0	0.006	0	0.00	0.00	0.00	0.0	0	1	0	0.0	0.0
0.0	1.89	224	0.04	0.08	0.06	0.0	77	21	0	2.5	0.0
0.2	0	0	0.04	0.03	0.02	0.0	6	0	0	0.9	0.0
0.0	0.125	1	0.02	0.01	0.03	0.0	8	0	0	0.6	0.0
0.0	0	0	0.00	0.00	0.00	0.0	0	0	0	0.0	0.0
0.0	0	0	0.00	0.00	0.00	0.0	1	0	0	0.0	0.5
0.0	0.06	18	0.01	0.01	0.03	0.0	18	6	0	0.4	0.0
0.0	0.025	0	0.00	0.00	0.01	0.0	1	0	0	0.1	0.0
0.0	0.035	0	0.00	0.00	0.00	0.0	0	2	0	0.1	0.0
0.0	0	0	0.00	0.00	0.00	0.0	0	0	0	0.0	0.3
0.0	0.104	3	0.00	0.00	0.00	0.0	1	0	0	0.0	0.0
0.0	0.04	10	0.01	0.02	0.01	0.0	11	1	0	0.5	0.0
0.0	0.288	2	0.00	0.01	0.02	0.0	6	0	0	0.8	1.3
0.0	0	0	0.02	0.00	0.00	0.3	2	0	0	0.0	0.2
1.3	3.733	258	0.38	0.33	0.70	0.7	167	37	66	8.2	2.9
2.8	10.144	401	1.26	2.21	1.78	9.6	677	165	401	22.0	7.7

ある女子大生の1日の献立内容について，食事摂取基準についての評価を図7-8にまとめ，栄養素充足率，PFC比と，この献立作成上の留意事項およびアミノ酸スコア，脂肪酸組成の比率を示した．

1 栄養素充足率

対象者: 女 18～29(歳) ふつう×1	02.エネルギー (kcal)	04.たんぱく質 (g)	10.カルシウム (mg)	13.鉄 (mg)	22.Aレチノール当量 (μg)	23.ビタミンD (μg)	29.ビタミンK (μg)	30.ビタミンB₁ (mg)
基準量	2050	50	700	11	600	5.0	60	1.1
摂取量	1869	81.6	731	12.7	4509	3	401	1.26
比率(%)	91	163	104	115	752	56	668	115

対象者: 女 18～29(歳) ふつう×1	31.ビタミンB₂ (mg)	33.ビタミンB₆ (mg)	34.ビタミンB₁₂ (μg)	35.葉酸 (μg)	37.ビタミンC (mg)	41.コレステロール(未満) (g)	44.食物繊維総量 (g)	45.食塩(未満) (g)
基準量	1.2	1.2	2.4	240	100	600.0	21.0	8.0
摂取量	2.21	1.78	9.6	677	165	401	22.0	7.7
比率(%)	184	148	400	282	165	67	105	96

[18群食品群の摂取比率]

18群食品群	総計	01.穀類	02.種実類	03.いも類	04.砂糖類	05.菓子類	06.油脂類	07.豆類	08.果実類	09.緑黄色野菜	10.その他の野菜
目標量(g)	1435	320	5	70	5	20	10	60	150	120	230
摂取量(g)	1754	520	5	70	6	0	14	64	157	230	210
比率(%)		163	100	100	120	0	140	107	105	192	91
食品数	32	2	1	1	1	0	2	2	4	4	5

18群食品群	11.きのこ類	12.海草類	13.調味料類・嗜好飲料	14.魚介類	15.肉類	16.卵類	17.乳類	18.その他の食品(調理加工・調味)
目標量(g)	10	10	60	60	60	40	200	5
摂取量(g)	20	2	132	60	55	50	159	0
比率(%)	200	20	220	100	92	125	80	0
食品数	1	1	2	1	1	1	3	0

[6群食品群の摂取比率]

6群食品群	総計	1.魚・肉・卵・豆・豆製品	2.牛乳・乳製品/海草・小魚類	3.緑黄色野菜	4.淡色野菜/果物	5.砂糖・穀類・芋類	6.油脂類/脂肪の多い食品
目標量(g)	1370	215	215	120	390	415	15
摂取量(g)	1737	241	161	230	387	699	19
比率(%)		112	75	192	99	168	127
食品数	32	6	4	4	10	5	3

図7-8◆ある女子大生の1日の献立(表7-14の評価)

2 PFC比率

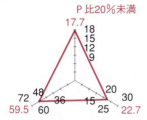

留意点
① 貧血予防
　造血に関与する栄養素として，たんぱく質，ビタミン B_6，B_{12}，葉酸，銅，ビタミン C があげられる．もちろん鉄が不足しないように心がける．
② カルシウムを十分に摂取
　カルシウムの吸収を助けるビタミン D，カルシウム代謝に関与するマグネシウム，骨成分である良質たんぱく質，コラーゲンの生成に関与するビタミン C の摂取に配慮する．
　なお，ビタミン K は骨にカルシウムが沈着するのを防ぐ．
　リン酸のとりすぎに注意が必要である・・・加工食品（食品添加物），スナックはさける．

3 アミノ酸スコア

アミノ酸スコア (85年)	イソロイシン (Ile)	ロイシン (Leu)	リシン (Lys)	メチオニン ＋ システイン (Met+Cys)	フェニルアラニン ＋ チロシン (Phe+Tyr)	トレオニン (スレオニン) (Thr)	トリプトファン (Trp)	バリン (Val)
必要量(mg/gN)	180	410	360	160	390	210	70	220
総摂取量(mg)	3,642	6,475	5,159	3,261	6,708	3,206	1,019	4,430
摂取量(mg/gN)	275	489	390	246	506	242	77	334
スコア(%)	153	119	108	154	130	115	110	152

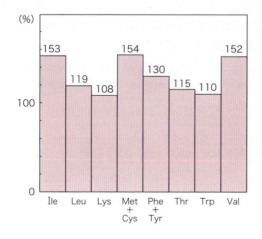

4 脂肪酸組成

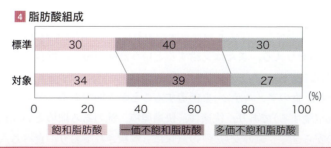

図7-8◆つづき

D　献立作成のシステム化

1　システムとは

　システムとは，多くの要素があり，目的をもった体系である．すなわち，①目的をもっている．②多くの要素（サブシステム）があり，サブシステム自身およびサブシステムとサブシステムのあいだには階層性がある，③サブシステムは互いに関連がある，④サブシステムには代替性と共用性がある，⑤システムでは，効率を考える必要があり，効率をなるべく大きくするのがシステム工学である．

　献立作成のシステムの目的は，利用価値の高い献立を作成することであり，サブシステムには，食事の種類，栄養素，食品成分表，食品群，食品構成，料理形態などがある．階層性としては，栄養素レベル，食品レベル，料理レベルがある．

2　献立システムのフローチャート

　献立作成の工程を**図7-9**に示した．この図の主流は献立作成の手順を示したものである．左側の側支は献立作成に当たっての参考資料を，右側の側支は直接利用する資料を示した．さらに，階層別の指示は右側に示した．でき上がった献立は，献立内容の評価を行ったのち，左側に「献立完成」を図示した．

　最近は，コンピュータの活用による献立作成が行われ，対象者に対する栄養素の充足率，PFC比率，アミノ酸スコア，脂肪酸組成，脂肪摂取量の動物性・植物性・魚介類の脂肪酸比率のチェックも瞬時に行われる．

E　供食，食卓構成，食事環境

1　供　食

　供食とは，食事をもてなすという意味がある．また，給食という言葉も使われているが，給食とは食事を与える，または支給するという意味があり，供食よりもやや強制的なニュアンスを含んでいる．

　供食の場は「食のアメニティ」を創造することが大切である．アメニティの語源は，ラテン語のamo（愛する）であり，快適性，快適環境，魅力ある環境という意味があるが，さらに，"心の安らぎ"，"命の安らぎ"の意味にも解釈されており，食べる人に満足感や至福感を醸し出すことを意味している．

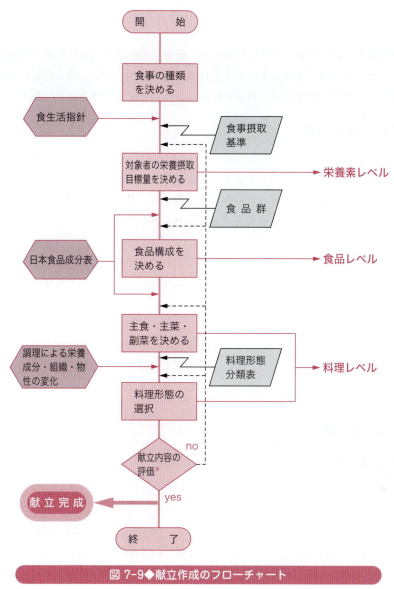

図 7-9 ◆ 献立作成のフローチャート

＊献立内容の評価は表 7-8 参照

特定給食における供食の形式にはいろいろある．次に学校給食の例をあげる．

1) 供食の方式

(1) 食堂・ランチルーム方式

学校の食堂は，学校給食をとるために使用することを目的として設置されたもので，専用食堂のほかに，多目的ホールを食堂の場として使用する兼用食堂もある．ランチルームは余裕教室を改修して学校給食をとる場所として整備されたものである．

(2) バイキング方式

大皿に盛られた料理を，各自の嗜好に合わせて必要な量を取り分けて食べる食事の方式

である．

(3) カフェテリア方式

　学校給食では，児童・生徒が自分に適した食事の内容や適量を把握する能力を育てるために，カフェテリア方式などをとり入れている．主食，主菜，副菜などに分けられている何種類かの料理のなかから，自分の好みに合う料理を選択する方式である．

2) 学校給食の行事

(1) 交流給食

　食事をとおしてコミュニケーションを深めることを目的に，クラス単位の枠を超えてさまざまな人々との会食を行っている．学校内では，異クラスや異学年と，学校外では小学校と中学校などのほか，保護者との交流給食がある．

(2) 行事給食

　ひな祭りや端午の節句，七夕など，わが国の伝統的な行事のほか，クリスマスや卒業式などおりおりの行事に合わせて，各行事にふさわしい献立を工夫して，供食方法に特徴をもたせ，文化の伝承の場ともなっている．

(3) 招待給食

　地域の高齢者や日ごろ世話になっている人々を招待して，学校給食を一緒に食べる招待給食を実施している．異なった世代やさまざまな職業の人々と交流することによって豊かな人間関係を築くとともに，会話をとおして地域文化や社会に対する理解を深める．

2　食卓構成

1) 食卓構成の基本理念

　食事は，食卓を軸にして，人間，時間，空間が相互に作用している．「人間」については，だれが，いつ，どこで，何を，何のために，どのように食べるかという基本要件に加えて，人間の生理的・心理的状態がかかわってくる．「時間」については，時間帯（朝，昼，夜），季節（四季），行事などもかかわり，会話や間（ま）を楽しみながら，十分な時間をかけて料理を賞味したり，それぞれの時間の流れを体験する．「空間」については人間，時間をふまえ，食事空間としての意匠的な空間や設備的な空間を体感しながら食事を味わう．

　人間の基本要件である「6W・1H」(who, with whom, when, where, what, why, how)を考えてみよう．

だれが食べるのか？ who	食べる人の年齢や性別，個々人によって生理状態や嗜好も異なる．食事設計のうえから，まず対象者の栄養摂取目標値を決める．
だれと食べるのか？ with whom	1人で食べるのか，家族団らんの食卓なのかなど，人間関係も多様化しているが，食事空間と密接な関係がある．
いつ食べるのか？ when	食事は1日に朝食，昼食，夕食の3回というのが普通であるが，年齢や生理状態，食習慣によっても異なり，お茶の時間や夜食などの

軽食もある．時間帯によって食べ物の内容も異なるが，空腹感や満腹感は体内時計と密接な関係がある．

どこで食べるのか？ 食事の場は，家族団らんの夕食の食卓，ひとりで食べる食卓，特定
where 給食は食堂で，入院患者の場合は病室でというように異なっている．
それぞれの配慮が必要である．

何を食べるのか？ 料理やメニューを選択することである．食品や栄養素のバランスが
what 整っていて，おいしく食べられる食べ物を期待するが，食品構成や
料理形態が対象となる．近年，食べ物に含まれる機能性成分の研究も進んできたが，何を
食べるかということは健康管理のうえからも重要性を増している．一方，嗜好性も重要性
を増している．おいしく食べることは，生きる歓びと活力をよび起こし，脳を活性化する
といわれている．

何のために食べるのか？ 人間が食べるという行動には，生理的意義と精神的意義がある．
why これを食べるためのモチベーション（動機づけ）として言い換え
ることができる．①生命維持のための栄養的動機，②おいしく食べるための嗜好的動機，
③体調を調節するとともに病気を予防し，健康を増進する生理的動機，④食を楽しむとと
もに他者とのコミュニケーションを円滑にするための文化的動機などがある．

どのように食べるのか？ 食べる営みの食事様式や料理形態が，どのように食べるかの具
how 体的な方法であり，食文化そのものである．古くより，わが国
は諸外国との交流によって新しい食品，料理形態，食卓文化などを，取捨選択しながら，
伝統的な食文化のなかに巧みに取り入れ，折衷，融合文化へと変容を続けている．

どのように食べるかの具体的な方法では，食事様式，配膳の仕方，食卓のコーディネー
トなどが対象となる．

2）食器・食具

文化の違いによって食べ方にも違いがある．世界3大食法文化圏を**表7-16**に示した．
民族ごとに異なる食材や食事作法，調理法などにより，それぞれの食べ方や食習慣を形成
した．

食事に使う器具には，食べ物を盛るために使う食器と，食べ物を取り分けたり口に運ぶ
ために使う食具がある．食器，食具ともに，①材質が食事様式，目的に合っていること，
②形や大きさなどが食事様式，目的に合っていること，③熱伝導率が小さいこと，④比重
が適する（軽すぎず重すぎない，心地よい重さ）ことなどである．

食器には，陶磁器，漆器，金属器，ガラス器，木器，竹器などがあるが，それぞれの文
化によって大きさや形に特徴がみられる．和食器は手でもてる大きさと重さ（約100 g）で，
丸型や角型が多く，また，長方形の皿や扇形，木の葉形などの変形皿もある．洋食器は陶
磁器の皿類，カップ類，金属器のカトラリー，グラス類がある．中国食器は共用のものと
個人用のものに大別される．食具によって食文化圏をみると，手食文化圏の人口が最も多
く，はし食文化圏とナイフ・フォーク・スプーン食文化圏の人口はほぼ同様である．とく
に，東洋の稲作農耕文化圏にはし食文化が浸透しているが，米飯のように小粒の食べ物を
細い二本のはしで器用に食べる動作は，脳の働きを活性化させるという報告もある．また，
近年，高齢者の増加とともに介護食の研究も進み，**図7-10**に示すように便利な自助具が
利用されている．

表 7-16◆世界の 3 大食法文化圏

食 法	機 能	特 徴	地 域	人 口
手食文化圏	まぜる つかむ つまむ 運ぶ	・回教圏，ヒンズー教圏，東南アジアではきびしい手食マナーがある ・人類文化の根源	東南アジア 中近東 アフリカ オセアニア	20億人
はし食文化圏	まぜる はさむ 運ぶ	・中国文明のなかで火食から発生 ・中国，朝鮮では，はしと匙がセット ・わが国でははしだけ	日本，中国 韓国，北朝鮮 台湾，その他	15億人
ナイフ・フォーク・スプーン食文化圏	切る 刺す すくう 運ぶ	・17世紀フランス宮廷料理のなかで確立 ・パンだけは手で食べる	ヨーロッパ ソ連 北アメリカ 南アメリカ	15億人

(本田總一郎：箸の本，p.8，柴田書店，1978 より)

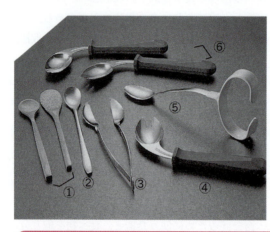

① 竹のスプーン
② ロングスプーン
③ 万能スプーン
④ 曲がりスプーン
⑤ 握りやすいスプーン
⑥ 万能曲がりスプーン

図 7-10◆便利な自助具のいろいろ

(手嶋登志子 編：介護食ハンドブック，p.84，医歯薬出版，1999 より)

3）食卓のセッティング

　現在の日常食では，和風，中華風，洋風，さらにエスニック風も加わり，折衷または融合様式の食事形態が一般的になっているので，食卓のセッティングもそれに準じて 1 つの様式にこだわる必要はない．清潔で楽しく，心の安らぎが得られ，食欲増進が図られるような食卓のセッティングに配慮したい．

　日常食の供食では一般に全部の料理を食卓に並べることが多いが，日常食は和風の配膳法に準じて並べられる．日常食の配膳の基本を図 7-11 に示した．はしは，はし先を左側に向けて手前に置く．同時にナイフとスプーンが必要なときは，右側に縦に並べる．

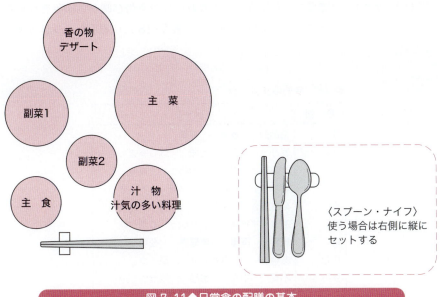

図 7-11◆日常食の配膳の基本

3 食事環境

ここでいう食事環境とは食事空間のことを対象とする．食のアメニティ(快適性と心の安らぎ)を基本理念として室内装飾，雰囲気，食卓の演出などに配慮する必要がある．

1) インテリアのイメージ

食事空間のイメージには，明るい，軽い，穏やかなど五感的なもの，シンプル，クラシック，エレガントなど感覚的なもの，和風，中華風，ヨーロッパ風など地域的なもの，海山川など風土的なものがある．それぞれの食事の場としてのイメージを表現する心遣いが大切である．

2) 色彩の効用

色にはそれぞれ固有のイメージがある．たとえば，青や緑などの寒色系は精神を落ち着かせ，安らぎや憩い，ストレス緩和に有効な色とされ，赤や黄色などの暖色系は，活発な雰囲気や暖かさを感じて心が高揚する．色のイメージを表 7-17 に示した．色が視覚に訴えて，人間の心の内面にイメージという一定像を生み出す心理的効果を食空間のデザインに生かし，雰囲気づくりを行うことも大切である．

3) 照　　明

食事を快適に，料理をおいしく味わってもらうためには，心地よい雰囲気を醸し出すように照明器具に配慮することが大切である．照度(光を受ける明るさの度合い)，輝度(光源の単位面積当たりの明るさ)なども食事環境として配慮したい．光源からの色の違い(色温

度)は K(ケルビン)で表し，色温度が低くなれば赤みを帯び暖かい印象を与える．色温度が高くなれば青みがかり涼しい印象を与える．**表 7-18** に色温度から受ける感じと光源を示した．

表 7-17◆色のイメージ

色　相	イメージ
赤	活動的　　歓喜　　興奮
オレンジ	喜び　　活発　　元気　　はしゃぎ
黄	楽しい　　陽気　　明朗　　上機嫌
緑	若々しい　　新鮮　　平静　　安らぎ
青	落ち着き　　涼しい　　忠実　　深遠
紫	高貴　　神秘　　哀れな　　心配
白	純粋　　清潔　　無邪気　　公明
灰色	あいまい　　落ち着き　　憂うつ
黒	不安　　中立　　厳格　　陰うつ

(フードスペシャリスト協会 編：新版フードコーディネート論，p.99，建帛社，2003 より)

表 7-18◆色温度から受ける感じと光源

色温度	受ける感じ	光　　　源
>5,300 K	涼しい	昼光色蛍光灯，青空
3,300〜5,300 K	中　間	白色蛍光灯，昼白色蛍光灯，マルチハロゲン灯
<3,300K	暖かい	一般電球，電球色蛍光灯，ハロゲン電球

K：ケルビン

4) 食事空間の素材

　食事空間を構成する部位には，食堂(食事室)の内装としての床，壁，天井，建具，さらに什器類がある．素材としては，自然素材では木，石，土など，加工素材では金属，ガラス，タイル，紙，布，陶磁器，複合ボード，フローリング，カーペットなどがある．それぞれの素材は，木は暖かい，ガラスや金属は冷たい，布はやわらかい，石はかたいなどという感触をもっているので，それぞれのもち味を生かすことが食事環境にとって大切な要素である．

■ **参考文献**

1) 独立行政法人国立健康・栄養研究所 監修, 田中平三, 坂本元子 編：食生活指針, 第一出版, 2002
2) (独)国立健康・栄養研究所 監修, 吉池信男, 金田芙美 訳著：アメリカ人のための食生活指針, 「健康な食」を考える最新のメッセージから学ぶ, 第一出版, 2003
3) 熊倉功夫, 川端晶子 編著：献立学, 建帛社, 1997
4) 吉村典夫：システムの立場から見た調理, 調理科学, 13：191, 1980
5) 吉村典夫：システムの立場から見た調理(Ⅱ), 調理科学, 14：27, 1981
6) 中原澄男 監修：栄養指導マニュアル 第3版, 南山堂, 2002
7) 厚生労働省「日本人の食事摂取基準」策定検討会報告書：日本人の食事摂取基準(2010年版), 第一出版, 2009
8) 健康・栄養情報研究会 編：国民健康・栄養の現状―平成18年厚生労働省国民健康・栄養調査報告より―, 第一出版, 2009
9) 川端晶子, 澤山 茂 編著：応用自在な調理の基礎 フローチャートによる系統的実習書 中国編, 家政教育社, 1998
10) フードスペシャリスト協会 編：新版フードコーディネート論, 建帛社, 2003
11) 第一出版編集部 編：厚生労働省・農林水産省決定 食事バランスガイド, 第一出版, 2005
12) (社)日本栄養士会 監修：「食事バランスガイド」を活用した栄養教育・食育実践マニュアル, 第一出版, 2007
13) 日本摂食・嚥下リハビリテーション学会：嚥下調整食分類2013

管理栄養士国家試験練習問題

第1章 人間と食べ物

問1 食品の歴史的変遷についての記述である．正しいものはどれか．

a 縄文時代には縄文土器が出現し，煮炊きが始まった．貝塚から食生活の特色を知ることができる．
b 弥生・古墳時代に稲作が普及し，水田耕作が始まった．うるち米，赤米が食べられ，雑穀はまったく食べられていなかった．
c 平城京からの出土木簡によって，地方でどんな食品が生産され，都に運ばれたかがわかるとともに，一般庶民の食生活がよくわかる．
d 平安時代の食生活を知る資料に『延喜式』があり，京の公家たちが宇治川や琵琶湖の淡水魚に新鮮さを求めた．
e 江戸時代の『毛吹草』には魚90種，鳥18種，獣7種，野菜77種の食材があげられている．

問2 食物連鎖についての記述である．正しいものの組み合せはどれか．

(1) 生態系のなかで，植物があり，植物を食べる動物があり，さらにその動物を食べる肉食動物がいるというような食物上でのつながりを食物連鎖という．
(2) 生物群集の植物，動物，微生物はそれぞれ，生産者，消費者，無機物とよばれ，それぞれの役割をもっている．
(3) 食物連鎖網のなかに占める地位（栄養段階）が低いほど水銀の濃度が高くなる傾向があり，これを生物濃縮という．
(4) 生食連鎖で使われなかった物質は腐食連鎖をたどり，その流れは植物遺骸 → 魚・鳥 → ベントス（底生生物）→ バクテリア → 溶存有機物である．
(5) 食物連鎖において，その出発点が生きた植物体の場合を生食連鎖という．その流れは，緑色植物 →草食動物 →小型肉食動物 →大型肉食動物である．

  a (1), (2) b (1), (5) c (2), (3) d (3), (4) e (4), (5)

問3 食生活と健康についての記述である．正しいものの組み合せはどれか．

(1) 現在の日本では，脂質異常症を含む循環器系疾患，糖尿病，がんなどの生活習慣病の罹患率が少ない．
(2) 第二次世界大戦後，経済力の向上，情報化などの社会基盤の急激な変化は，社会の最小単位である家族形態を変えたが，食生活は変化しなかった．
(3) 家庭の食事が家庭外への依存度を高め，外食や中食が増加したが，食品産業の活動は低調になった．
(4) 主食の飯に野菜と魚が主である伝統型食事から，副食多食型，調味や調理法などの洋風化が進行した．
(5) 特別な日に食べていた料理が日常食として利用され，ハレ（特別な日）とケ（日常の日）のけじめがなくなり，平準化した．

  a (1), (2) b (1), (5) c (2), (3) d (3), (4) e (4), (5)

問4　子どもの食嗜好についての記述である．正しいものの組み合せはどれか．
(1) 胎児の味蕾が形成されるのは胎齢3か月以降で，羊水に含まれるアミノ酸やグルコース組成の変化などを味の変化としてとらえ，嗜好形成の一歩が始まる．
(2) 新生児でも，甘味，苦味，酸味，塩味，うま味に敏感に応答し，顔の表情が各味質に対応して変化する．
(3) 離乳期をとおして，親が好む離乳食の味がすり込まれ，嗜好性の原型が形成される．その後の食体験が積み重ねられ，その人の生涯の嗜好へと影響を及ぼす．
(4) たいていの食べ物は機能的に可能となり，さまざまな食べ物の摂取体験と受容の体験の積み重ねによって嗜好の幅は狭められる．
(5) 小学生を中心とした学童期は食習慣が完成する時期である．味覚は，学習したり，磨いたりしても食に対する感性は育たない．
　　　a (1), (2), (3)　　b (1), (2), (5)　　c (1), (4), (5)　　d (2), (3), (4)
　　　e (3), (4), (5)

問5　フードマイレージについての記述である．正しいものはどれか．
a　フードマイレージは，「食料の生産地から食卓までの距離÷食品の輸送量(t・km)」で表される．
b　輸送距離や時間が長いと，鮮度のよいものを食べることができる．
c　同じ地域で生産し消費すれば，生産者の顔がみえ，安心感が生まれる．
d　フードマイレージの考え方は，産業を活性化し，環境にも優しいが，地域に悪い影響を与える．
e　近隣諸国のなかで日本のフードマイレージの数値は突出して小さい．

第2章　食べ物のおいしさと生体における役割

問1　食味の感じ方に関する記述である．正しいものの組み合せはどれか．
(1) L-グルタミン酸ナトリウムは，pH7付近で最もうま味が強い．
(2) みそ汁は，加熱回数が多いほど風味が増加する．
(3) 同じ砂糖濃度の場合，ゲル状食品のほうが甘味を強く感じる．
(4) 酢に食塩や砂糖を加えると，酸味が抑えられてまろやかに感じる．
　　　a (1), (2)　　b (1), (3)　　c (1), (4)　　d (2), (3)　　e (3), (4)

問2　味覚の生理的役割についての記述である．正しいものはどれか．
a　甘味は，エネルギー源としての糖のシグナルである．山登りやハイキング，スポーツをして肉体的に疲れたときには甘いものが嫌われる．
b　塩味は，体液のバランスに必要な食塩，その他のミネラルのシグナルであるが，食塩をとりすぎても高血圧の誘因にはならない．体液のナトリウムなどの電解質濃度，pHは厳密にコントロールされている．
c　酸味は，代謝を円滑に促進するクエン酸をはじめとする有機酸のシグナルであるとも

に，食べ物の腐敗を察知するためのシグナルである．
d 苦味には有害，有毒なものが多いので，体内にそれらの物質を取り入れないためのシグナルである．精神的なストレスを負荷すると苦味の感覚が高められる．
e うま味は，人体の筋肉や臓器を形成するうえで不可欠な成分であるたんぱく質のシグナルである．アミノ酸系と核酸系のうま味物質が共存するとうま味は著しく弱められる．

問3 **官能評価法**についての記述である．正しいものの組み合せはどれか．
(1) 2点識別試験法は，食塩濃度の異なる2種類のすまし汁を同時に提示して，塩味の好きなほうを判別させる．
(2) 3点識別試験法は，甘味料の種類を変えた同一甘味度の2種類の寒天ゼリーが識別できるかどうかを調べる．
(3) 順位法は，市販のかまぼこを厚さ8 mmにスライスし，色，味，歯ごたえ，総合評価について好みの順位を調べる．
(4) 評点法は，数値尺度を用いて評価する方法で，5点法，両極7点評点法などがある．解析方法にクレーマーの順位合計の検定がある．
(5) セマンティック・デファレンシャル法(SD法)とよび，さまざまな反対の意味をもつ形容詞を両端におき，5〜9段階の評価尺度を用いて，試料の特性を評価する．
　　　a (1), (2)　　b (1), (5)　　c (2), (3)　　d (3), (4)　　e (4), (5)

問4 **おいしさにかかわる酵素**についての記述である．正しいものはどれか．
a 野菜や果物を切ると褐変するが，これはアミラーゼの作用によるものである．この活性は食塩で阻害されるので，りんごの切片などは塩水に浸す．
b たまねぎやにんにくなどのねぎ類の香気成分は，リパーゼの作用で分解し，いろいろな低分子の含硫化合物ができるためである．
c 米粒に存在するでん粉分解酵素のプロテアーゼは炊飯の温度上昇期に作用し，米飯の甘味の形成に関与する．
d きのこのヌクレオチドは酵素作用によって生成・分解する．乾しいたけを冷水でもどし，加熱調理するとうま味成分が多くなる．
e 果実の熟度に伴うテクスチャーの変化には，リグニンが細胞壁の中に蓄積し，木化して硬く，筋っぽくなるためである．

第3章　食事設計の基本知識

問1 **食事設計の要素**についての記述である．正しいものの組み合せはどれか．
(1) 健康的要素として，「健康日本21」では遺伝的要因，環境的要因，生活習慣の3つをあげ，人々の健康の指標を一定の数値で示している．
(2) 食文化的要素として，「食品調理体系」と「食事行動体系」を中心に考えた食事文化を，環境と生理をも含めた広義の概念として受け止める．
(3) 嗜好とは食べ物に対する好き・嫌いであり，それぞれの人間の生理的・心理的反応であ

り，伝統的社会環境と個人的生活環境からは影響を受けない．
(4) 流動する経済事情のなかで，「よい品」を「適正」な価格で入手できるよう，物価の動向を把握しておく必要があるが，よい食事設計には，経済性を無視してもよい．
(5) 環境的要素として，食料の安定供給は国民的課題である．しかし一方では，厨房から考える地球環境「エコ・クッキング」の問題がある．

　　a (1), (2), (3)　　b (1), (2), (5)　　c (1), (4), (5)　　d (2), (3), (4)
　　e (3), (4), (5)

問 2 日本人の食事摂取基準における栄養素の指標についての記述である．誤っているのはどれか．

a 「推定平均必要量」は，当該集団に属する 50％の人が必要量を満たす(同時に，50％の人が必要量を満たさない)と推定される摂取量である．

b 「目安量」は，特定の集団における，ある一定の栄養状態を維持するのに十分な量である．したがって，不足状態を示す人がほとんど観察されない量として与えられる．

c 「目標量」は，生活習慣病の予防を目的として，その疾患のリスクや，その代理指標となる生体指標の値が 0(ゼロ)と考えられる栄養状態が達成できる量である．

d 「耐容上限量」は，健康障害をもたらすリスクがないとみなされる習慣的な摂取量の上限を与える量である．

e 「推奨量」は，母集団に属するほとんどの人(97〜98％)が充足している量である．
　　　推奨量＝推定平均必要量×(1＋2×変動係数)＝推定平均必要量×推奨量算定係数

第 4 章　調理操作と調理器具

問 1 浸漬についての記述である．正しいものはどれか．

a 穀類や豆類は，加熱前に水や湯に浸漬して十分に吸水をさせると熱伝導がよくなるが，でん粉は糊化しにくくなる．

b 寒天やゼラチンは，吸水，膨潤してから加熱すると溶解しにくい．

c 野菜中には「あく成分」といわれる不味成分(えぐ味，苦味，渋味)やポリフェノール類が含まれているので，浸漬してあくを除く．

d 野菜は高糖濃度の水に浸漬すると張りを失い，食塩水に浸漬すると張りをもってみずみずしいテクスチャーになる．

e しいたけは，水に浸漬しても，カリウム，鉄，マグネシウムが溶出しない．

問 2 常温よりも温度を低下させる調理操作についての記述である．正しいものの組み合せはどれか．

(1) 冷却とは，食品の温度を冷水や氷水，冷蔵庫などを用いて冷やすことで，食品中の水分を凍結させる．

(2) 冷却することにより，食品の保存性の向上，冷却によるゲル化，成分変化の抑制などを行うが，色，味，香りなどは低下する．

(3) 冷蔵により，食品の自己消化酵素の活動，腐敗菌の繁殖速度が低下する．品質は保存時間の経過に伴い劣化するが，冷凍と異なり食品の組織破壊はない．
(4) 凍結させることにより，食品の温度が氷点下に下がるので，微生物の発育を阻止し，自己消化の抑制により，鮮度を維持することができる．
(5) 家庭内の冷凍庫では急速凍結になるので，どのような食材でも解凍時にドリップが少ない．

　　　a (1), (2)　　b (1), (5)　　c (2), (3)　　d (3), (4)　　e (4), (5)

問3 切砕，混合・撹拌，磨砕用器具についての記述である．正しいものの組み合せはどれか．
(1) フードカッターは，野菜や肉，魚，果物類をみじん切りにするもので，乾燥したパンやクラッカーなどでパン粉をつくったり，ジュースづくりにも用いられる．
(2) フードスライサーは，レタス，キャベツなどの葉菜類やかまぼこ，ソーセージなどの練り製品，いかなどの薄切りにも用いられる．
(3) ミキサーは，食品を粉砕したり，細かくすりつぶすことを目的とし，ジュース・ドリンクづくり，マヨネーズ・ドレッシングづくり，ポタージュづくりなどに用いられる．
(4) フードプロセッサーは，切砕，混合，泡立てなどを兼ね備えた機器で，みじん切りカッター，おろしカッター，スライスカッター，せん切りカッターなどが付属している．
(5) らいかい機は，魚肉をすりつぶす機械で，すり身や餅をつくるためにも用いられる．

　　　a (1), (2), (3)　　b (1), (2), (5)　　c (1), (4), (5)　　d (2), (3), (4)
　　　e (3), (4), (5)

問4 伝熱についての記述である．正しいものの組み合せはどれか．
(1) 加熱によって食品の温度が上がるのは，熱の移動によってその食品を構成している分子の運動が激しくなり，運動エネルギーが大きくなるためである．
(2) 熱の伝わり方には伝導，対流，放射があり，実際の加熱調理ではこれらの現象が明確に1つだけ利用されている．
(3) 温度上昇に伴って起こる食品の反応速度は，量に比例し，その速度定数は温度に依存するため，温度が高いほど，また，加熱の初期ほど急激な変化が起こりにくい．
(4) 誘導加熱を利用した電子レンジは，日本では周波数 5,000 MHz，波長 12.2 cm のマイクロ波を食品に照射することによって加熱する．
(5) 通常の調理器はガス，電気などのエネルギーを熱エネルギーに変換してから鍋底に送るが，電磁調理器は磁力線に変えて電気エネルギーをまず鍋底に与え，発熱は鍋自身に行わせる．

　　　a (1), (2)　　b (1), (5)　　c (2), (3)　　d (3), (4)　　e (4), (5)

問5 電子レンジの複合機能についての記述である．正しいものの組み合せはどれか．
(1) 100～200W の電子レンジは，再加熱，生解凍，ゆでもの，煮物，炊飯，煮込み，蒸し物などに用いられる．

(2) オーブンレンジは，電子レンジおよびオーブンとして利用できる．オーブン利用では，パン，菓子，グラタン，ローストビーフなどに用いられる．
(3) オーブンレンジ＆トースターは，オーブンレンジに加えてトースターの機能がついたもので，上下のヒーターで焼くことができ，トーストやホットドッグなどにも用いられる．
(4) オーブングリルレンジは，オーブン，グリル，レンジが複合された機器で，グリルは強い下火で調理できるので，塩焼き，照り焼き，焼き鳥などの利用が可能である．
(5) オーブングリルレンジトースター付きは，4種の機器の機能を備えているので，多様な利用は不可能である．

　　　　　a (1), (2)　　b (1), (5)　　c (2), (3)　　d (3), (4)　　e (4), (5)

問6 新調理システムについての記述である．正しいものの組み合せはどれか．
(1) クックチルシステムとは，通常の方法で調理後，急速冷却した料理を，チルド（−18℃）で一定期間保存し，必要なときに再加熱を行って料理を提供するシステムである．
(2) ブラストチラー方式は，通常の方法で加熱調理したものを食器などに小分けしたあと，急速冷却するが，保存期間は 0〜3℃の冷蔵庫で最大1か月間である．
(3) タンブルチラー方式は，液状調理品と固体調理品の場合がある．急速冷却後，保存期間は−1〜0℃の氷温冷蔵庫で 20〜40 日間である．
(4) クックチルシステムによって野菜のβ-カロテンはほぼ安定であるが，ビタミンCはクックチル後，生に対する残存率は 35% である．
(5) クックチルシステムによる各種料理の官能評価によると，好まれる方向へ移行する料理と，好まれない方向へ移行する料理があるが，効率上無視してもよい．

　　　　　a (1), (2)　　b (1), (5)　　c (2), (3)　　d (3), (4)　　e (4), (5)

第5章　調理操作と栄養

問1 米の調理に関する記述である．正しいのはどれか．
a もち米は，うるち米より水浸漬中の吸水量が少ない．
b 飯（うるち米）は，米重量の 2.1〜2.4 倍の炊き上がりが標準である．
c 全がゆの加水量は，米重量の 10 倍である．
d ピラフは，飯を油脂で炒めたものである．
e 味付け飯の塩分添加物量は，加水量の 1.5% が目安である．

問2 小麦粉の調理についての記述である．正しいものの組み合せはどれか．
(1) 砂糖は，グルテン形成を促進する．
(2) シューの膨化は，生地内部に発生した水蒸気の圧力による．
(3) ドウをねかす時間を長くするほど，伸張抵抗が減少する．
(4) ルーの調理では，160 ℃で加熱してもデキストリンは生じない．

　　　　　a (1), (2)　　b (1), (3)　　c (1), (4)　　d (2), (3)　　e (3), (4)

問3　野菜・果物の色素成分についての記述である．正しいものの組み合せはどれか．
(1) クロロフィル含量の多いものはビタミンCを多く含まないので，緑黄色野菜の葉肉部は栄養的に劣っている．
(2) 緑黄色野菜を堆積貯蔵や野積みにすると，そのあいだに蓄積される有機酸の作用でカロテノイドが分解し，共存するクロロフィルによって黄緑化する．
(3) 白色や淡色の野菜，かんきつ類に含まれる無色，白色，黄色の色素であるフラボノイドは，生理機能成分として注目されている．
(4) トマトの未熟期のクロロフィルが分解して，成熟に伴いリコピン(赤色)やβ-カロテン(黄色)の色素であるカロテノイドがつくられる．
(5) トマトのリコピンには，活性酸素を消去する性質や過酸化脂質の生成を抑制する働きがあるが，加熱すると吸収率が低くなる．

　　a (1), (2)　　b (1), (5)　　c (2), (3)　　d (3), (4)　　e (4), (5)

問4　食材の組織と物性についての記述である．正しいものの組み合せはどれか．
(1) 液状食品には，牛乳や豆乳のようなコロイドといわれる乳白濁の分散液と，生クリームやマヨネーズのような比較的大きい脂肪球が水に分散しているエマルションがある．
(2) 各種食品のクリープ曲線からゲルの物性の特徴を読みとると，ひずみの小さいものは軟らかく，大きいものは硬い傾向がある．
(3) バターやマーガリン，チョコレートは，脂肪状食品であり，構造上はエマルションである．物性として可塑性はあるが，温度依存性はない．
(4) 魚介のたんぱく質は，畜肉に比べて筋原繊維たんぱく質が多く，結合組織の肉基質たんぱく質が少ないため軟らかく，刺し身にすることができる．
(5) 食肉では，テンダネス(柔軟性)とジューシィ(多汁性)さが食肉の品質特性および食味特性として最も重視されている．

　　a (1), (2), (3)　　b (1), (2), (5)　　c (1), (4), (5)　　d (2), (3), (4)
　　e (3), (4), (5)

問5　植物性食材の栄養と調理についての記述である．正しいものはどれか．
a　ごはんとみそ汁という組み合わせのように，制限アミノ酸の異なる複数の食品からたんぱく質を摂取しても，補足効果は望めない．
b　アマランサスには必須アミノ酸のリジンが小麦粉の約1/2と少ないが，マグネシウム，鉄，リン，銅，亜鉛の優れた給源である．
c　そばに特徴的な生理機能成分はルチンで，血管壁を強化するコラーゲンの生成を助け，毛細血管を丈夫にし，動脈硬化を予防する．抗酸化作用によって脳の老化を防ぐ．
d　野菜類は，総体的にポリフェノール，カロテノイド，アスコルビン酸，食物繊維などの抗酸化成分を含んでいないので，健康食品として期待されない．
e　きのこ類は，香りや味など嗜好的特性に優れているが，食物繊維，ペプチド(抗腫瘍・抗酸化)，多糖類(β-グルカン：免疫賦活化)などの生理機能成分は期待できない．

問6 魚介類の栄養と調理についての記述である．正しいものの組み合せはどれか．
(1) 魚肉たんぱく質のほとんどが筋原繊維たんぱく質と筋漿たんぱく質であり，畜肉よりも硬い．
(2) 魚介類の脂質は，イコサペンタエン酸(EPA)やドコサヘキサエン酸(DHA)などのn-6系多価不飽和脂肪酸を多く含んでいるが，調理中に脂質が流出すると減少する．
(3) 煮魚や焼き魚および水煮缶詰やみそ煮缶詰，冷凍品，干物でも，生(鮮魚)のEPAおよびDHAの20％を摂取できる．
(4) 魚介類の生理機能成分の1つに含硫アミノ酸のタウリンがある．あらゆる臓器に存在し，生命活動に不可欠であるが，その大部分は食品から摂取している．
(5) アスタキサンチンは，さけ，ます，えび，かにの身や殻に含まれており，調理加工を行っても赤い色素を含む脂質の流出がなければ，その強力な抗酸化作用は期待できる．
　　　　a (1), (2)　　b (1), (5)　　c (2), (3)　　d (3), (4)　　e (4), (5)

問7 肉類の栄養と調理についての記述である．正しいものの組み合せはどれか．
(1) 食肉たんぱく質の免疫増強効果，牛肉たんぱく質の抗疲労効果，食肉由来のオリゴペプチドの血圧低下効果などがわかり，改めて重要視されてきた．
(2) 食肉は，栄養的にも，嗜好的にも好ましくない食材である．しかし，とくにたんぱく質や脂質の給源である．
(3) レチノール(ビタミンA)は食肉にも肝臓にも多く含まれている．
(4) 食肉や内臓に含まれているアラキドン酸から生成されるアナンダマイドは，嫌悪感を与える．
(5) ヘム鉄やビタミンCは非ヘム鉄の吸収を促進する効果があるので，肉と野菜を一緒に食べると鉄分の吸収が高まる．
　　　　a (1), (2)　　b (1), (5)　　c (2), (3)　　d (3), (4)　　e (4), (5)

問8 卵の調理についての記述である．正しいのはどれか．
a 濃厚卵白は，水様卵白に比べて泡立ちやすい．
b 牛乳中のカルシウムは，卵液の熱凝固を抑制する．
c 卵黄の完全凝固温度は，卵白より高い．
d 鶏卵のアレルゲン活性は，揚げ加熱すると低下する．
e 落とし卵を作るとき，ゆで汁に食酢や塩を加えると凝固しにくくなる．

問9 ゲル状食品に関する記述である．正しいのはどれか．
a 生のパイナップルを寒天ゾルに入れるとゲル化しない．
b 砂糖の添加は，寒天ゲルの離漿を促進する．
c ゼラチンゲルは，寒天ゲルよりも融解温度が高い．
d 高メトキシルペクチンは，カルシウムイオンでゲル化する．
e カラギーナンは，熱可逆性のゲルを形成する．

問10 野菜の貯蔵・漬物における利点についての記述である．正しいものの組み合せはどれか．
(1) 野菜の呼吸を抑制するために低温貯蔵するが，収穫後の未熟豆やじゃがいもは2, 3日でビタミンC量が減少し，その後増加する．
(2) 野菜をスライスして放置するとビタミンC量が増加する．これは，切断によってビタミンC合成酵素が増加するためである．
(3) 野菜の浅漬けは，食塩処理によって還元型ビタミンCが増加し，酸化型ビタミンCが減少する．
(4) ぬか漬けでは，ぬかに含まれるアミラーゼ，マルターゼ，プロテアーゼなどの加水分解酵素により，野菜中のでん粉やたんぱく質が加水分解され，アミノ酸やペプチドを生じ，うま味成分を増強する．
(5) ぬかに含まれるビタミンB群が野菜に浸透したり，漬物に含まれる乳酸菌が腸内菌叢を改善する．

　　　a (1), (2)　　b (1), (5)　　c (2), (3)　　d (3), (4)　　e (4), (5)

問11 加熱調理による栄養学的・機能的利点についての記述である．正しいものはどれか．
a 加熱によるでん粉の糊化は，でん粉の消化性（糖への分解）を向上させ，腸から吸収されてエネルギー源となるための必須の調理である．
b じゃがいもの電子レンジ加熱において，まるごと加熱するとビタミンCの残存率は低いが，細かく切断すると残存率は高くなる．
c ごまを煎ったり，ごま油でフライ加熱すると，セサモリンが分解して抗酸化物質のセサモールが生成するが，焙煎ごま油のきわめて高い酸化安定性の要因ではない．
d 野菜に含まれるポリフェノール類は加熱調理すると溶出されやすく，ラジカル消去能が低下するので，生野菜で食べるよりも，加熱後，汁と一緒に食べるほうがよい．
e 種実は煎って食べることが多い．脂質の多いナッツを煎るような乾熱調理後にラジカル消去能が低くなる．

問12 調味操作の栄養学的・機能的利点についての記述である．正しいものの組み合せはどれか．
(1) 調味料は食欲を増進させ，消化液の分泌を促すが，食べ物の消化吸収を妨げる働きをもっている．
(2) 調味料は食べ物にほどよい味をつけ，嗜好に合うように風味を引き立て，食感を変化させる働きをもっている．
(3) 味噌は食欲を高め，消化を助ける．味噌には大豆サポニン，ビタミンE，イソフラボン，褐色色素（フラノン，ピラジンなど）が含まれ，これらに抗酸化作用がある．
(4) 食塩は生体の恒常性を維持するうえで不可欠であり，とり過ぎても高血圧の原因にはならない．
(5) 香辛料には賦香作用（香りづけ），矯臭作用（におい消し），食欲増進作用（辛味づけ）など

があるが，抗酸化性や抗菌作用はない．

   a (1), (2) b (1), (5) c (2), (3) d (3), (4) e (4), (5)

問 13 料理形態による栄養成分の変化についての記述である．正しいものはどれか．
a 牛肉，豚肉の脂身を切り取ると 40～50％のエネルギーをカットすることができる．
b 豚肉の調理では「ゆでる」操作により，脂質が生の約 80％減少する．
c 野菜を切って水に浸漬しても無機成分は溶出しない．
d じゃがいもをまるごと 40 分蒸したとき，ビタミン B_1, B_2 は 96％残存していたが，ビタミン C の残存率は 90％であった．
e ビタミン B_1 は，1 日のぬか漬けにより約 100 倍増加する．

第 6 章 食品成分表の理解

問 1 **食品成分表における食品の分類・配列についての記述である．正しいものの組み合せはどれか．**
(1) 食品の分類・配列は大分類，小分類の 2 段階となっている．
(2) 食品の大分類は，原則として動植物の名称を当て，五十音順に配列されている．しかし，魚介類，肉類，乳類，し好飲料類，調味料及び香辛料類は副分類を設けて食品群を区別している．
(3) 五訂食品成分表における食品の収載は，原則として 1 食品 1 か所とされたが，とくに関係があるほかの箇所にも（　）で表示された．
(4) 食品番号は食品群，小分類の系列番号となっている．なお，フォローアップ成分表に収載されている食品については新たな食品番号が付与された．
(5) 中分類および小分類は，原則として原材料的形状から，順次加工度の低くなる順に配列されている．

   a (1), (2), (3) b (1), (2), (5) c (1), (4), (5) d (2), (3), (4)
   e (3), (4), (5)

問 2 **食品成分表における野菜類の基本的な考え方についての記述である．正しいものの組み合せはどれか．**
(1) あらかじめ市場における入荷量調査と含有成分値の変動調査，加工技術や鮮度保持技術の発達，消費動向調査などについても考慮されて，食品数 326 が収載されている．
(2) 「ほうれんそう」のビタミン C の分析値が夏季と冬季で大きく異なることが認められていることから，備考欄に夏採りおよび冬採りの値が示されている．
(3) 調理した食品は，加熱調理の「ゆで」，「油炒め」および「油揚げ」，未加熱調理では，「水さらし」，「塩漬け」および「ぬかみそ漬け」を収載してある．
(4) 輸入品が消費量のかなりの部分を占める野菜であっても，輸入品を試料から除外している．
(5) 五訂食品成分表では，有色野菜の分類は示されていないが，緑黄色野菜の取り扱いにつ

いては，従来緑黄色野菜としてきたものに限っている．

  a (1), (2), (3) b (1), (2), (5) c (1), (4), (5) d (2), (3), (4)
  e (3), (4), (5)

問3　食品成分表における魚介類の基本的な考え方についての記述である．正しいものの組み合せはどれか．

(1) 魚介類の多くは，天然に生息するものを漁獲するため，同一魚種であっても，漁場，漁期，魚体の大きさ，成熟度などにより成分値が変動し，また，個体差も大きい．これらの変動要因を考慮して成分値が決定してある．

(2) 魚類に含まれる炭水化物の量は，植物性食品と比べて微量であり，差し引きによる価は不適当であるため，炭水化物の成分値は，原則として全糖の分析値に基づき決定している．

(3) 調理した食品は，「焼き」，「水煮」，「蒸し」および「ゆで」を収載し，調理する前の食品（生または干し）とは別の試料を用いて，調理し分析した．

(4) 中型および大型魚の試料は三枚おろしの片身の一方のみを「生」，「焼き」または「水煮」の試料としている．

(5) 小型の魚の「焼き」は，1尾を内臓込みで焼き，焼き上がり後に，頭，骨，内臓なども含めて試料としている．

  a (1), (2) b (1), (5) c (2), (3) d (3), (4) e (4), (5)

問4　食品成分表における肉類の基本的な考え方についての記述である．正しいものの組み合せはどれか．

(1) 肉類を「畜肉類」，「鳥肉類」および「その他」の中項目に分け，牛は和牛，乳用肥育牛，輸入牛および子牛に分け，それぞれ部位別の成分値を収載している．

(2) 牛肉，豚肉は，原則として「脂身つき」，「皮下脂肪なし」および「赤肉」を収載し，部位による「脂身」は収載していない．

(3) 「脂身つき」は，厚さ5mmの皮下脂肪および筋間脂肪を含む肉であり，「皮下脂肪なし」は，皮下脂肪を完全に除去した筋間脂肪を含まない肉である．

(4) 「赤肉」は，皮下脂肪と筋間脂肪を除去した肉であり，なお，さしといわれる筋繊維間の脂肪組織は「赤肉」の一部として扱った．

(5) 市販の牛肉，豚肉についている皮下脂肪は，本来の脂肪層の一部を切り取り整形したもので，脂肪厚は薄くなっている．

  a (1), (2), (3) b (1), (2), (5) c (1), (4), (5) d (2), (3), (4)
  e (3), (4), (5)

第7章　食事バランスガイドと献立作成

問1　食品構成についての記述である．正しいものの組み合せはどれか．

(1) 食品構成とは，食事摂取基準を充足させるため，一人ひとりが1日当たり，どのような

食品(食品群)をどのくらい食べたらよいかを，あらかじめ目安となる食品別の使用量を具体的に数値で示したものである．
(2) 6つの基礎食品は，良質のたんぱく質供給源，主としてカルシウムの供給源，カロテンの供給源，主としてビタミンCの供給源，主としてエネルギー供給源，脂肪・油脂類の供給源の6つのグループに分類している．
(3) 日本人の食事摂取基準に合わせて，食事摂取基準の年齢区分別摂取目標と年齢区分別食品構成が示されている．
(4) 食品群とは，栄養素成分の類似した食品を1つのグループとしてまとめ，いくつかのグループに分類して整理したものであるが，食品群は目的や利用法によってさまざまな分類法を使い分ける必要はない．
(5) 食品群別摂取目標値の算定は，日常摂取する各食品群の上限から下限のあいだのさまざまな組み合わせによるエネルギーおよび各栄養素が，基礎代謝量に適合するか否かを確認し，適合する組み合わせを取り上げ，日常の食生活に活用しやすいように作成されている．

　　　a (1), (2), (3)　　b (1), (2), (5)　　c (1), (4), (5)　　d (2), (3), (4)
　　　e (3), (4), (5)

問2 食品構成作成の考え方についての記述である．正しいものの組み合せはどれか．
(1) 食品レベルでの「ごはんなどの穀類」や，栄養素レベルでの「糖質エネルギー比」は，料理レベルでの「副食」の量を適正にすることで目的を達成する．
(2) 主食，主菜，副菜を基本に食事のバランスを考えるという食生活のあり方は，日本の食文化の特徴から築かれたものであり，世界一の長寿国を支えている．
(3) 料理レベルでの「主菜」や「副菜」の量をバランスよく組み合わせることによって，野菜，豆類，魚，肉，牛乳，乳製品などの多様な食品を摂取することができる．
(4) 食べる人の嗜好を重視すれば，栄養素レベルでのビタミン，ミネラル，食物繊維，たんぱく質をバランスよく摂取できる．
(5) 食品構成の作成順序は，「エネルギー，体温となる食品」「体をつくる食品」「体のバランスを整える食品」を選び，1年分の食事構成を決める．

　　　a (1), (2)　　b (1), (5)　　c (2), (3)　　d (3), (4)　　e (4), (5)

問3 献立作成の手順についての記述である．正しいものの組み合せはどれか．
(1) まず，食事の種類を決める．日常食では朝，昼，夕食の1日を単位とし，1週間，10日分，1か月分などを決める．
(2) だれが食べるのか．食事は食べる人の年齢層や個人によって生理状態や嗜好も異なるので，対象者を明確に認識する必要がある．
(3) デザート→主菜→副菜→汁物→主食というような順序で構成する食品群を決める．
(4) 料理形態の選択に当たっては，嗜好性を重視し，調理による栄養成分・組織・物性の変化への配慮は考えない．

(5) 作成した献立内容の評価については，栄養バランスさえととのっていればよい．

  a (1), (2) b (1), (5) c (2), (3) d (3), (4) e (4), (5)

問 4 食卓構成についての記述である．正しいものの組み合せはどれか．
(1) 供食の場は「食のアメニティ」をみたすことが大切である．食べる人に満足感，至福感を醸し出すように工夫する．
(2) 食事は食卓を軸にして，人間，時間，空間が相互に作用しているが，だれが，だれと，いつ，どこで，何を，何のために，どのように食べるかということは無視してよい．
(3) 食事空間の色彩には固有のイメージがあり，赤や黄色の暖色系は，精神を落ちつかせる．
(4) 食事に使う器具として，食べ物を盛る食器と口に運ぶための食具を用いるが，東洋の稲作農耕文化圏には箸文化がある．
(5) 食卓のセッティングは1つの様式にこだわる必要はない．清潔で楽しく，心の安らぎが得られ，食欲増進がはかられるように配慮する．

  a (1), (2), (3) b (1), (2), (5) c (1), (4), (5) d (2), (3), (4)
  e (3), (4), (5)

問 5 咀嚼機能と食べ物の組織・物性についての記述である．正しいものの組み合せはどれか．
(1) 咀嚼は，食品を体内に送り込む機能の1つである．人は食べ物を歯や顎を使って処理するが，固形物は砕かれて小さくなる．
(2) 離乳食は，乳幼児の舌運動や顎運動による摂食機能の成長に合わせた食べ物の調理形態を目安にしている．
(3) 高齢者になると食べ物の嗜好が変わり，咀嚼機能も低下する．高齢者は若年者に比べて咀嚼回数は少なく，咀嚼1回当たりの筋活動も低い．
(4) 食べ物の物性に対する好みは，時代とともに変化し，現在は硬い食べ物嗜好に傾いている．
(5) 食べ物の硬さや粘っこさなどのテクスチャーを客観的に表現する手段として，実際の咀嚼動作を模した測定器(テクスチュロメーター)で得られる曲線が有効である．

  a (1), (2), (3) b (1), (2), (5) c (1), (4), (5) d (2), (3), (4)
  e (3), (4), (5)

【解答】

	問1	問2	問3	問4	問5	問6	問7	問8	問9	問10	問11	問12	問13
第1章	a	b	e	a	c								
第2章	c	c	c	d									
第3章	b	c											
第4章	c	d	d	b	c	d							
第5章	b	d	d	c	c	e	b	d	e	e	a	c	a
第6章	d	a	a	c									
第7章	a	c	a	c	b								

日本人の食事摂取基準（2015年版）

付図　1　食事摂取基準の各指標（推定平均必要量, 推奨量, 目安量, 耐容上限量）を理解するための概念図●246
付表　1　栄養素の指標の概念と特徴●246
付表　2　基準を策定した栄養素と設定した指標（1歳以上）●247
付表　3　食事摂取基準と日本食品標準成分表2010で定義が異なる栄養素とその内容●247
付表　4　個人の食事改善を目的として食事摂取基準を活用する場合の基本的事項●248
付表　5　集団の食事改善を目的として食事摂取基準を活用する場合の基本的事項●248
付表　6　参照体位●249
参考表　　推定エネルギー必要量●249
付表　7　身体活動レベル別にみた活動内容と活動時間の代表例●249
付表　8　目標とするBMIの範囲●249
付表　9　エネルギー産生栄養素バランス●249
付表　10　たんぱく質, 脂質, 炭水化物, 食物繊維の食事摂取基準●250
付表　11　ビタミンの食事摂取基準●251
付表　12　ミネラルの食事摂取基準●253

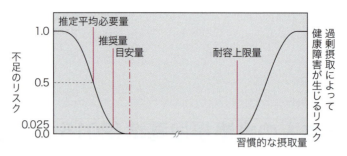

付図 1　食事摂取基準の各指標（推定平均必要量，推奨量，目安量，耐容上限量）を理解するための概念図

　縦軸は，個人の場合は不足または過剰によって健康障害が生じる確率を，集団の場合は不足状態にある人または過剰摂取によって健康障害を生じる人の割合を示す．

　不足の確率が推定平均必要量では 0.5（50％）あり，推奨量では 0.02～0.03（中間値として 0.025）（2～3％または 2.5％）あることを示す．耐容上限量以上を摂取した場合には過剰摂取による健康障害が生じる潜在的なリスクが存在することを示す．そして，推奨量と耐容上限量とのあいだの摂取量では，不足のリスク，過剰摂取による健康障害が生じるリスクともに 0（ゼロ）に近いことを示す．

　目安量については，推定平均必要量ならびに推奨量と一定の関係をもたない．しかし，推奨量と目安量を同時に算定することが可能であれば，目安量は推奨量よりも大きい（図では右方）と考えられるため，参考として付記した．

　目標量は，ここに示す概念や方法とは異なる性質のものであることから，ここには図示できない．

付表 1　栄養素の指標の概念と特徴

指標		推定平均必要量（EAR） 推奨量（RDA） 目安量（AI）	耐容上限量（UL）	目標量（DG）
値の算定根拠となる研究の特徴	値の算定根拠となる主な研究方法	実験研究，疫学研究（介入研究を含む）	症例報告	疫学研究（介入研究を含む）
	対象とする健康障害に関する今までの報告数	極めて少ない～多い	極めて少ない～少ない	多い
値を考慮するポイント	算定された値を考慮する必要性	可能な限り考慮する（回避したい程度によって異なる）	必ず考慮する	関連するさまざまな要因を検討して考慮する
	対象とする健康障害における特定の栄養素の重要度	重要	重要	他に関連する環境要因が多数あるため一定ではない
	健康障害が生じるまでの典型的な摂取期間	数か月間	数か月間	数年～数十年間
	算定された値を考慮した場合に対象とする健康障害が生じる可能性	推奨量付近，目安量付近であれば，可能性は低い	耐容上限量未満であれば，可能性はほとんどないが，完全には否定できない	ある（他の関連要因によっても生じるため）
摂取源と健康障害との関係	通常の食品を摂取している場合に対象とする健康障害が生じる可能性	ある	ほとんどない	ある
	サプリメントなど，通常以外の食品を摂取している場合に対象とする健康障害が生じる可能性	ある（サプリメントなどには特定の栄養素しか含まれないため）	ある（厳しく注意が必要）	ある（サプリメントなどには特定の栄養素しか含まれないため）

付表2　基準を策定した栄養素と設定した指標（1歳以上）[1]

栄養素			推定平均必要量（EAR）	推奨量（RDA）	目安量（AI）	耐容上限量（UL）	目標量（DG）
たんぱく質			○	○	—	—	○[2]
脂質		脂質	—	—	—	—	○[2]
		飽和脂肪酸	—	—	—	—	○
		n-6系脂肪酸	—	—	○	—	—
		n-3系脂肪酸	—	—	○	—	—
炭水化物		炭水化物	—	—	—	—	○[2]
		食物繊維	—	—	—	—	○
エネルギー産生栄養素バランス[2]			—	—	—	—	○
ビタミン	脂溶性	ビタミンA	○	○	—	○	—
		ビタミンD	—	—	○	○	—
		ビタミンE	—	—	○	○	—
		ビタミンK	—	—	○	—	—
	水溶性	ビタミンB_1	○	○	—	—	—
		ビタミンB_2	○	○	—	—	—
		ナイアシン	○	○	—	○	—
		ビタミンB_6	○	○	—	○	—
		ビタミンB_{12}	○	○	—	—	—
		葉酸	○	○	—	○[3]	—
		パントテン酸	—	—	○	—	—
		ビオチン	—	—	○	—	—
		ビタミンC	○	○	—	—	—
ミネラル	多量	ナトリウム	○	—	—	—	○
		カリウム	—	—	○	—	○
		カルシウム	○	○	—	○	—
		マグネシウム	○	○	—	○[3]	—
		リン	—	—	○	○	—
	微量	鉄	○	○	—	○	—
		亜鉛	○	○	—	○	—
		銅	○	○	—	○	—
		マンガン	—	—	○	○	—
		ヨウ素	○	○	—	○	—
		セレン	○	○	—	○	—
		クロム	—	—	○	—	—
		モリブデン	○	○	—	○	—

[1] 一部の年齢階級についてだけ設定した場合も含む．
[2] たんぱく質，脂質，炭水化物（アルコール含む）が，総エネルギー摂取量に占めるべき割合（％エネルギー）．
[3] 通常の食品以外からの摂取について定めた．

付表3　食事摂取基準と日本食品標準成分表2010で定義が異なる栄養素とその内容

栄養素	定義		日本食品標準成分表2010を用いて摂取量や給与量の推定を行い，その値と食事摂取基準との比較を行う場合の留意点
	食事摂取基準	日本食品標準成分表2010	
ビタミンE	α-トコフェロールだけを用いている	α-，β-，γ-及びδ-トコフェロールをそれぞれ報告している	α-トコフェロールだけを用いる
ナイアシン	ナイアシン当量（ナイアシン(mg)＋1/60 トリプトファン(mg)）(mgNE)を用いている	ニコチン酸相当量を用いている（トリプトファンから体内で生合成されるナイアシンは含まれない）	ナイアシン(mg)＋1/60 トリプトファン(mg)とする．食品中のトリプトファン量がたんぱく質量の1/100程度であると考えると，ナイアシン(mg)＋1/6,000 たんぱく質(mg)と近似でき，これは，ナイアシン(mg)＋1/6 たんぱく質(g)とも書ける．

付表 4　個人の食事改善を目的として食事摂取基準を活用する場合の基本的事項

目　的	用いる指標	食事摂取状態のアセスメント	食事改善の計画と実施
エネルギー摂取の過不足の評価	体重変化量 BMI	・体重変化量を測定 ・測定された BMI が，目標とする BMI の範囲を下回っていれば「不足」，上回っていれば「過剰」の恐れがないか，他の要因も含め，総合的に判断	・BMI が目標とする範囲内に留まること，またはその方向に体重が改善することを目的として立案 (留意点) 一定期間をおいて 2 回以上の評価を行い，その結果に基づいて計画を変更，実施
栄養素の摂取不足の評価	推定平均必要量 推奨量 目安量	・測定された摂取量と推定平均必要量ならびに推奨量から不足の可能性とその確率を推定 ・目安量を用いる場合は測定された摂取量と目安量を比較し，不足していないことを確認	・推奨量よりも摂取量が少ない場合は，推奨量をめざす計画を立案 ・摂取量が目安量付近かそれ以上であれば，その量を維持する計画を立案 (留意点) 測定された摂取量が目安量を下回っている場合は，不足の有無やその程度を判断できない
栄養素の過剰摂取の評価	耐容上限量	・測定された摂取量と耐容上限量から過剰摂取の可能性の有無を推定	・耐容上限量を超えて摂取している場合は耐容上限量未満になるための計画を立案 (留意点) 耐容上限量を超えた摂取は避けるべきであり，それを超えて摂取していることが明らかになった場合は，問題を解決するために速やかに計画を修正，実施
生活習慣病の予防を目的とした評価	目標量	・測定された摂取量と目標量を比較．ただし，予防を目的としている生活習慣病が関連する他の栄養関連因子ならびに非栄養性の関連因子の存在とその程度も測定し，これらを総合的に考慮したうえで評価	・摂取量が目標量の範囲内に入ることを目的とした計画を立案 (留意点) 予防を目的としている生活習慣病が関連する他の栄養関連因子ならびに非栄養性の関連因子の存在と程度を明らかにし，これらを総合的に考慮したうえで，対象とする栄養素の摂取量の改善の程度を判断．また，生活習慣病の特徴から考えて，長い年月にわたって実施可能な改善計画の立案と実施が望ましい

付表 5　集団の食事改善を目的として食事摂取基準を活用する場合の基本的事項

目　的	用いる指標	食事摂取状態のアセスメント	食事改善の計画と実施
エネルギー摂取の過不足の評価	体重変化量 BMI	・体重変化量を測定 ・測定された BMI の分布から，BMI が目標とする BMI の範囲を下回っている，あるいは上回っている者の割合を算出	・BMI が目標とする範囲内に留まっている者の割合を増やすことを目的として計画を立案 (留意点) 一定期間をおいて 2 回以上の評価を行い，その結果に基づいて計画を変更，実施
栄養素の摂取不足の評価	推定平均必要量 目安量	・測定された摂取量と推定平均必要量から，推定平均必要量を下回る者の割合を算出 ・目安量を用いる場合は，摂取量の中央値と目安量を比較し，不足していないことを確認	・推定平均必要量では，推定平均必要量を下回って摂取している者の集団内における割合をできるだけ少なくするための計画を立案 ・目安量では，摂取量の中央値が目安量付近かそれ以上であれば，その量を維持するための計画を立案 (留意点) 摂取量の中央値が目安量を下回っている場合，不足状態にあるかどうかは判断できない
栄養素の過剰摂取の評価	耐容上限量	・測定された摂取量の分布と耐容上限量から，過剰摂取の可能性を有する者の割合を算出	・集団全員の摂取量が耐容上限量未満になるための計画を立案 (留意点) 耐容上限量を超えた摂取は避けるべきであり，超えて摂取している者がいることが明らかになった場合は，問題を解決するために速やかに計画を修正，実施
生活習慣病の予防を目的とした評価	目標量	・測定された摂取量の分布と目標量から，目標量の範囲を逸脱する者の割合を算出する．ただし，予防を目的としている生活習慣病が関連する他の栄養関連因子ならびに非栄養性の関連因子の存在と程度も測定し，これらを総合的に考慮したうえで評価	・摂取量が目標量の範囲内に入る者または近づく者の割合を増やすことを目的とした計画を立案 (留意点) 予防を目的としている生活習慣病が関連する他の栄養関連因子ならびに非栄養性の関連因子の存在とその程度を明らかにし，これらを総合的に考慮したうえで，対象とする栄養素の摂取量の改善の程度を判断．また，生活習慣病の特徴から考え，長い年月にわたって実施可能な改善計画の立案と実施が望ましい

付表6 参照体位

性別	男 性		女 性[2]	
年齢	参照身長 (cm)	参照体重 (kg)	参照身長 (cm)	参照体重 (kg)
0～5（月）	61.5	6.3	60.1	5.9
6～11（月）	71.6	8.8	70.2	8.1
6～8（月）	69.8	8.4	68.3	7.8
9～11（月）	73.2	9.1	71.9	8.4
1～2（歳）	85.8	11.5	84.6	11.0
3～5（歳）	103.6	16.5	103.2	16.1
6～7（歳）	119.5	22.2	118.3	21.9
8～9（歳）	130.4	28.0	130.4	27.4
10～11（歳）	142.0	35.6	144.0	36.3
12～14（歳）	160.5	49.0	155.1	47.5
15～17（歳）	170.1	59.7	157.7	51.9
18～29（歳）	170.3	63.2	158.0	50.0
30～49（歳）	170.7	68.5	158.0	53.1
50～69（歳）	166.6	65.3	153.5	53.0
70 以上（歳）	160.8	60.0	148.0	49.5

[1] 0～17歳は、日本小児内分泌学会・日本成長学会合同標準値委員会による小児の体格評価に用いる身長、体重の標準値をもとに、年齢区分に応じて、当該月齢並びに年齢階級の中央時点における中央値を引用した。ただし、公表数値が年齢区分と合致しない場合は、同様の方法で算出した値を用いた。18歳以上は、平成22年、23年国民健康・栄養調査における当該の性及び年齢階級における身長・体重の中央値を用いた。
[2] 妊婦、授乳婦を除く。

参考表 推定エネルギー必要量（kcal/日）

性別	男 性			女 性		
身体活動レベル[1]	Ⅰ	Ⅱ	Ⅲ	Ⅰ	Ⅱ	Ⅲ
0～5（月）	—	550	—	—	500	—
6～8（月）	—	650	—	—	600	—
9～11（月）	—	700	—	—	650	—
1～2（歳）	—	950	—	—	900	—
3～5（歳）	—	1,300	—	—	1,250	—
6～7（歳）	1,350	1,550	1,750	1,250	1,450	1,650
8～9（歳）	1,600	1,850	2,100	1,500	1,700	1,900
10～11（歳）	1,950	2,250	2,500	1,850	2,100	2,350
12～14（歳）	2,300	2,600	2,900	2,150	2,400	2,700
15～17（歳）	2,500	2,850	3,150	2,050	2,300	2,550
18～29（歳）	2,300	2,650	3,050	1,650	1,950	2,200
30～49（歳）	2,300	2,650	3,050	1,750	2,000	2,300
50～69（歳）	2,100	2,450	2,800	1,650	1,900	2,200
70 以上（歳）[2]	1,850	2,200	2,500	1,500	1,750	2,000
妊婦（付加量）[3] 初期				+50	+50	+50
中期				+250	+250	+250
後期				+450	+450	+450
授乳婦（付加量）				+350	+350	+350

[1] 身体活動レベルは、低い、ふつう、高いの3つのレベルとして、それぞれⅠ、Ⅱ、Ⅲで示した。
[2] 主として70～75歳ならびに自由な生活を営んでいる対象者に基づく報告から算定した。
[3] 妊婦個々の体格や妊娠中の体重増加量、胎児の発育状況の評価を行うことが必要である。

注1：活用に当たっては、食事摂取状況のアセスメント、体重及びBMIの把握を行い、エネルギーの過不足は、体重の変化またはBMIを用いて評価すること。
注2：身体活動レベルⅠの場合、少ないエネルギー消費量に見合った少ないエネルギー摂取量を維持することになるため、健康の保持・増進の観点からは、身体活動量を増加させる必要があること。

付表7 身体活動レベル別にみた活動内容と活動時間の代表例（20～69歳）

身体活動レベル[1]	低い（Ⅰ） 1.50（1.40～1.60）	ふつう（Ⅱ） 1.75（1.60～1.90）	高い（Ⅲ） 2.00（1.90～2.20）
日常生活の内容[2]	生活の大部分が座位で、静的な活動が中心の場合	座位中心の仕事だが、職場内での移動や立位での作業・接客等、あるいは通勤・買物・家事、軽いスポーツ等のいずれかを含む場合	移動や立位の多い仕事への従事者。あるいは、スポーツなど余暇における活発な運動習慣をもっている場合
中程度の強度（3.0～5.9メッツ）の身体活動の1日当たりの合計時間（時間/日）[3]	1.65	2.06	2.53
仕事での1日当たりの合計歩行時間（時間/日）[3]	0.25	0.54	1.00

[1] 代表値。（ ）内はおよその範囲。
[2] Black, et al. Ishikawa-Takata, et al. を参考に、身体活動レベル（PAL）に及ぼす職業の影響が大きいことを考慮して作成。
[3] Ishikawa-Takata, et al. による。

付表8 目標とするBMIの範囲（18歳以上）[1,2]

年齢（歳）	目標とするBMI（kg/m²）
18～49	18.5～24.9
50～69	20.0～24.9
70 以上	21.5～24.9[3]

[1] 男女共通。あくまでも参考として使用すべきである。
[2] 観察疫学研究において報告された総死亡率が最も低かったBMIを基に、疾患別の発症率とBMIとの関連、死因とBMIとの関連、日本人のBMIの実態に配慮し、総合的に判断し目標とする範囲を設定。
[3] 70歳以上では、総死亡率が最も低かったBMIと実態との乖離が見られるため、虚弱の予防及び生活習慣病の予防の両者に配慮する必要があることも踏まえ、当面目標とするBMIの範囲は21.5～24.9とした。

付表9 エネルギー産生栄養素バランス（%エネルギー）

目標量[1]（中央値[2]）（男女共通）

年齢等	たんぱく質	脂質[3]		炭水化物[4,5]
		脂質	飽和脂肪酸	
0～11（月）	—	—	—	—
1～17（歳）	13～20（16.5）	20～30（25）	—	50～65（57.5）
18～69（歳）	13～20（16.5）	20～30（25）	7 以下	50～65（57.5）
70 以上（歳）	13～20（16.5）	20～30（25）	7 以下	50～65（57.5）

[1] 各栄養素の範囲については、おおむねの値を示したものであり、生活習慣病の予防や高齢者の虚弱の予防の観点からは、弾力的に運用すること。
[2] 中央値は、範囲の中央値を示したものであり、最も望ましい値を示すものではない。
[3] 脂質については、その構成成分である飽和脂肪酸など、質への配慮を十分に行う必要がある。
[4] アルコールを含む。ただし、アルコールの摂取を勧めるものではない。
[5] 食物繊維の目標量を十分に注意すること。

付表10 たんぱく質，脂質，炭水化物，食物繊維の食事摂取基準

たんぱく質 (g/日，目標量(中央値)：%エネルギー)

年齢	男性				女性			
	推定平均必要量	推奨量	目安量	目標量[1](中央値[2])	推定平均必要量	推奨量	目安量	目標量[1](中央値[2])
0〜5（月）*	—	—	10	—	—	—	10	—
6〜8（月）*	—	—	15	—	—	—	15	—
9〜11（月）*	—	—	25	—	—	—	25	—
1〜2（歳）	15	20	—	13〜20(16.5)	15	20	—	13〜20(16.5)
3〜5（歳）	20	25	—	13〜20(16.5)	20	25	—	13〜20(16.5)
6〜7（歳）	25	35	—	13〜20(16.5)	25	30	—	13〜20(16.5)
8〜9（歳）	35	40	—	13〜20(16.5)	30	40	—	13〜20(16.5)
10〜11（歳）	40	50	—	13〜20(16.5)	40	50	—	13〜20(16.5)
12〜14（歳）	50	60	—	13〜20(16.5)	45	55	—	13〜20(16.5)
15〜17（歳）	50	65	—	13〜20(16.5)	45	55	—	13〜20(16.5)
18〜29（歳）	50	60	—	13〜20(16.5)	40	50	—	13〜20(16.5)
30〜49（歳）	50	60	—	13〜20(16.5)	40	50	—	13〜20(16.5)
50〜69（歳）	50	60	—	13〜20(16.5)	40	50	—	13〜20(16.5)
70以上（歳）	50	60	—	13〜20(16.5)	40	50	—	13〜20(16.5)
妊婦(付加量) 初期					+0	+0	—	—
中期					+5	+10	—	—
後期					+20	+25	—	—
授乳婦(付加量)					+15	+20	—	—

*乳児の目安量は，母乳栄養児の値である．
[1]範囲については，おおむねの値を示したものである．
[2]中央値は，範囲の中央値を示したものであり，最も望ましい値を示すものではない．

脂質：脂肪エネルギー比率（%エネルギー）／飽和脂肪酸（%エネルギー）

年齢	男性		女性		男性	女性
	目安量	目標量[1](中央値[2])	目安量	目標量[1](中央値[2])	目標量	目標量
0〜5（月）	50	—	50	—		
6〜11（月）	40	—	40	—		
1〜2（歳）	—	20〜30(25)	—	20〜30(25)	—	—
3〜5（歳）	—	20〜30(25)	—	20〜30(25)	—	—
6〜7（歳）	—	20〜30(25)	—	20〜30(25)	—	—
8〜9（歳）	—	20〜30(25)	—	20〜30(25)	—	—
10〜11（歳）	—	20〜30(25)	—	20〜30(25)	—	—
12〜14（歳）	—	20〜30(25)	—	20〜30(25)	—	—
15〜17（歳）	—	20〜30(25)	—	20〜30(25)	—	—
18〜29（歳）	—	20〜30(25)	—	20〜30(25)	7以下	7以下
30〜49（歳）	—	20〜30(25)	—	20〜30(25)	7以下	7以下
50〜69（歳）	—	20〜30(25)	—	20〜30(25)	7以下	7以下
70以上（歳）	—	20〜30(25)	—	20〜30(25)	7以下	7以下
妊婦			—	—		—
授乳婦			—	—		—

[1]範囲については，おおむねの値を示したものである．
[2]中央値は，範囲の中央値を示したものであり，最も望ましい値を示すものではない．

n-6系脂肪酸(g/日)／n-3系脂肪酸(g/日)／炭水化物（%エネルギー）／食物繊維(g/日)

年齢	n-6系脂肪酸 男性	n-6系脂肪酸 女性	n-3系脂肪酸 男性	n-3系脂肪酸 女性	炭水化物 男性	炭水化物 女性	食物繊維 男性	食物繊維 女性
	目安量	目安量	目安量	目安量	目標量[1,2](中央値[3])	目標量[1,2](中央値[3])	目標量	目標量
0〜5（月）	4	4	0.9	0.9	—	—	—	—
6〜11（月）	4	4	0.8	0.8	—	—	—	—
1〜2（歳）	5	5	0.7	0.8	50〜65(57.5)	50〜65(57.5)	—	—
3〜5（歳）	7	6	1.3	1.1	50〜65(57.5)	50〜65(57.5)	—	—
6〜7（歳）	7	7	1.4	1.3	50〜65(57.5)	50〜65(57.5)	11以上	10以上
8〜9（歳）	9	7	1.7	1.4	50〜65(57.5)	50〜65(57.5)	12以上	12以上
10〜11（歳）	9	8	1.7	1.5	50〜65(57.5)	50〜65(57.5)	13以上	13以上
12〜14（歳）	12	10	2.1	1.8	50〜65(57.5)	50〜65(57.5)	17以上	16以上
15〜17（歳）	13	10	2.3	1.7	50〜65(57.5)	50〜65(57.5)	19以上	17以上
18〜29（歳）	11	8	2.0	1.6	50〜65(57.5)	50〜65(57.5)	20以上	18以上
30〜49（歳）	10	8	2.1	1.6	50〜65(57.5)	50〜65(57.5)	20以上	18以上
50〜69（歳）	10	8	2.4	2.0	50〜65(57.5)	50〜65(57.5)	20以上	18以上
70以上（歳）	8	7	2.2	1.9	50〜65(57.5)	50〜65(57.5)	19以上	17以上
妊婦		9		1.8		—		—
授乳婦		9		1.8		—		—

[1]範囲については，おおむねの値を示したものである．
[2]アルコールを含む．ただし，アルコールの摂取を勧めるものではない．
[3]中央値は，範囲の中央値を示したものであり，最も望ましい値を示すものではない．

付表 11 ビタミンの食事摂取基準

ビタミン A（μgRAE/日）[1]

年齢	男性 推定平均必要量[2]	男性 推奨量[2]	男性 目安量[3]	男性 耐容上限量[3]	女性 推定平均必要量[2]	女性 推奨量[2]	女性 目安量[3]	女性 耐容上限量[3]
0〜5（月）	―	―	300	600	―	―	300	600
6〜11（月）	―	―	400	600	―	―	400	600
1〜2（歳）	300	400	―	600	250	350	―	600
3〜5（歳）	350	500	―	700	300	400	―	700
6〜7（歳）	300	450	―	900	300	400	―	900
8〜9（歳）	350	500	―	1,200	350	500	―	1,200
10〜11（歳）	450	600	―	1,500	400	600	―	1,500
12〜14（歳）	550	800	―	2,100	500	700	―	2,100
15〜17（歳）	650	900	―	2,600	500	650	―	2,600
18〜29（歳）	600	850	―	2,700	450	650	―	2,700
30〜49（歳）	650	900	―	2,700	500	700	―	2,700
50〜69（歳）	600	850	―	2,700	500	700	―	2,700
70 以上（歳）	550	800	―	2,700	450	650	―	2,700
妊婦(付加量)初期					+0	+0	―	―
中期					+0	+0	―	―
後期					+60	+80	―	―
授乳婦(付加量)					+300	+450	―	―

[1] レチノール活性当量（μgRAE）
＝レチノール（μg）＋β-カロテン（μg）×1/12＋α-カロテン（μg）×1/24
＋β-クリプトキサンチン（μg）×1/24＋その他のプロビタミン A カロテノイド（μg）×1/24
[2] プロビタミン A カロテノイドを含む．
[3] プロビタミン A カロテノイドを含まない．

ビタミン D（μg/日）／ビタミン E（mg/日）[1]／ビタミン K（μg/日）

年齢	D 男性 目安量	D 男性 耐容上限量	D 女性 目安量	D 女性 耐容上限量	E 男性 目安量	E 男性 耐容上限量	E 女性 目安量	E 女性 耐容上限量	K 男性 目安量	K 女性 目安量
0〜5（月）	5.0	25	5.0	25	3.0	―	3.0	―	4	4
6〜11（月）	5.0	25	5.0	25	4.0	―	4.0	―	7	7
1〜2（歳）	2.0	20	2.0	20	3.5	150	3.5	150	60	60
3〜5（歳）	2.5	30	2.5	30	4.5	200	4.5	200	70	70
6〜7（歳）	3.0	40	3.0	40	5.0	300	5.0	300	85	85
8〜9（歳）	3.5	40	3.5	40	5.5	350	5.5	350	100	100
10〜11（歳）	4.5	60	4.5	60	5.5	450	5.5	450	120	120
12〜14（歳）	5.5	80	5.5	80	7.5	650	6.0	600	150	150
15〜17（歳）	6.0	90	6.0	90	7.5	750	6.0	650	160	160
18〜29（歳）	5.5	100	5.5	100	6.5	800	6.0	650	150	150
30〜49（歳）	5.5	100	5.5	100	6.5	900	6.0	700	150	150
50〜69（歳）	5.5	100	5.5	100	6.5	850	6.0	700	150	150
70 以上（歳）	5.5	100	5.5	100	6.5	750	6.0	650	150	150
妊婦			7.0	―			6.5	―		150
授乳婦			8.0	―			7.0	―		150

[1] α-トコフェロールについて算定した．α-トコフェロール以外のビタミン E は含んでいない．

ビタミン B_1（mg/日）[1,2]／ビタミン B_2（mg/日）[1,3]

年齢	B_1 男性 推定平均必要量	B_1 男性 推奨量	B_1 男性 目安量	B_1 女性 推定平均必要量	B_1 女性 推奨量	B_1 女性 目安量	B_2 男性 推定平均必要量	B_2 男性 推奨量	B_2 男性 目安量	B_2 女性 推定平均必要量	B_2 女性 推奨量	B_2 女性 目安量
0〜5（月）	―	―	0.1	―	―	0.1	―	―	0.3	―	―	0.3
6〜11（月）	―	―	0.2	―	―	0.2	―	―	0.4	―	―	0.4
1〜2（歳）	0.4	0.5	―	0.4	0.5	―	0.5	0.6	―	0.5	0.5	―
3〜5（歳）	0.6	0.7	―	0.6	0.7	―	0.7	0.8	―	0.6	0.8	―
6〜7（歳）	0.7	0.8	―	0.7	0.8	―	0.8	0.9	―	0.7	0.9	―
8〜9（歳）	0.8	1.0	―	0.8	0.9	―	0.9	1.1	―	0.9	1.0	―
10〜11（歳）	1.0	1.2	―	0.9	1.1	―	1.1	1.4	―	1.1	1.3	―
12〜14（歳）	1.2	1.4	―	1.1	1.3	―	1.3	1.6	―	1.2	1.4	―
15〜17（歳）	1.3	1.5	―	1.0	1.2	―	1.4	1.7	―	1.2	1.4	―
18〜29（歳）	1.2	1.4	―	0.9	1.1	―	1.3	1.6	―	1.0	1.2	―
30〜49（歳）	1.2	1.4	―	0.9	1.1	―	1.3	1.6	―	1.0	1.2	―
50〜69（歳）	1.1	1.3	―	0.9	1.0	―	1.2	1.5	―	1.0	1.1	―
70 以上（歳）	1.0	1.2	―	0.8	0.9	―	1.1	1.3	―	0.9	1.1	―
妊婦（付加量）				+0.2	+0.2	―				+0.2	+0.3	―
授乳婦（付加量）				+0.2	+0.2	―				+0.5	+0.6	―

[1] 身体活動レベルⅡの推定エネルギー必要量を用いて算出した．
[2] 特記事項：推定平均必要量は，ビタミン B_1 の欠乏症である脚気を予防するに足る最小必要量からではなく，尿中にビタミン B_1 の排泄量が増大し始める摂取量（体内飽和量）から算定．
[3] 特記事項：推定平均必要量は，ビタミン B_2 の欠乏症である口唇炎，口角炎，舌炎などの皮膚炎を予防するに足る最小摂取量から求めた値ではなく，尿中にビタミン B_2 の排泄量が増大し始める摂取量（体内飽和量）から算定．

付表 11 つづき

ナイアシン (mgNE/日)[1] / ビタミン B6 (mg/日)[4]

年齢	ナイアシン 男性 推定平均必要量	推奨量	目安量	耐容上限量[2]	ナイアシン 女性 推定平均必要量	推奨量	目安量	耐容上限量[2]	ビタミンB6 男性 推定平均必要量	推奨量	目安量	耐容上限量[5]	ビタミンB6 女性 推定平均必要量	推奨量	目安量	耐容上限量[5]
0〜5 (月)	—	—	2[3]	—	—	—	2[3]	—	—	—	0.2	—	—	—	0.2	—
6〜11 (月)	—	—	3	—	—	—	3	—	—	—	0.3	—	—	—	0.3	—
1〜2 (歳)	5	5	—	60(15)	4	5	—	60(15)	0.4	0.5	—	10	0.4	0.5	—	10
3〜5 (歳)	6	7	—	80(20)	6	7	—	80(20)	0.5	0.6	—	15	0.5	0.6	—	15
6〜7 (歳)	7	9	—	100(30)	7	8	—	100(25)	0.7	0.8	—	20	0.6	0.7	—	20
8〜9 (歳)	9	11	—	150(35)	8	10	—	150(35)	0.8	0.9	—	25	0.8	0.9	—	25
10〜11 (歳)	11	13	—	200(45)	10	12	—	200(45)	1.0	1.2	—	30	1.0	1.2	—	30
12〜14 (歳)	12	15	—	250(60)	12	14	—	250(60)	1.2	1.4	—	40	1.1	1.3	—	40
15〜17 (歳)	14	16	—	300(75)	11	13	—	250(65)	1.2	1.5	—	50	1.1	1.3	—	45
18〜29 (歳)	13	15	—	300(80)	9	11	—	250(65)	1.2	1.4	—	55	1.0	1.2	—	45
30〜49 (歳)	13	15	—	350(85)	10	12	—	250(65)	1.2	1.4	—	60	1.0	1.2	—	45
50〜69 (歳)	12	14	—	350(80)	9	11	—	250(65)	1.2	1.4	—	55	1.0	1.2	—	45
70以上 (歳)	11	13	—	300(75)	8	10	—	250(60)	1.2	1.4	—	50	1.0	1.2	—	40
妊 婦 (付加量)					—	—	—						+0.2	+0.2	—	—
授乳婦 (付加量)					+3	+3	—						+0.3	+0.3	—	—

NE=ナイアシン当量=ナイアシン+1/60 トリプトファン．
[1] 身体活動レベルIIの推定エネルギー必要量を用いて算出した．
[2] ニコチンアミドの mg 量，（　）内はニコチン酸の mg 量．参照体重を用いて算定した．
[3] 単位は mg/日．
[4] たんぱく質食事摂取基準の推奨量を用いて算出した（妊婦・授乳婦の付加量は除く）．
[5] 食事性ビタミン B6 の量ではなく，ピリドキシンとしての量である．

ビタミン B12 (μg/日) / 葉酸 (μg/日)[1]

年齢	B12 男性 推定平均必要量	推奨量	目安量	B12 女性 推定平均必要量	推奨量	目安量	葉酸 男性 推定平均必要量	推奨量	目安量	耐容上限量[2]	葉酸 女性 推定平均必要量	推奨量	目安量	耐容上限量[2]
0〜5 (月)	—	—	0.4	—	—	0.4	—	—	40	—	—	—	40	—
6〜11 (月)	—	—	0.5	—	—	0.5	—	—	60	—	—	—	60	—
1〜2 (歳)	0.7	0.9	—	0.7	0.9	—	70	90	—	200	70	90	—	200
3〜5 (歳)	0.8	1.0	—	0.8	1.0	—	80	100	—	300	80	100	—	300
6〜7 (歳)	1.0	1.3	—	1.0	1.3	—	100	130	—	400	100	130	—	400
8〜9 (歳)	1.2	1.5	—	1.2	1.5	—	120	150	—	500	120	150	—	500
10〜11 (歳)	1.5	1.8	—	1.5	1.8	—	150	180	—	700	150	180	—	700
12〜14 (歳)	1.9	2.3	—	1.9	2.3	—	190	230	—	900	190	230	—	900
15〜17 (歳)	2.1	2.5	—	2.1	2.5	—	210	250	—	900	210	250	—	900
18〜29 (歳)	2.0	2.4	—	2.0	2.4	—	200	240	—	900	200	240	—	900
30〜49 (歳)	2.0	2.4	—	2.0	2.4	—	200	240	—	1,000	200	240	—	1,000
50〜69 (歳)	2.0	2.4	—	2.0	2.4	—	200	240	—	1,000	200	240	—	1,000
70以上 (歳)	2.0	2.4	—	2.0	2.4	—	200	240	—	900	200	240	—	900
妊 婦 (付加量)				+0.3	+0.4	—					+200	+240	—	—
授乳婦 (付加量)				+0.7	+0.8	—					+80	+100	—	—

[1] 妊娠を計画している女性，または，妊娠の可能性がある女性は，神経管閉鎖障害のリスクの低減のために，付加量に 400 μg/日のプテロイルモノグルタミン酸の摂取が望まれる．
[2] サプリメントや強化食品に含まれるプテロイルモノグルタミン酸の量．

パントテン酸 (mg/日) / ビオチン (μg/日) / ビタミン C (mg/日)[1]

年齢	パントテン酸 男性 目安量	女性 目安量	ビオチン 男性 目安量	女性 目安量	ビタミンC 男性 推定平均必要量	推奨量	目安量	ビタミンC 女性 推定平均必要量	推奨量	目安量
0〜5 (月)	4	4	4	4	—	—	40	—	—	40
6〜11 (月)	3	3	10	10	—	—	40	—	—	40
1〜2 (歳)	3	3	20	20	30	35	—	30	35	—
3〜5 (歳)	4	4	20	20	35	40	—	35	40	—
6〜7 (歳)	5	5	25	25	45	55	—	45	55	—
8〜9 (歳)	5	5	30	30	50	60	—	50	60	—
10〜11 (歳)	6	6	35	35	60	75	—	60	75	—
12〜14 (歳)	7	6	50	50	80	95	—	80	95	—
15〜17 (歳)	7	5	50	50	85	100	—	85	100	—
18〜29 (歳)	5	4	50	50	85	100	—	85	100	—
30〜49 (歳)	5	4	50	50	85	100	—	85	100	—
50〜69 (歳)	5	5	50	50	85	100	—	85	100	—
70以上 (歳)	5	5	50	50	85	100	—	85	100	—
妊 婦		5		50				+10[2]	+10[2]	—
授乳婦		5		50				+40[2]	+45[2]	—

[1] 特記事項：推定平均必要量は，壊血病の回避ではなく，心臓血管系の疾病予防効果並びに抗酸化作用効果から算定．
[2] 付加量．

付表 12　ミネラルの食事摂取基準

ナトリウム (mg/日, ( ) は食塩相当量 [g/日])／カリウム (mg/日)

年齢	男性 推定平均必要量	男性 目安量	男性 目標量	女性 推定平均必要量	女性 目安量	女性 目標量	カリウム 男性 目安量	カリウム 男性 目標量	カリウム 女性 目安量	カリウム 女性 目標量
0〜5（月）	―	100(0.3)	―	―	100(0.3)	―	400	―	400	―
6〜11（月）	―	600(1.5)	―	―	600(1.5)	―	700	―	700	―
1〜2（歳）	―	―	(3.0 未満)	―	―	(3.5 未満)	900	―	800	―
3〜5（歳）	―	―	(4.0 未満)	―	―	(4.5 未満)	1,100	―	1,000	―
6〜7（歳）	―	―	(5.0 未満)	―	―	(5.5 未満)	1,300	1,800 以上	1,200	1,800 以上
8〜9（歳）	―	―	(5.5 未満)	―	―	(6.0 未満)	1,600	2,000 以上	1,500	2,000 以上
10〜11（歳）	―	―	(6.5 未満)	―	―	(7.0 未満)	1,900	2,200 以上	1,800	2,000 以上
12〜14（歳）	―	―	(8.0 未満)	―	―	(7.0 未満)	2,400	2,600 以上	2,200	2,400 以上
15〜17（歳）	―	―	(8.0 未満)	―	―	(7.0 未満)	2,800	3,000 以上	2,100	2,600 以上
18〜29（歳）	600 (1.5)	―	(8.0 未満)	600 (1.5)	―	(7.0 未満)	2,500	3,000 以上	2,000	2,600 以上
30〜49（歳）	600 (1.5)	―	(8.0 未満)	600 (1.5)	―	(7.0 未満)	2,500	3,000 以上	2,000	2,600 以上
50〜69（歳）	600 (1.5)	―	(8.0 未満)	600 (1.5)	―	(7.0 未満)	2,500	3,000 以上	2,000	2,600 以上
70 以上（歳）	600 (1.5)	―	(8.0 未満)	600 (1.5)	―	(7.0 未満)	2,500	3,000 以上	2,000	2,600 以上
妊　婦				―	―	―			2,000	―
授乳婦				―	―	―			2,200	―

カルシウム (mg/日)／マグネシウム (mg/日)

年齢	Ca男性 推定平均必要量	Ca男性 推奨量	Ca男性 目安量	Ca男性 耐容上限量	Ca女性 推定平均必要量	Ca女性 推奨量	Ca女性 目安量	Ca女性 耐容上限量	Mg男性 推定平均必要量	Mg男性 推奨量	Mg男性 目安量	Mg男性 耐容上限量[1]	Mg女性 推定平均必要量	Mg女性 推奨量	Mg女性 目安量	Mg女性 耐容上限量[1]
0〜5（月）	―	―	200	―	―	―	200	―	―	―	20	―	―	―	20	―
6〜11（月）	―	―	250	―	―	―	250	―	―	―	60	―	―	―	60	―
1〜2（歳）	350	450	―	―	350	400	―	―	60	70	―	―	60	70	―	―
3〜5（歳）	500	600	―	―	450	550	―	―	80	100	―	―	80	100	―	―
6〜7（歳）	500	600	―	―	450	550	―	―	110	130	―	―	110	130	―	―
8〜9（歳）	550	650	―	―	600	750	―	―	140	170	―	―	140	160	―	―
10〜11（歳）	600	700	―	―	600	750	―	―	180	210	―	―	180	220	―	―
12〜14（歳）	850	1,000	―	―	700	800	―	―	250	290	―	―	240	290	―	―
15〜17（歳）	650	800	―	―	550	650	―	―	300	360	―	―	260	310	―	―
18〜29（歳）	650	800	―	2,500	550	650	―	2,500	280	340	―	―	230	270	―	―
30〜49（歳）	550	650	―	2,500	550	650	―	2,500	310	370	―	―	240	290	―	―
50〜69（歳）	600	700	―	2,500	550	650	―	2,500	290	350	―	―	240	290	―	―
70 以上（歳）	600	700	―	2,500	500	650	―	2,500	270	320	―	―	220	270	―	―
妊　婦					―	―	―	―					+30[2]	+40[2]	―	―
授乳婦					―	―	―	―					―	―	―	―

[1] 通常の食品以外からの摂取量の耐容上限量は，成人の場合 350 mg/日，小児では 5 mg/kg 体重/日とする．それ以外の通常の食品からの摂取の場合，耐容上限量は設定しない．
[2] 付加量．

リン (mg/日)／鉄 (mg/日)[1]

年齢	リン男性 目安量	リン男性 耐容上限量	リン女性 目安量	リン女性 耐容上限量	鉄男性 推定平均必要量	鉄男性 推奨量	鉄男性 目安量	鉄男性 耐容上限量	鉄女性 月経なし 推定平均必要量	鉄女性 月経なし 推奨量	鉄女性 月経あり 推定平均必要量	鉄女性 月経あり 推奨量	鉄女性 目安量	鉄女性 耐容上限量
0〜5（月）	120	―	120	―	―	―	0.5	―	―	―	―	―	0.5	―
6〜11（月）	260	―	260	―	3.5	5.0	―	―	3.5	4.5	―	―	―	―
1〜2（歳）	500	―	500	―	3.0	4.5	―	25	3.0	4.5	―	―	―	20
3〜5（歳）	800	―	600	―	4.0	5.5	―	25	3.5	5.0	―	―	―	25
6〜7（歳）	900	―	900	―	4.5	6.5	―	30	4.5	6.5	―	―	―	30
8〜9（歳）	1,000	―	900	―	6.0	8.0	―	35	6.0	8.5	―	―	―	35
10〜11（歳）	1,100	―	1,000	―	7.0	10.0	―	35	7.0	10.0	10.0	14.0	―	35
12〜14（歳）	1,200	―	1,100	―	8.5	11.5	―	50	7.0	10.0	10.0	14.0	―	50
15〜17（歳）	1,200	―	900	―	8.0	9.5	―	50	5.5	7.0	8.5	10.5	―	40
18〜29（歳）	1,000	3,000	800	3,000	6.0	7.0	―	50	5.0	6.0	8.5	10.5	―	40
30〜49（歳）	1,000	3,000	800	3,000	6.5	7.5	―	55	5.5	6.5	9.0	10.5	―	40
50〜69（歳）	1,000	3,000	800	3,000	6.0	7.5	―	50	5.5	6.5	9.0	10.5	―	40
70 以上（歳）	1,000	3,000	800	3,000	6.0	7.0	―	50	5.0	6.0	―	―	―	40
妊婦　初期			800	―					+2.0[2]	+2.5[2]	―	―	―	―
中期・後期			800	―					+12.5[2]	+15.0[2]	―	―	―	―
授乳婦			800	―					+2.0[2]	+2.5[2]	―	―	―	―

[1] 過多月経（経血量が 80 mL/回以上）の人を除外して策定した．
[2] 付加量．

付表 12 つづき

年齢	亜鉛 (mg/日) 男性 推定平均必要量	推奨量	目安量	耐容上限量	亜鉛 女性 推定平均必要量	推奨量	目安量	耐容上限量	銅 (mg/日) 男性 推定平均必要量	推奨量	目安量	耐容上限量	銅 女性 推定平均必要量	推奨量	目安量	耐容上限量	マンガン (mg/日) 男性 目安量	耐容上限量	マンガン 女性 目安量	耐容上限量
0〜5 (月)	—	—	2	—	—	—	2	—	—	—	0.3	—	—	—	0.3	—	0.01	—	0.01	—
6〜11 (月)	—	—	3	—	—	—	3	—	—	—	0.3	—	—	—	0.3	—	0.5	—	0.5	—
1〜2 (歳)	3	3	—	—	3	3	—	—	0.2	0.3	—	—	0.2	0.3	—	—	1.5	—	1.5	—
3〜5 (歳)	3	4	—	—	3	4	—	—	0.3	0.4	—	—	0.3	0.4	—	—	1.5	—	1.5	—
6〜7 (歳)	4	5	—	—	4	5	—	—	0.4	0.5	—	—	0.4	0.5	—	—	2.0	—	2.0	—
8〜9 (歳)	5	6	—	—	5	5	—	—	0.4	0.6	—	—	0.4	0.5	—	—	2.5	—	2.5	—
10〜11 (歳)	6	7	—	—	6	7	—	—	0.5	0.7	—	—	0.5	0.7	—	—	3.0	—	3.0	—
12〜14 (歳)	8	9	—	—	7	8	—	—	0.7	0.8	—	—	0.6	0.8	—	—	4.0	—	4.0	—
15〜17 (歳)	9	10	—	—	6	8	—	—	0.8	1.0	—	—	0.6	0.8	—	—	4.5	—	3.5	—
18〜29 (歳)	8	10	—	40	6	8	—	35	0.7	0.9	—	10	0.6	0.8	—	10	4.0	11	3.5	11
30〜49 (歳)	8	10	—	45	6	8	—	35	0.7	1.0	—	10	0.6	0.8	—	10	4.0	11	3.5	11
50〜69 (歳)	8	10	—	45	6	8	—	35	0.7	0.9	—	10	0.6	0.8	—	10	4.0	11	3.5	11
70 以上 (歳)	8	9	—	40	6	7	—	35	0.7	0.9	—	10	0.6	0.7	—	10	4.0	11	3.5	11
妊婦					+1[1]	+2[1]	—	—					+0.1[1]	+0.1[1]	—	—			3.5	—
授乳婦					+3[1]	+3[1]	—	—					+0.5[1]	+0.5[1]	—	—			3.5	—

[1] 付加量

年齢	ヨウ素 (μg/日) 男性 推定平均必要量	推奨量	目安量	耐容上限量	ヨウ素 女性 推定平均必要量	推奨量	目安量	耐容上限量	セレン (μg/日) 男性 推定平均必要量	推奨量	目安量	耐容上限量	セレン 女性 推定平均必要量	推奨量	目安量	耐容上限量
0〜5 (月)	—	—	100	250	—	—	100	250	—	—	15	—	—	—	15	—
6〜11 (月)	—	—	130	250	—	—	130	250	—	—	15	—	—	—	15	—
1〜2 (歳)	35	50	—	250	35	50	—	250	10	10	—	80	10	10	—	70
3〜5 (歳)	45	60	—	350	45	60	—	350	10	15	—	110	10	10	—	110
6〜7 (歳)	55	75	—	500	55	75	—	500	15	15	—	150	15	15	—	150
8〜9 (歳)	65	90	—	500	65	90	—	500	15	20	—	190	15	20	—	180
10〜11 (歳)	80	110	—	500	80	110	—	500	20	25	—	240	20	25	—	240
12〜14 (歳)	100	140	—	1,200	100	140	—	1,200	25	30	—	330	25	30	—	320
15〜17 (歳)	100	140	—	2,000	100	140	—	2,000	30	35	—	400	20	25	—	350
18〜29 (歳)	95	130	—	3,000	95	130	—	3,000	25	30	—	420	20	25	—	330
30〜49 (歳)	95	130	—	3,000	95	130	—	3,000	25	30	—	460	20	25	—	350
50〜69 (歳)	95	130	—	3,000	95	130	—	3,000	25	30	—	440	20	25	—	350
70 以上 (歳)	95	130	—	3,000	95	130	—	3,000	25	30	—	400	20	25	—	330
妊婦 (付加量)					+75	+110	—	—[1]					+5	+5	—	—
授乳婦 (付加量)					+100	+140	—	—					+15	+20	—	—

[1] 妊婦の耐容上限量は 2,000 μg/日 とする.

年齢	クロム (μg/日) 男性 目安量	女性 目安量	モリブデン (μg/日) 男性 推定平均必要量	推奨量	目安量	耐容上限量	モリブデン 女性 推定平均必要量	推奨量	目安量	耐容上限量
0〜5 (月)	0.8	0.8	—	—	2	—	—	—	2	—
6〜11 (月)	1.0	1.0	—	—	10	—	—	—	10	—
1〜2 (歳)	—	—	—	—	—	—	—	—	—	—
3〜5 (歳)	—	—	—	—	—	—	—	—	—	—
6〜7 (歳)	—	—	—	—	—	—	—	—	—	—
8〜9 (歳)	—	—	—	—	—	—	—	—	—	—
10〜11 (歳)	—	—	—	—	—	—	—	—	—	—
12〜14 (歳)	—	—	—	—	—	—	—	—	—	—
15〜17 (歳)	—	—	—	—	—	—	—	—	—	—
18〜29 (歳)	10	10	20	25	—	550	20	20	—	450
30〜49 (歳)	10	10	25	30	—	550	20	25	—	450
50〜69 (歳)	10	10	20	25	—	550	20	25	—	450
70 以上 (歳)	10	10	20	25	—	550	20	20	—	450
妊婦		10					—	—	—	—
授乳婦		10					+3[1]	+3[1]	—	—

[1] 付加量.

索　引

あ

亜鉛　185
赤ワイン　171
あく　81
アクトミオシン　147
あく抜き　81
揚げる　99
味の相互作用　29
飛鳥時代　2
あずき　126
アスコルビン酸　164
　　　オキシダーゼ　135, 164
アスタキサンチン　147
圧搾・ろ過　84
　　　目的　85
安土・桃山時代　4
圧力鍋　105, 106
あと味　28
アノイリナーゼ　164
アミノ酸　27
　　　組成によるたんぱく質
　　　　　　　　　　177
網焼き調理　98
アミラーゼ　39, 116, 156
アミロース　116, 156
アミロペクチン　116, 156
あらい　147
アリイナーゼ　39
アルギン酸　139
ある女子大生の1日の献立
　　　　　　　　　　218
アレルギー　150
アレルゲン　168
　　　強弱表　169
あん　127
安全性　9
安全装置　75
アントシアニン　132
IHジャー炊飯器　96, 97
α-グルコシダーゼ　40

い

α-リノレン酸　146
閾値　27
イコサペンタエン酸　146
イソチオシアネート
　　　　　　　　129, 130
イソフラボン類　127
炒める　99
1食品1標準成分値　192
一次消費者　6
一価不飽和脂肪酸　55
一般成分　181
稲作農耕文化　18
イノシン　40
イノシン-1-リン酸　40
5′-イノシン酸　27
色　31
岩宿時代　2
インディカ種　118
インテリアのイメージ　227
EPA　148

う・え

うま味　27, 138
うるち米　118
曳糸性　154, 156
栄養　10
　　　機能　11
栄養性　9
栄養バランスの推移　54
液状食品　153
液体燃料　76
エクステンソグラム　122
エコ・クッキング　48
えだまめ　126
江戸時代　4
エネルギー　61, 180
　　　源　75
　　　消費量　77

食品群別摂取構成比　12
エマルション　150, 158
エルゴステロール　138
延喜式　3
えん下困難者用食品許可基準
　　　　　　　　　　212
嚥下食　162
えんどう　126
塩味　26
ATP　40
L-グルタミン酸　27
n-3多価不飽和脂肪酸　146

お

おいしさ
　　　知覚　35
　　　評価　24, 36
オーバーラン　153
オーブン　99, 105
オーブンレンジ(複合機能)
　　　　　　　　　　104
オボアルブミン　149
温泉卵　150
温度　30
温度計　88

か

外観　30
塊茎　124
介護食　214
塊根　124
外食産業　20
外食率の年次推移　13
解凍　84
　　　方法　86
外部加熱法　91
香り　30
化学膨化剤　123
学童期　19, 68
撹拌　83

操作　83
過酸化物価　159, 172
果実　137
可食部　179
ガス栓　75
カゼイン　151
褐変　125
　　　反応　31
加熱調理操作　90
　　　種類　91
加熱の科学　90
加熱用器具　100
カフェテリア方式　224
カプサイシン　131
鎌倉時代　3
かまぼこ　147
甕　2
かゆ　120
可溶性オボムコイド　169
カラギーナン　159, 161
辛子油　40
カリウム　183
カルシウム　128, 184
カレーソース　172
カロテノイド　132
感覚機能　11
環境的要素　48
乾式加熱　91, 97
間接焼き　98
寒天　159, 160, 161
官能評価　36
緩慢凍結　85
甘味　25
甘味料
　　　低エネルギー　25
含硫化合物　131, 138

季節間差異　192
気体燃料　75
喫茶養生記　3
きのこ類　138
揮発性塩基窒素　144
起泡性　150
基本味　25
嗅覚受容器　34

急速凍結　85
牛肉　141
牛乳　151
行事給食　224
共出現頻度　209
供食　222, 223
共食　51
　　　頻度　51, 52
強制対流式オーブン　99
魚介類　144
魚肉すり身　147
切り方　32
　　　原理　82
筋形質(筋漿)たんぱく質
　　　　　　　140, 142
筋原繊維たんぱく質
　　　　　　　140, 142
筋肉組織　140
GABA　164
QOL　51

5′-グアニル酸　27
　　　量　139
クエン酸　137
串焼き調理　98
クックチルシステム　110
　　　種類とプロセス　111
グリアジン　122
クリーミング性　158
クリーム　153
グリコアルカロイド　165
グリシニン　127
グリル　102
　　　鍋　102
グルタミン酸　33
グルテニン　122
グルテン　121
　　　粘弾性　122
グレープフルーツ　137
クロム　185
クロロフィラーゼ　39
クロロフィリン　131
クロロフィル　131

経済的要素　48
計測　78
鶏卵　148
計量　78
計量用器具　87
血管年齢　46
結合組織　140
ゲル　28, 159
ゲル状食品　162
健康寿命　46
　　　国際比較　47
健康的要素　46
健康の定義　46
健全性　9
K値　144

こ

抗酸化性　172
抗酸化成分　129, 166
恒常性　9
香辛料　170, 172
酵素反応　39
高度不飽和脂肪酸　158
香味の形成　39
項目とその配列　179
交流給食　224
高齢期　19, 70
高齢者　211
穀類　116
甑　2
古事記　2
固体脂指数　158
固体燃料　76
骨年齢　46
五訂増補日本食品標準成分表
　　　　　　　　　176
粉ふきいも　125
古墳時代　2
ごま　128
小麦　121
小麦粉　121
　　　膨化調理　122, 123
米粉の調理　120

索引

コラーゲン　140
コレステロール
　　　　　　138, 149, 190
コロイド　153
　　溶液　151
こわ飯　120
混合　83
　　操作　83
混合・撹拌用器具　89
献立作成
　　基本理念　205
　　　　環境的要素　206
　　　　経済的要素　206
　　　　健康的要素　205
　　　　嗜好的要素　206
　　　　調理工程的要素　206
　　　　文化的要素　206
　　条件　205
　　手順　205
　　　　フローチャート　223
献立システムのフローチャート　222
献立内容の評価　210
献立の基本型　206
献立パターン　207
こんぶ　139
コンロ　100
5基本味　28

桜飯　119
刺し身　147
雑穀類　116
さつまいも　124, 125
さといも　124, 125
酸性ペクチン　41
暫定エネルギー値　193
酸味　26
3色食品群　198, 199
3大食法文化圏　226

嗜好性　9
　　形成　18
嗜好的要素　47
死後硬直　143
脂質　182
思春期　19, 68
視床下部　36
自助具　226
システム　222
自然対流式オーブン　99
持続性　28
疾患・病態別治療食　205
湿式加熱　91
渋切り　127
脂肪エネルギー比率　15
脂肪交雑　140
脂肪酸　55, 142, 189
　　摂取比率　55
じゃがいも　124
ジャポニカ種　118
シャロウフライ　99
収載食品数　177
重量計器　87
重量変化率　193
酒石酸　137
出現頻度　61, 209
順応効果　29
硝酸イオン　190
硝酸塩　191
上新粉　120
招待給食　224
消費者　5
照明　227
縄文時代　2
縄文土器　2
しょうゆ　170, 172
昭和後期時代　5
昭和前期時代　4
ショートニング性　158
食育　67, 69
食育基本法　70
食塩　26
　　相当量　190
食具　225
食事
　　環境　227
　　行動体系　47

種類　205
状況の変遷　11
食事摂取基準　64
食事づくりシステム　74
食事バランスガイド　201
　　活用　201
　　内容　201
食酢　26
食生活指針　49
食生活の変遷　11
食卓構成　224
食卓のセッティング　226
食肉　140
食のアメニティ　222
食品
　　洗い方　80
　　廃棄量　20
　　目安表　215
　　ロス率　58
食品群別摂取目標量　200
食品構成　198, 215
食品調理加工体系　47
食文化的様式別食事　205
食文化的要素　47
食味構成　209
食物アレルギー　168
食物繊維　124, 126, 128, 138, 139, 190
食物網　7
食物連鎖　5
　　過程　6
　　ピラミッド　7
食用油脂　157
食欲　16
食感　30
食器　225
食器洗い乾燥機　88
白玉粉　120
新温度帯　109
真空調理システムの作業手順　113
真空調理法　113
浸漬　80
15食品群　198
18食品群　198
C.S.エルトン　5
C-Sリアーゼ　39

水中油滴型　151
炊飯　116, 118, 119
炊飯器　105
　　　あゆみ　106
水分　182
数値の表示方法　179
すし飯　119

成型　82
成形　83
成形用器具　89
生産者　5
生食連鎖　7
成人期　19, 70
生態系　5
生体調節機能　11, 150
青年期　19, 68
精白米　117
生物濃縮　8
成分項目　178
成分抽出素材　156
生理機能性　9
切砕　82
切砕用器具　88
摂食中枢　16
セマンティック・ディファレンシャル(SD)法　38
ゼラチン　159, 160, 161
セルロース　41
セレン　185
洗浄　79
洗浄水　79
洗浄用器具　88

相乗効果　29
草食動物　6
総ビタミンC含有量の変化　112
咀嚼・嚥下能力と調理形態　212

咀嚼音　32
咀嚼回数　211
そば　124
ソラニン　124, 165
ゾル　159

だいこん　129
胎児期　18
大正時代　4
だいず　126
大脳皮質味覚野　35
対比効果　29
タウリン　147
多価不飽和脂肪酸　55
炊く　96
だし　93
だしをとる　93
多糖類　138
食べ残し　20
食べ物　10
男爵　125
炭水化物　183
たんぱく質　182
　　食品群別摂取構成比　12
タンブルチラー方式　110
短粒米　116

ち

チアミナーゼ　164
チーズ　153
チオバルビツール酸価　159
チキソトロピー　154
窒素-たんぱく質換算係数　182
中性ペクチン　41
朝食欠食の状況　51, 53
腸年齢　46
調味料　170
調理
　　四面体　59
　　体系化　58
調理工程　59
調理済み食品　13
長粒米　116

つ・て

漬物　135
ディープフライ　99
ティム・ラング　20
テクスチャー　30
テクスチャー記録曲線　213
鉄　128, 184
鉄鍋　101
転化糖　25
電気　77
電磁調理器　102
電磁誘電加熱　91, 92, 104
電子レンジ　103
伝統行事　57
伝熱　99
伝熱様式　90
天然色素　31, 32
でん粉　156
　　糊化　117
　　糊化・老化　156
　　老化　117
DHA　148
TBA値　159

銅　185
ドウ(dough)　121
とうがらし　131
凍結　84
糖質　195
ドーパミン　36
特定給食施設別食事　205
ドコサヘキサエン酸　146
都市ガス　76
トリアシルグリセロール当量　177
鶏肉　141
　　胸肉　143
トリメチルアミン　144

ナイアシン　143, 188
内部発熱法　91

索 引

ナトリウム　183
鍋　100
　　材質　100
奈良時代　2
難消化性多糖類　139
南蛮料理　4
苦味　27
肉・乳製品嗜好　18
肉基質たんぱく質　142
肉食動物　6
肉の加熱　143
煮こごり　147
二次消費者　6
日常食　207
　　折衷　207
　　中華風　207
　　融合型　207
　　洋風　207
　　和風　207
　　配膳の基本　227
　　1食の献立構成　208
日本書紀　2
日本食品標準成分表 2010
　　176
煮物　93, 94
乳化剤　158
乳化性　158
乳酸菌　136
乳児期　18
乳清たんぱく質　151
乳糖不耐症　152, 153
ニュートン流体　153
乳幼児期　67
煮る　93

糠層　118
ぬか味噌漬け　136
ヌクレオチダーゼ　39
ヌクレオチド　40
5′-ヌクレオチド　138
ねぎ属　131
熱凝固性　150
熱伝導率　100
年中行事　56
濃厚卵白率　149

のり　139

廃棄率　87, 179, 194
バイキング方式　223
胚乳　116
灰分　183
ハウ・ユニット　149
バター　153
醗酵調味料嗜好　18
バッター（batter）　121
パントテン酸　188
80 kcal 1点法　215

ビオチン　188
非加熱調理操作　78
非加熱用器具　87
ひじき　139
ビタミン　61, 143, 186
　　A　128, 143, 186
　　B$_1$　126, 143, 187
　　B$_2$　187
　　B$_6$　188
　　B$_{12}$　188
　　B群　124
　　C　124, 128, 134, 135,
　　　137, 166, 189
　　D　187
　　E　128, 187
　　K　187
　　U　128
ビタミン類　128
　　含有量の変化　110
必須脂肪酸　146, 190
比熱　100
ヒポキサンチン　40
肥満　13
　　判定法　55
肥満者の割合　14
表示単位　178
標準成分値　176
ピラフ　120
BMI　13, 55
P450の活性　137

POV　159

ふ

フード・マイレージ　20
フードカッター　88
フードスライサー　89
フードプロセッサー　89
フードロス　20
ブールマニエ　123, 124
ふぐ毒　165
腐食連鎖　7
豚肉　141
物質の三態と熱の関係　107
不飽和脂肪酸　142, 157
ブラストチラー方式　110
フラボノイド
　　132, 133, 137
ブリア＝サヴァラン　19
フリーラジカル　166
プロテアーゼ　39, 40
プロトペクチン　41
プロパンガス　76
プロビタミンA　132, 186
プロビタミンD　138
分解者　6
粉砕　84
　　目的　84

へ・ほ

平安時代　3
平均寿命　46
平成時代　5
ベーキングパウダー　123
ペクチン　41, 42, 133,
　　134, 159, 161, 162
ペクチン酸　42
ヘミセルロース　41
ヘム鉄　143
変調効果　29
扁桃体　36
β-アミラーゼ　40
β-カロテン
　　含有量の変化　112
　　当量　186
　　色素　132

β-グルカン　138
飽和脂肪酸　55, 142
牧畜文化　18
保健機能　11
ホットプレート　102
母乳　33
ホメオスターシス　9
ポリフェノール　124
　　オキシダーゼ　39, 164
ポリフェノール類　129

ま・み

マグネシウム　184
磨砕　84
　　目的　84
磨砕用器具　89
マッシュポテト　125
豆類　126
マリネ　144
マルトース　125
マンガン　185
満腹中枢　16
万葉集　2
ミオグロビン　143
味覚　33
　　受容器　34
　　神経　34
　　栄養生理　33
みそ　170, 172
ミネラル　128, 137, 139
味蕾　33, 34
ミロシナーゼ　39, 40

む・め・も

無機質（ミネラル）　61, 183
無機成分溶出率　62
蒸し煮　94, 95
蒸す　95
ムチン　125
室町時代　4
6つの基礎食品　198, 199
6つの基礎食品群別適正点数
　　表　215
メイクイーン　125

明治時代　4
メイラード反応　167, 168
メタボリックシンドローム
　　15
メトミオクロモーゲン　143
メラノイジン　167
目的別食事　205
もち　120
もち米　118
　　料理　120
木簡　2
戻し　80
盛り付け　32
モリブデン　185

や・ゆ・よ

焼き方　98
野菜
　　浅漬け　135
　　機能性成分　129
　　吸水・脱水　135
　　色素　130
野菜類　128
やせ　13
　　割合　14
やまのいも　124, 125
弥生式土器　2
弥生時代　2
誘電加熱　91, 104
油脂の変敗　158
ゆで方　92
ゆでる　92
葉酸　124, 188
幼児期　19
様式別調理　52
ヨウ素　185
養老律令　2
ヨーグルト　153
抑制効果　29
4群点数法　198

ら・り

らいかい機　89
ライフステージ　18

らっかせい　126
卵黄係数　149
ランチルーム方式　223
リグナン　128
リコピン　132
離乳期　19, 33
リノール酸　146
リパーゼ　39
リポキシゲナーゼ　40
リポたんぱく質　149
料理　58
　　形態的分類　60
料理形態　60, 209
　　解析　209
料理物語　4
緑黄色野菜　129
　　取り扱い　194
リン　184
リンゴ酸　137

る・れ

ルー（roux）　123
ルチン　124
冷却　84
冷蔵　84
冷蔵庫　107
冷蔵室　108
冷凍サイクル　107
冷凍室　109
　　性能表示　109
レチノール　186
　　当量　186
レプチン　17
連関度　209
レンチオニン　138

ろ・わ

ろ過用器具　89
6W・1H　224
わかめ　139
和名類聚鈔　3

MEMO

MEMO

健康調理学　第5版

2004年3月20日　第1版第1刷発行
2007年9月20日　第2版第1刷発行
2010年3月1日　第3版第1刷発行
2012年7月20日　第4版第1刷発行
2015年2月1日　第5版第1刷発行

著　者　川　端　晶　子
　　　　大　羽　和　子
発行者　木　村　勝　子
発行所　株式会社 学建書院
〒113-0033　東京都文京区本郷2-13-13　本郷七番館1F
TEL(03)3816-3888　FAX(03)3814-6679
http://www.gakkenshoin.co.jp
印刷・製本　三報社印刷(株)

ⒸAkiko Kawabata, Kazuko Oba, 2004．Printed in Japan ［検印廃止］

JCOPY ＜(社)出版者著作権管理機構　委託出版物＞
本書の無断複写は著作権法上での例外を除き禁じられています．複写される場合は，そのつど事前に，(社)出版者著作権管理機構（電話 03-3513-6969，FAX 03-3513-6979）の許諾を得てください．

ISBN 978-4-7624-4862-1

調理科学実験

編著 大羽和子　川端晶子
著 阿久澤さゆり　石田　裕　大越ひろ　佐藤恵美子
澤山　茂　　　高橋智子　田村咲江　升井洋至
村山篤子　　　森髙初恵

B5判　2色刷　219頁　定価（本体2,700円＋税）ISBN978-4-7624-0856-4

　本書は，調理科学実験のために学生が使用するテキストとして，また学生自らが新しい実験を試みたり，研究を発展させるときの手助けとなるよう編集したものである．実験内容は定性的なものもあるが，数量化を試み，数値の扱い方を習得できるようにした．また，実験結果はわかりやすくするために，図表で示し，学生自身の言葉で考察能力が身につくように配慮した．
　前半には，基礎的な実験を中心とし，後半では，おいしい食べ物を調製し，新しい料理の創造への基礎的素養のための実験を選んだ．また，超高齢者社会に向けて，介護食（咀嚼・嚥下食関連）の実験を加えるなど，日頃の学生実験や研究指導の体験から精選された項目をまとめた．

─主要目次─

第1章　調理科学実験にあたって
第2章　調理科学に関する基礎実験
〈実験〉
・食品の目安量と重量・容量・廃棄率の関係
・食品の体積の測定
・液状食品の温度降下の測定
・食品の内部温度の測定
・液体の比重の測定
・固形食品の比重の測定
・水分活性の測定
・食品のpHの測定：pH試験紙およびpHメーターによる測定－みそ3種－
・食品成分の緩衝作用

第3章　食品の組織に関する実験
光学顕微鏡による食品の観察
〈実験〉
・でん粉粒の糊化開始状態の観察
・じゃがいもに含まれるグリコアルカロイド（ソラニン）の検出
電子顕微鏡による食品の観察

第4章　食品物性の測定
〈実験〉
・毛細管粘度計による粘度の測定
・回転粘度計による粘度の測定
・ラピッド・ビスコ・アナライザーによる糊化特性の測定
・クリープ測定と解析
・応力緩和測定と解析
・でん粉懸濁液の糊化過程における動的粘弾性
・破断特性の測定
・食品のテクスチャー特性の測定方法

第5章　調理と酵素に関する実験
〈実験〉
・色の変化と酵素
・味の変化と酵素
・テクスチャーの変化と酵素

・酵素の抽出と活性測定のための基礎実験

第6章　官能評価法
〈実験〉
・味覚による閾値の測定・5味の識別
・味の対比効果
・2点比較法
・3点比較法
・シェッフェの一対比較法
・配偶法
・順位法
・評点法
・セマンティック・デファレンシャル法

第7章　植物性食品の調理性に関する実験
〈実験〉
・米の性状試験
・炊飯（分粥）における米と加水量との関係
・米の吸水
・小麦粉の種類による生地の性状とグルテンの採取量
・ルーの加熱温度とソースの性状
・小麦粉の膨化調理－スポンジケーキ
・材料配合の割合の差異によるクッキー
・じゃがいもの調理特性
・だいずとあずきの調理加工特性
・生野菜の吸水と放水
・だいこんの食塩浸透
・果実の酸，糖，ペクチン含量とゼリー
・渋柿の脱渋
・野菜・果実の調理に伴う色の変化
・調理過程の色の生成－酵素的褐変，非酵素的褐変－

第8章　動物性食品の調理性に関する実験
〈実験〉
・肉の加熱
・肉の軟化
・魚肉とpH－塩じめ，酢じめ
・魚肉の加熱－魚肉だんご

・魚類の鮮度
・卵の鮮度の鑑別と各部分の重量
・卵白の起泡性と泡の安定度
・卵の熱凝固－ゆで卵
・卵液の熱凝固
・カッテージチーズ
・生クリームの泡立てと分離

第9章　成分抽出素材の調理性に関する実験
〈実験〉
・ブラベンダー・アミログラフによるでん粉の粘度解析
・でん粉の糊化度の測定
・ブラマンジェのテクスチャー
・砂糖溶液の加熱温度とその性質
・砂糖の結晶化－フォンダン
・砂糖の結晶化防止－抜糸
・各種甘味料の甘味
・寒天・カラギーナンおよびゼラチンのゾル-ゲル変化
・じゃがいもの素揚げにおける水と油の交換
・揚げ物の種類と適温および揚げ時間
・マヨネーズ
・フレンチドレッシング

第10章　介護食（咀嚼・嚥下食関連）の実験
〈実験〉
・粘稠性を発現する主原料が異なる市販とろみ調整食品の添加濃度と硬さ
・市販とろみ調整食品添加試料の硬さの経時変化
・市販とろみ調整食品添加試料の飲み込み特性
・異なるゲル化剤の添加濃度とゼリーの硬さ
・ゼリー食品の飲み込み特性
・寒天ゼリーの咀嚼食塊の形状